民國文化與文學^{研究}^{文叢}

五　編

李　怡　主編

第 1 冊

國民革命與中國現代文學（上）

李　怡、蔣德均　編

國家圖書館出版品預行編目資料

國民革命與中國現代文學（上）／李怡、蔣德均 編 -- 初版 --
新北市：花木蘭文化出版社，2015〔民 104〕
目 4+186 面；19×26 公分
（民國文化與文學研究文叢 五編：第 1 冊）
ISBN 978-986-404-243-2（精裝）
1. 中國當代文學 2. 文學評論
541.26208　　　　　　　　　　　　　　　　104012140

特邀編委（以姓氏筆畫為序）：

ISBN- 978-986-404-243-2

9 789864 042432

丁　帆　　　　王德威　　　宋如珊
岩佐昌暲　　　奚　密　　　張中良
張堂錡　　　　張福貴　　　須文蔚
馮　鐵　　　　劉秀美

民國文化與文學研究文叢
五　編　第 一 冊　　　　　ISBN：978-986-404-243-2

國民革命與中國現代文學（上）

編　　者　李　怡　蔣德均
主　　編　李　怡
企　　劃　四川大學現代中國文化與文學研究中心
　　　　　北京師範大學民國歷史文化與文學研究中心
總 編 輯　杜潔祥
副總編輯　楊嘉樂
編　　輯　許郁翎
出　　版　花木蘭文化出版社
社　　長　高小娟
聯絡地址　235 新北市中和區中安街七二號十三樓
　　　　　電話：02-2923-1455／傳真：02-2923-1452
網　　址　http://www.huamulan.tw 信箱 hml810518@gmail.com
印　　刷　普羅文化出版廣告事業
初　　版　2015 年 9 月
全書字數　522360 字
定　　價　五編 24 冊（精裝）新台幣 45,000 元

國民革命與中國現代文學（上）

李怡、蔣德均 編

作者簡介

　　李怡（1966.6～）重慶人，1984 年就讀於北京師範大學中文系，2003 年獲得文學博士學位。現任北京師範大學文學院兼四川大學文學與新聞學院教授，中國現當代文學專業博士生導師，《現代中國文化與文學》學術叢刊主編，兼任中國現代文學研究會副會長、中國郭沫若研究會副會長，海峽兩岸梁實秋研究會副會長。主要從事中國現代詩歌、魯迅及中國現代文藝思潮研究。出版過學術專著《中國現代新詩與古典詩歌傳統》、《現代四川文學的巴蜀文化闡釋》、《七月派作家評傳》、《現代：繁複的中國旋律》、《大西南文化與新時期詩歌》、《閱讀現代——論魯迅與中國現代文學》、《為了現代的人生——魯迅閱讀筆記》、《中國現代詩歌欣賞》、《日本體驗與中國現代文學的發生》等。先後成為教育部新世紀人才支持計劃入選、2005 年全國百篇優秀博士論文獲獎者、享受國務院特殊政府津貼。

　　蔣德均（1966.11～）筆名文生。四川省遂寧市人。先後畢業於重慶師範大學、西南師範大學。四川大學中國現當代文學專業博士研究生在讀。現任四川宜賓學院文新學院副院長、教授。主要從事中國現當代文學、文藝學研究，兼及詩歌創作。現為中國作家協會會員、四川省魯迅研究會常務理事、宜賓市作協副主席、宜賓學院學術委員會委員、四川省第八批學術與技術帶頭人後備人選。1988 年開始發表作品，先後在《人民日報》、《光明日報》、《文藝報》、《星星》詩刊、《青年作家》、《詩歌月刊》、《時代文學》等刊物上發表作品。著有《文生抒情哲理詩選》、《夢中玫瑰》、《與名人為伴》、《大師的詩意解讀》、《一江春水》、《三人行吟》等二十三部詩集及《詩歌語言藝術論》、《二十世紀中國文學名家名作導讀》等五部學術著作；主編或參編高校文科教材五部；發表學術論文六十餘篇。先後獲得過屈原詩歌獎、陽翰笙文藝獎、當代文學獎等獎項。

提　　要

　　這是「西川論壇」2014 年年會的論文集，也是「民國文化與文學」學術年刊的 2014 年卷。本次年會的主題是「國民革命與中國現代文學」。2014 年 7 月 13 日～15 日，中外學者雲集中國歷史文化名城、中國白酒之都、萬里長江第一城——宜賓，年會圍繞主題就革命話語、革命與文學、革命與作家、革命與農商運動、革命與女性、革命與教育、革命與啟蒙、革命與黨派、革命與家庭以及革命本身的繁雜與豐富在作品中的體現景觀等問題展開了嚴肅而認真的學術討論和交流。這次國際學術會議是自「民國機制」學術觀念提出後的又一次更為紮實、更為細緻、更為深入的學術探索和交流。會議所提交的學術論文和會上的交流發言展示了國內外學術同仁就「國民革命與中國現代文學」這一話題的最新研究成果和前沿動態。論文集由「總論」、「思潮論」、「作家論」、「作品論」和「附錄」五個部分組成。

本書為中央高校基本科研業務費專項資金資助專案
SKZZY2014071

民國文學：闡釋優先，史著緩行
——第五輯引言

李　怡

　　中國學界提出「民國文學」的概念已經超過十五年了，〔註1〕在新一波的文學史寫作的潮流之中，人們對民國文學的研究也出現了一種期待，就是希望盡快見到一部《民國文學史》，似乎只有完整的文學通史才足以證明「民國文學」研究的合理性，或者說在當前林林總總的文學史寫作意見裏，證明自己作爲新的學術範式的存在。在我看來，受各種主客觀條件的限制，目前最需要開展的工作還不是撰寫一部體大慮深的文學史著，而是努力從不同的角度深入勘探、考察，對這一段歷史提出新的解釋。

一

　　眾所周知，中國文化具有悠久漫長的「治史」傳統。在一個宗教裁決權並沒有獲得普遍認可的國度，人們傾向於相信，通過歷史框架的確立可以達到某種裁決與審判的高度，所謂「名刊史冊，自古攸難，事列春秋，哲人所重。」〔註2〕中國最早的史官除了司職記事，還負責主持祭祀，占卜吉凶，溝通神靈。史不僅可以成爲「資治通鑒」，甚至還具有某種道德的高度，所謂「孔子成《春秋》，亂臣賊子懼」，〔註3〕史家如司馬遷等也是以「究天人之際，通古今之變」自我期許。

〔註1〕中國大陸最早的「民國文學」設想出現在 1997 年（陳福康），最早的理論倡導出現在 2000 年代早期（張福貴）。

〔註2〕劉知幾撰，浦起龍釋：《史通通釋・人物》第 240 頁，上海：上海古籍出版社1978 年版。

〔註3〕《孟子・滕文公章句下》，見楊伯峻《孟子譯注》上冊 155 頁，中華書局 1960年版。

文學史的出現原本是現代的事物，它顯然不同於古代的史官治史，這種來自西方的學術方式更屬於學院派知識份子的個體行為。但是，歷史的因襲依然存在，尤其是在一些世代交替的時節，無論是政治家還是知識份子本身，都自覺不自覺地認定「著史」可以樹立某種新的「標準」，完成對過往事物的「清算」。於是，如下一些史著的意義是可以被我們津津樂道的：

奠定中國現代文學學科的基礎是王瑤先生的《中國新文學史稿》。集中代表了撥亂反正過渡時期的文學史觀的是唐弢、嚴家炎先生主編的《中國現代文學史》。

體現了新時期的現代文學視野、集中展示研究新成果的是錢理群、陳平原、溫儒敏等人的《中國現代文學三十年》。

生動體現著「重寫文學史」意義的是陳思和的《中國當代文學史》。

展示 1990 年代以降學術研究的「歷史化」傾向的是洪子誠的《中國當代文學史》。

揭示「文學周邊」豐富景觀的是吳福輝獨撰的插圖本《中國現代文學史》。

錢理群主編的最新三卷本《中國現代文學編年史》展示了以「廣告為中心」的文學生產、流通、接受及其他社會文化環節，讓文學敘述的圖景再一次豐富而生動。

今天，隨著「民國文學」研究的呼聲漸起，在一系列命名和概念的討論之後，應該展示更多的文學史研究實績，只有充分的實績才能說明「民國社會歷史框架」的確具有特殊的文學視野價值，如何集中展示這些實績呢？目前容易想到的似乎就是編寫一部紮實厚重的《民國文學史》。

但是，在我看來，文學史編寫的工作固然重要卻又不可操之過急。因為，今天所倡導的「民國文學」，並不僅僅是一個名稱的改變（以「民國」替代「現代」），更重要的是一些研究視角和方法的調整。這些重要的改變至少包括：

正視民國歷史的特殊性，而不是簡單流於「半封建半殖民地」等等的簡略判斷。據史學界的知識考古，「半封建」一詞曾經出現在馬克思、恩格斯筆下，列寧第一次分別以「半封建」「半殖民地」指稱中國，以後共產國際以此描述中國現實，「半殖民地」一說並先後為中國國民黨人與中國共產黨人所接受，又經過蘇聯內部的理論爭鳴及共產國際的理論演繹，「半

封建半殖民地」的並稱出現在 1926 年以後，〔註4〕又經過 1930 年代初的「中國社會性質問題論戰」，逐步成爲中共領導的馬克思主義史學的基本概括。到延安時期，毛澤東最爲完整清晰地論述了這一學說，從此形成了對中國知識份子歷史認知的主導性影響，直到今天應該說都有其獨到的深刻的一面。但是作爲一種總體的社會性質的認定，是不是就完全揭示了民國歷史的特點呢？就不需要我們具體的歷史問題的研究了呢？當然不是。例如對「封建」一詞的定義在史學界一直爭議不已，民國時代的經濟已經明顯走上了資本主義的發展道路，忽略這一現實就無法解釋中國近現代工商業文化對於文學市場的重要作用，辛亥革命之後的中國儘管軍閥混戰，也難掩其專制獨裁的性質，但是卻也不是「帝國主義買辦與走狗」這樣的情感宣洩就能「一言以蔽之」的。對於民國史，國外史學界同樣多有研究，有自己的性質認定，這也需要我們加以研讀和借鑒。之所以強調這一點，乃是因爲在此之前的《中國現代文學史》，幾乎都是以主流史學界的社會性質概括作爲文學發展的前提，從舊民主主義革命到新民主主義革命就是中國現代文學發生發展的基礎，文學的偉大和深刻就在於如何更加深刻地反映了這一歷史過程，1980 年代以後，爲了急於從這些政治判斷中脫身，我們的文學史又試圖在「回到文學自身」的訴求中另闢蹊徑，所謂「審美的文學史」成爲了口號，但是關於中國現代文學在民國時代的諸多歷史基礎的辨析卻被擱置了起來，今天，如果不能正視民國歷史的特殊性，也就不能在文學的歷史前提方面有眞正的突破。

　　發掘民國社會的若干細節，揭示中國現代文學生存發展的具體語境。無論是政治、經濟、社會文化等方面，民國社會的種種特徵都直接影響了現代中國文學的生產、傳播和接受，決定著文學的根本生存環境。關於這方面的研究，最近幾年已經在「文化研究」的推動下頗有收穫，不過，鑒於文化研究在來源上的異質性，實際上我們的考察也還較多地襲用外來的文化

〔註4〕 一般認爲，1926 年上半年，蔡和森在莫斯科中共旅俄支部會上作《中國共產黨的發展（提綱）》，已經提到「半殖民地和半封建的中國」和「半封建半殖民地的國家」（《聯共（布）、共產國際與中國國民革命運動（1926～1927）》，下冊第 408 頁，北京圖書館出版社，1998 年），另據李洪岩考證，最早的「半殖民地半封建」字樣，則是 1926 年 9 月 23 日莫斯科中山大學國際評論社編譯出版的中文周刊《國際評論》創刊號上的發刊詞，見《半殖民地半封建理論的來龍去脈》（《中國社會科學院近代史研究所青年學術論壇 2003 年卷》，社會科學文獻出版社，2005 年）。

理論，沒有更充分地回到民國自己的歷史環境。例如性別研究、後殖民批判、大眾文化理論等等的運用，迄今仍有生吞活剝之嫌。要真正揭示這些歷史細節，就還需要完成大量紮實的工作，例如民國經濟在各階段的發展與營運情況，各階層的經濟收入及其演變，社會分化與社會矛盾的基本情形，經濟與政治權利的區域差異問題，法制的發展及對私人權利（包括著作、言論權利）的保護與限制，軍閥政治對輿論及思想的控制方式，國民黨政權對輿論及思想的控制方式，國民政府時期的「黨政關係」及其內在的間隙，國民黨內部各派系的矛盾及其對思想控制的影響，民國各時期書報檢查制度的制定與實施情況，民國時期出版人、新聞人、著作人各自對抗言論控制的方式及效果，主流倫理的演變及民間道德文化的基本特點，文學出版機構的經營情況與文學傳播情況，民國時期作家結社及其他社會交往的細節等等，所有這些龐雜的內容倉促之間，也很難為「文學史」所容納，在一個相當長的時間裏都將成為文學研究的具體話題。

解剖民國精神的獨特性、民國文本的獨特性，凸顯而不是模糊這一段文學歷史的的形態。文學史究竟是什麼史？這個問題討論過很多年，至今也可能存在不同的意見，在我看來，儘管我們今天一再強調歷史研究與文化研究的重要性，但是所有這些討論最終還都應該落實到對於文學作品的解釋中來，否則文學學科的獨立性就不復存在了。最近幾年，民國文學研究的倡導與質疑並存，但更多的時候還都停留在口號的辨析和概念的爭論當中，就文學研究本身而論，這樣並不是對學術發展的真正推進。如果民國文學研究的提倡不能以大量的具體文學作品的闡釋為基礎，或者說民國文學的理念不能落實為一系列新的文學闡釋的出現，那麼這一文學史框架的價值就是相當可疑的；如果我們尚不能對若干文學作品的獨特性提出新的認識，那麼又何以能夠撰寫一部全新的《民國文學史》呢？

以上幾個方面的工作都是一部新的文學史寫作的必須的前提。我們的文學史的新著，從大的歷史框架的設立與理解到局部事件的認定和把握，乃至作為歷史事件呈現的文本的闡釋都與應該此前我們熟悉的一套方式——革命史話語、現代性話語——有所不同，如果只是抓住名稱大做文章，幾乎可以肯定的是，其結果必然很快陷入到業已成熟的那一套知識和語言中去，所謂「民國文學史」也就名不副實了。早在 1994 年，人民出版社就出版過《中國民國文學史》，這個奇特的書名——不是「中華民國文學史」而是「中國民國

文學史」——顯然反映出了當時的某種政治禁忌，平心而論，在 10 年前，能夠涉及「民國」二字，已屬不易，對於其中所承受的禁忌，我們深表理解；但是也的確因爲這一禁忌的存在，所謂「民國」的諸多歷史細節都未能成爲文學史觀察和分析的對象，所以最終的成果還是普遍性的「現代化」歷史框架，「中國民國文學史」的主體還是不折不扣的「現代文學三十年」，對歷史性質、文學意義的描述都依然如故，對作家的認定、作品的解釋一如既往，只不過增加了一點補充：民國建立到五四新文化運動發生的幾年。這樣的文學史著，自然還不是我們理想中的「民國文學史」。

二

當然，能夠標舉「民國」概念的文學史論已經出現了，這就是臺灣學者尹雪曼主編的《中華民國文藝史》及周錦主編的《中國現代文學研究叢刊》系列叢書，也包括最近兩岸學者的最新努力。

尹雪曼（1918～2008），本名尹光榮，河南汲縣（今衛輝市）人。抗戰時期西北聯合大學畢業，美國密西里大學新聞學院文學碩士。曾主編重慶《新蜀夜報》副刊，在上海、天津、西安等地擔任報社記者，1949 年去臺灣。曾任臺灣中國作家藝術家聯盟會長，《中華文藝》月刊社社長，在成功大學、中國文化大學等校任教。自 1934 年起，創作發表了小說、散文及文學評論多種。是很有代表性的遷臺作家。周錦（1928～1992），江蘇東臺人，1949 年赴臺，曾經就讀於臺灣師範大學、淡江大學等，後創辦燕智出版社，擔任臺北中國現代文學研究中心主任。兩人的最大貢獻便是撰寫、主編或者參與編撰了一系列的中國現代文學研究論著，在新文學記憶幾近中斷的臺灣，第一次系統地總結了五四以來的中國文學發展歷史，尹雪曼撰寫有《現代文學與新存在主義》、《五四時代的小說作家和作品》、《鼎盛時期的新小說》、《抗戰時期的現代小說》、《中國新文學史論》、《現代文學的桃花源》，總纂了《中華民國文藝史》。〔註 5〕其中，《中華民國文藝史》大約是第一部以「民國」命名的大規模的系統化的文學史著作，民國歷史第一次成爲文學史「正視」的對象；周錦著有《中國新文學史》、《朱自清作品評述》、《朱自清研究》、《〈圍城〉研究》、《論呼蘭河傳》、《中國新文學大事記》、《中國現代小說編目》、《中國現代文學作家本名筆名索引》、《中國現代文學作品書名大辭典》、《中國現

〔註 5〕《中華民國文藝史》由臺北正中書局 1975 年初版。

代文學鄉土語彙大辭典》等，此外還主編了《中國現代文學研究叢刊》三輯共 30 本，於 1980 年由成文出版社有限公司印行出版。《中國現代文學研究叢刊》的史論也具有比較鮮明的「民國意識」。《中國現代文學研究叢刊編印緣起》這樣表達了他的「民國意識」：

> 中國新文學運動，是隨著中華民國的誕生而來。儘管後來有各種文藝思潮的激盪以及少數作家思想的變遷，但中國現代文學卻都是在國民政府的呵護下成長茁壯的……〔註6〕

這樣的表述，固然洋溢著大陸文學史少有的「民國意識」，不過，認真品讀，卻又明顯充滿了對國民黨政權形態的皈依和維護，這種主動向黨派意識傾斜，視「民國」為「黨國」的立場並不是我們所追求的學術客觀，也不利於真正的「民國」的發現，因為，眾所周知的事實是，疲於內政外交的「國民政府」似乎在「呵護」民國文學方面並無傑出的築造之功，嚴苛的書報檢查制度與思想輿論控制也絕不是現代文學「成長茁壯」的理由。民國文學的真實境遇難以在這樣的意識形態偏好中得以呈現。

同樣基於這樣的偏好，民國文學的優劣也難以在文學史的書寫中獲得准確的評判，例如尹雪曼《中華民國文藝史·導論》作出了這樣概括：「中華民國的文藝發展，雖然波瀾壯闊，變幻無常；但始終有民族主義和人文主義作主流；因而，才有今日輝煌的成就。」「至於所謂『三十年代』文藝，則不過是中華民國文藝發展史中的一個小小的浪花。當時間的巨輪向前邁進，千百年後，再看這股小小的浪花，只覺得它是一滴泡沫而已。其不值得重視，是很顯然的。」〔註7〕

民國時期的現代文學是不是以「民族主義」為主流，這個問題本身就值得討論，至少肯定不會以國民政府支持下的「民族主義文藝運動」為主導，這是顯而易見的；至於所謂的「三十年代文藝」當指 1930 年代的左翼文學，事實上，無論就左翼文學所彰顯的反叛精神還是就當時的社會影響而言，這一類文學選擇都不可能是「一個小小的浪花」、「是一滴泡沫而已」，漠視和掩蓋左翼文學的存在，也就很難講述完整的民國文學了。

由此看來，20 世紀下半葉的冷戰不僅影響了大陸中國的學術視野，同樣扭曲了海峽對岸的學術認知。受制於此的文學史家，雖然不忘「民國」，但他

〔註6〕 周錦：《中國新文學簡史》1 頁，臺北成文出版社 1980 年。
〔註7〕 尹雪曼總纂：《中華民國文藝史》1 頁，臺北正中書局 1975 年。

們自覺不自覺地要維護的中華民國依然是以國民黨統治為唯一合法性的「黨國」，民國社會歷史的真正的豐富與複雜並不是「黨國」意識關心的對象。以民國歷史的豐富性為基礎構建現代中國的文學敘述，始終是一個難題，對大陸如此，對臺灣也是如此。

當然，考慮到臺灣歷史與文學的種種情形，《民國文學史》的寫作可能還會再添一個難度：如何描述海峽對岸當今的文學狀況，是排除於我們的「民國文學史」還是繼續延伸囊括，〔註8〕排除於現實不符，從「民國」敘述轉向「臺灣」敘述，恐怕也正是「獨派」的願望，相反，努力將「臺灣」敘述納入「民國」敘述才能體現中華統一的「政治正確」；不過，納入卻也同樣問題重重，「民國」與「人民共和國」並行，不僅有悖於「一個中國」的基本政治理念，就是在當下的臺灣也糾纏不清。我們知道，在今日，繼續奉「民國」之名的臺灣目前正大張旗鼓地推進「臺灣文學」甚至「臺語文學」，所謂「民國文學」至少也不再是他們天然認同的一個概念，學術考察如何才能反映出研究對象本身的思想追求，這個問題也必須面對。也就是說，在今日臺灣，「民國」之說反倒曖昧而混沌。

2011 年，臺灣學者陳芳明、林惺嶽等著的《中華民國發展史‧文學與藝術》出版，較之於此前冷戰時期的文學史，這一著作終於跳出了「黨國」意識的束縛，體現出了開闊的學術視野，〔註9〕但是由於歷史的阻隔，關於民國文學的豐富細節都未能在這一史著中獲得挖掘，我們看到的章節就是：百年來文學批評的開展與轉折，百年女性文學，百年現代詩發展與自我身份的探求，故事萬花筒——百年小說圖志，美學與時代的交鋒——中華民國散文史的視野，百年翻譯文學史，從啟蒙救亡開始：中華民國現代戲劇百年發展史等等。從根本上說，《中華民國發展史‧文學與藝術》由多位學者合作，各自綜述一個獨立的文學藝術領域，在整體上更像是一部各種文學藝術現象的概觀彙集，而不是完整的連續的歷史敘述。

也是在 2011 年，大陸學者湯溢澤、廖廣莉出版了《民國文學史研究》

〔註8〕 丁帆先生試圖繼續延伸民國文學的概念，他區分了政治意義的「民國」和作為文化遺產的「民國」，試圖以此作為破解難題的基礎，不過這一延伸也不得不面對與臺灣作家及臺灣學者對話、溝通的問題（見《關於建構民國文學史過程中難以迴避的幾個問題》，《當代作家評論》2012 年 5 期）。

〔註9〕 陳芳明、林惺嶽等著：《中華民國發展史‧文學與藝術》，臺灣政治大學、聯經出版公司 2011 年。

（1912-1949）。〔註10〕湯先生是中國大陸較早呼籲「民國文學史」研究的學者，在這一部近 40 萬字的著作中，他較好地體現了先前的文學史設想：回歸政治形態命名的歷史記事，上溯民國建立的文學發端意義，恢復民國時期文學發展的多元生態。可以說這都觸及到了「民國文學史」的若干關鍵性環節，《民國文學史研究》由「史觀建設」與「編史嘗試」兩大部分組成，前者討論了民國文學史寫作的必要性，後者草擬了「民國文學史綱」，嚴格說來，「史綱」更像是民國時期文學的「大事記」，似乎是湯先生進一步研究的材料準備，尚不能全面體現他的「民國文學史」面貌。

海峽兩岸的學者都開始彙集到「民國文學」的概念下追述歷史，這令人鼓舞，但目前的成果也再次說明，書寫一部完整的《民國文學史》，無論是史觀還是史料，都還有相當的欠缺，時機尚未成熟，同志仍需努力。

三

民國文學史，在沒有解決自己的史觀與史料的時候，實在不必匆忙上陣。在我看來，民國文學研究在今天的主要任務還是對民國社會歷史中影響文學的因素展開詳盡的梳理和分析，對現代文學歷史演變中的一些關鍵環節與民國社會各方面的關係加以解剖，如民國建立與新文學出現的關係、民國社群的出現與現代文學流派的形成、民國政黨文化影響下的思想控制與文學控制、民國戰爭狀態下的區域分割與文學資源再分配等等，至於文學自身力量也不能解決的文學史寫作難題當然更可以暫時擱置（如當代臺灣文學進入民國文學史的問題）。只要我們並不急於完成一部完整系統的民國文學史，就完全可以將更多的精力放在民國文學一個一個的具體問題之上，可供我們研究範圍也完全可以集中於民國建立至人民共和國建立這一段，我想，海峽兩岸的學者都可以認定這就是「民國歷史」的「典型」時期，這同樣可以爲我們的雙邊交流營造共同的基礎。在民國文學史誕生之前，我們應該著力於歷史更多更豐富的細節，對細節的了悟有助於我們歷史智慧的增長，而歷史智慧則可以幫助我們最終解決這樣或那樣的歷史書寫的難題。

那麼，在一部成熟的《民國文學史》誕生之前，還有哪些課題需要我們清理和辨析呢？

〔註10〕湯溢澤、廖廣莉：《民國文學史研究》（1912～1949），吉林大學出版社 2011年。

我覺得在下列幾個方面，還有必要進一步研討。

一是「民國文學」研究究竟能夠做什麼。隨著近幾年來學界的倡導，對於「民國文學」研究的優勢大約已經獲得了基本的認識，但是也有學者提出了自己的疑慮：研討民國文學，對於那些反抗民國政府的文學該如何敘述？例如左翼文學、延安文學。或者說，民國文學是不是就是國統區追求民主、自由這類「普世價值」的文學，「民國機制」是不是與「延安道路」分道揚鑣？在我看來，「民國文學」就是一種近現代中國進入「民國時期」以後所有文學現象的總稱，既包括國統區的文學，也包括解放區的文學，因爲「民國」不等於「黨國」，也代表了某種「革命者」共同的「新中國」的夢想，左翼文化、解放區反抗的是一黨專制的「黨國」，而不是民主自由均富的「新中國」，尤其在抗戰時期，當解放區轉型爲民國的特區之後，更是恰到好處地利用了民國的憲政理想爲自己開闢生存空間，爲自己贏得道義與精神上的優勢，只有在作爲「新中國」的「民國」場域中，左翼文學與延安文學才體現出了自己空前的力量，「延安道路」才得以實現。「民國文學」也不是歌頌民國的文學，相反，反思、批判才是民國時期知識份子的主流價值取向，所以，我們可以發現，「民國批判」往往是民國文學中引人矚目的主題，左翼文學精神恰恰是民國時代一道奪目的風景，儘管它的文學成就需要實事求是地估價。在這個意義上，民國文學史的研究肯定是中國近現代史學的組成部分，而不是大眾時尚潮流（如所謂「民國熱」）的結果。

民國文學研究更深入的理論問題還在於，這樣一種新的文學史研究範式的出現究竟有什麼深刻的學術意義？對整個文學史研究的進行有何啓發？我認爲，相對於過去強調「現代性」時間意義的「中國現代文學史」而言，「民國文學史」更側重提醒我們一種「空間」的獨特性，也就是說，從過去的關注世界性共同歷史進程的「時間的文學史」轉向挖掘不同地域與空間獨特涵義的「空間的文學史」，以空間中人的獨特體驗補充時間流變中的人類共同追求，這就賦予了所謂「民族性」問題、「本土性」問題與「中國性」問題更切實的內涵，從此出發，中國文學研究的新範式也許可以誕生？

二是「民國文學」研究當以大量的具體文學現象的剖析爲基礎。這一方面是繼續考察各類民國文化現象對於文學發展的重要影響，包括經濟、政治、法律、教育、宗教之於文學發展的動力與阻力，也包括各區域文化現象對於文學生長的有形無形的影響，包括民國時期一些重要的歷史事件對於文學的

特殊作用，例如國民革命。過去我們梳理中國現代的「革命文學」，一般都從1927 年大革命失敗之後的無產階級文學倡導開始，其實「革命」是晚清以來就一直影響思想與現實的重要理念，中國現代文學的「革命意識」受到了多重社會事件的推動，從晚清種族革命到國民革命再到無產階級革命等等都在各自增添新的內容，仔細追溯起來，「革命文學」一說早在國民革命之中就產生了，國民革命也裹挾了一大批的中國現代作家，為他們打上了深刻的「革命」意識，不清理這一民國的重要現象，就無法辨析文學發展的內在脈絡。大量現代文學現象（特別是文學作品）的再發現、再闡釋是民國新視野得以確立的根據。如果我們無法借助新的視野發現文學文本的新價值，或者新的文學細節，就無法證明「民國視野」的確是過去的「現代文學視野」能夠代替的。所幸的是，最近幾年，一些年輕的學者已經在「民國機制」的視野下，發掘了中國現代文學的新的內涵。這裡僅以《文學評論》雜誌為例：顏同林從「法外權勢的失落與村落秩序的重建」這一角度提出對趙樹理小說的嶄新認識〔註 11〕，周維東結合延安文化，剖析了解放區文學「窮人樂」主題的意味〔註 12〕，李哲發現了茅盾小說中沉澱的民國經濟體驗〔註 13〕，鄔冬梅結合1930 年代的民國經濟危機重新解讀了左翼文學〔註 14〕，羅維斯發現了民國士紳文化對茅盾小說的影響〔註 15〕，張武軍透過「民國結社機制」挖掘了從南社到新青年同仁的作家群體聚散規律，賦予社團流派研究全新的方向〔註 16〕。在重新研討新文學發生過程的時候，李哲發現了北京大學教育「分科」的特殊意義〔註 17〕，王永祥則解剖了民國初年的國家文化所形成的語境與氛圍〔註 18〕。這樣的研究都在很大程度上突破了過去的「現代文學」研究視域，通過自覺引入民國歷史視角而推動了文學史研究的發展。

〔註 11〕顏同林：《法外權勢的失落與村落秩序的重建——以趙樹理四十年代小說為例》，《文學評論》2012 年 6 期。

〔註 12〕周維東：《解放區的天是明朗的天——延安時期的移民運動與「窮人樂」敘事》，《文學評論》2013 年 4 期。

〔註 13〕李哲：《經濟‧文學‧歷史——〈春蠶〉文本的三個維度》，《文學評論》2012 年 3 期。

〔註 14〕鄔冬梅：《民國經濟危機與 30 年代經濟題材小說》，《文學評論》2012 年 3 期。

〔註 15〕羅維斯：《「紳」的嬗變——〈動搖〉的一種解讀》，《文學評論》2014 年 2 期。

〔註 16〕張武軍：《民國結社機制與文學的演進》，《文學評論》2014 年 1 期。

〔註 17〕李哲：《分科視域中的北京大學與「新文化運動」》，《文學評論》2013 年 3 期。

〔註 18〕王永祥：《〈新青年〉前期國家文化的建構與新文學的發生》，《文學評論》2013 年 5 期。

　　當然，類似的文本再解釋、歷史再發現工作還遠遠不夠，我們期待更多的研究者加入。

　　三是對於從歷史文化的角度闡釋現代文學的這一思路本身也要不斷反思和調整。在相當多的情況下，民國文學研究與現代文學研究都擁有相似的研究對象，相近的研究方法，不過，相對而言，「民國」一詞突出的國家歷史的具體情態，「現代」一詞連接的則是世界歷史的共同進程。所以，所謂的民國文學研究理所當然就更加突出民國歷史文化的視角，更自覺地從歷史文化的角度來分析解剖文學的現象，倡導文學與歷史的對話。鑒於民國歷史至今仍然存在諸多的晦暗不明之處，對於歷史的澄清和發現往往就意味著主體精神的某種解放，所以澄清外在歷史真相總是能夠讓我們比較方便地進入到人的內在精神世界之中，因而作為精神現象組成部分的文學也就得到了全新的認識。最近幾年，中國現代文學研究中較有收穫的一部分就是善於從民國史研究中汲取養分，詩史互證，為學術另闢蹊徑，文學研究主動與歷史研究對話，歷史研究的啟發能夠激活文學研究的靈感，「民國文學」的概念賦予「現代文學」研究以新機。雖然如此，我們也應該不斷反思和調整，因為，隨著歷史研究、文化研究在文學考察中的廣泛運用，新的問題也已經出現，那就是，我們的文學闡述因此而不時滑入到了純粹的歷史學、社會學之中，「忘情」的歷史考察有時竟令我們在遠離文學的他鄉流連忘返，遺忘了文學學科的根本其實還是文學作品的解釋。捨棄了這一根本，模糊了學科的界限，我們其實就面臨著巨大的自我挑戰：面向文學的聽眾談歷史是容易的，就像面對歷史的聽眾談文學一樣；但是，如果真的成了面對歷史的聽眾談歷史，那麼無疑就是學科的冒險！對此，每一位文學學科出身的學人都應該反覆提醒自己：我準備好了嗎？

　　在這個意義上，我們應該始終牢記，從歷史文化的角度研究文學，最終也需要回到「大文學本身」，民國文學研究對民國時期文學現象的研究，而不是以文學為材料的民國研究。將來我們可能要完成的也不是信馬由韁的《民國史》而是不折不扣的《民國文學史》。

　　沒有對這些研究前提、研究方法的反思，就不會有紮實的研究，當然最終的文學史是什麼樣子，也就難以預期了。闡釋優先，史著緩行，民國文學史的寫作，當穩步推進。

目次

總　論

作為文化景觀的沙灘紅樓

姜異新（《魯迅研究月刊》編輯部）

德國人文地理學家 Schluter（施呂特爾）於 1906 年提出「文化景觀形態」的概念，強調景觀既有它的外貌，在它背後又有社會、經濟和精神的力量，並把文化景觀分為可移動和不可移動兩種形態。前者指人以及隨人移動的物品等，後者則通過文化作用於自然景觀的全部效果來反映。1920 年代，美國人文地理學家 Car. O. Sauer（索爾）創立了文化景觀學派，指出人文地理學的核心是解釋文化景觀。

顧名思義，新文化景觀就是新文化時期所創造的人文景觀，從可視性的物質景觀層面來講，它包括不可移動的紅樓建築遺存這樣的社會文化史「化石」，還包括新文化人遺留下來的手稿、印刷品等可移動文物，而隱性文化景觀則包括以五四愛國學生運動為表徵的新文化政治景觀，新文化期刊媒體所營造的語言景觀，以及那個雲蒸泉湧的時代，一代大師澤被後世的精神遺產。這些顯性與隱性的新文化表徵共同作用而構成的「合力」輻射至社會文化的各個領域，綿延至今，同樣涵攝於當代北京歷史街區文化景觀保護與傳承的課題。

紅樓無疑是新文化景觀的地標性建築，是中國新文化場域的中心符號，更是新文化形成發展的歷史物證。本文不著意追憶紅樓往事，津津樂道舊北大掌故，評判其傳播新知，發展學術的一流大學學風，儘管這是她最迷人的風采；不著意將其納入五四運動的框架下追溯其作為 20 世紀政治活動中心的成長發展歷程，儘管這是她最耀眼的桂冠；甚至也不重複描畫其作為新文化運動中心的意識形態圖表場景，儘管這是她最值得探索的學術領地。能否將景觀從名詞轉為動詞，嘗試把注意力放在觀看新文化景觀的方式呢？也就是

說，在景觀中看到了什麼並不重要，作爲中國現代知識分子一種文化實踐的產物，紅樓不再僅被當做所見的外在客體，而是框架體系、景別運用、展陳態度、構圖方式、景觀設計。這時候，「新文化」便成了中介、平臺、生活圈等等的空間隱喻，是根植於北大紅樓現實情境中的繽紛色相，是迅速變化的一整套關係，而不只是隨時間演化的區域個性。

「不著意」不是完全跳出，也不可能跳出，而是對既往研究太依賴於話語分析、太黏著於思想辯證的反撥。希望本文的「觀看之道」能夠擺脫自上而下的疏離性凝視，能更加身臨其境地參與到景觀之中。從建築本體到政治景觀，從文物文獻到語言景觀、精神遺產，由顯到隱，貫通起流動的新文化場域，接近眞實全面地映現近現代轉型期中國曾經走過的這樣一段道路，較爲準確地爲當今時代提供歷史參照系，使觀者打破窄帶，擴大視界，更爲清晰地爲自己定位，明確我們是誰，從哪裏來，到哪裏去。

一、從建築景觀到典藏物證

在北京不光是古典傳統，尋找新舊過渡時期新文化的存在方式，同樣能夠使國人在這個天際不斷延展，邊界不斷消融的地球村裏找到家鄉的感覺。紅樓本身的建築風格奠定了新文化的最初基調：一種激進式的西學東漸的文化轉型期。沒有什麼比站在建築面前涵泳歷史更能引發深思的了，它們是步入歷史最外顯的路徑，隨時間流逝而積澱爲多樣的文化沉積層。不遠處就是紫禁城，佇立的紅樓無言地揭示著已經被建立的傳統體系在新生事物成長的壓力下是如何崩潰的。漢民族重感悟和直覺的思維方式在此遭遇西方的邏輯與實證。漢花園紅樓、景山東街馬神廟、北河沿譯學館、松公府、民主廣場、東齋西齋都曾經是一個個印記，如今只剩下紅樓一處遺存。走進這座當年最時尚的洋樓，可見蔡元培、陳獨秀、李大釗辦公室、張申府編目室、毛澤東工作過的第二閱覽室、魯迅胡適授過課的大教室、國文教員休息室、新潮社社址、紅樓印刷所……表面看來只是一個個房間而已，然而，多少學子曾在這裡心遊萬仞，熱血沸騰，它們盛得下宏大的歷史風雲，更盛得下豐贍多姿的學問思想。

新文化運動的具象歷史業已逝去，我們只能找到復原的場景，和舊紙堆中對歷史的敘述——被闡釋和編織過的新文化文本——到這裡尋找完全客觀的普遍陳述不過是一個童話。當歷史學家構建自己的敘述時，他以爲自己選

擇的那些陳述是理解過去的最好嚮導，是應該如何思考過去的最好建議。實際上，從「新文化」這一名詞誕生的那一刻起，歷史學家們就一直在忙於構造自己所認可的新文化本質，如果在這個過程中只篩選那些親歷者早經移情的材料爲證據，比如回憶錄等等，將更使得對歷史進行普遍陳述的目標渺不可及。如果說派生的語言妨礙我們對新文化實在的認知，那麼關於新文化歷史的實存又如何可能呈現原貌呢？套用時髦的話語方式，怎樣呈現一個「原五四」、「元新文化」呢？然而，任何歷史都是如此需要依賴個體、他人和社會秩序之間的關係如何被設想。就此而言，物的存在有著無可辯解的說服力，凸顯物的存在，變得意義非同尋常。當思維赤裸裸地面對物，語言沒有機會顧自發揮創造和想像。這樣呈現的歷史不敢妄說是客觀的，但至少是平靜的，因之過濾掉了多餘的情感和闡釋的亢奮，可以嘗試觸及史實靜默的起始。

作爲一種敘述，被反覆書寫、闡釋的紅樓歷史已經層層皴染，而沉寂在那裡的物，不發一言，卻從未失語，它們不受任何範式的制約，儘管對它們的陳列和使用已無可避免地會成爲「權力建構的話語」。與古代器形文物所不同的是，新文化運動遺留下來的大部分是以重要的文獻、手稿和圖書資料爲主的紙質物質遺存，承載著更加獨特的精神內涵。校徽、校旗、講義、課程表、試卷、同學錄、白話尺牘、宣傳單、刊物、手稿墨跡、新文學初版本……這些代表新文化的實物最初生長在生動真實的環境中，後來從鮮活的歷史肌體中剝落，轉移到博物館這個不可避免地帶有意識形態預設，盡量進行有限創造的人文環境中，去努力彰顯歷史，並在歷史的循環往復中不斷變化出場，不斷再分配。當它們被精心地挑選出來，經過一個又一個陳列箱，一個又一個展廳，以適當的順序連綴成一個個連貫的視覺上的「句子」，並開口說話，向人們講述和傳播什麼是新文化時，它們便成爲另外一種形態的生命組成形式。它們的價值、含義、狀態，乃至某些形狀都在潛移默化中發生改變，在不斷的信息重組和能量轉換中，構成另一種文化場。正如篇章中的詞彙產生了言語上的意義，這些對象成爲博物館語言中的基本建構素材，使觀眾可以從中讀出現代知識分子對民主科學理想的追求，對人生、社會、世界諸問題的思索軌跡，從而探索它們的創造者和使用者的行爲方式與思想意識，乃至形成對整個時代的價值判斷。

也就是說，假如只是步入舊日場景，感受歷史見證物品散發出來的時代

氣息，只不過人為地讓時光倒轉了一下而已。這些文物是有生命的，在恰當的氛圍和語境中，貫通的氣場會使它們發出獨特的聲音。它們能夠清晰地講述自己的故事，展現事實，傳達觀點，是任何外在的描述都無法比擬的。有心人認真研究和觀察它們，就能看到其中自然浮現的內涵。一方面能夠提喻式地通過個體反映整體，譬如一篇白話尺牘可以代表新文學發軔時期某種特定的文學樣式、白話文體，可以揭示歷史前臺重大事件背後不為人知的細節；另一方面，也可以通過類似轉喻的方式代表更大範圍智識體系中的一部分，譬如中國新文學史乃至中國現代文化史。透過這些具體的物質外殼，當初建立新文化體系的多種可能性得以清晰的示現，其效果甚至比語言更有效——雖然不能說話，卻勝於雄辯——你會驚喜地發現我們涉身的現代歷史是多層次、多樣化而又飽滿多汁的。歷史研究者依賴於這些新文化物證，以期重新獲得對過去事情的新鮮感，同時又要努力超越於它，決不能凝滯於物，為物所繫。

不容忽視的是，隨著現代科學技術和經濟建設的快速發展，社會生產、生活和物質條件的迅猛改善，近現代歷史上各類具有重要價值的實物資料正加速消亡，因而相關博物館義不容辭地承擔起為公眾保護、提供利用和解釋這些原始證據的特殊責任。可以說，每一件新文化藏品的源流都包含著一段豐富的歷史情節，有著確切、生動的形成經過和流傳經過，對五四運動這一重大歷史事件有直接見證意義或重要佐證意義。這些滿載著沉甸甸的歷史的傳家寶已經不屬於一個人，也不屬於一代人，而是經百年歲月相傳下來的映照新文化歷史的一面面鏡子。從某種意義上說，文物是自身的投影，也是與精神的綜合體，當事人曾經在這些遺留物的身上傾注了深厚的情感，其中蘊含的新文化能量不可小覷。在由不斷持續發展著的若干個當下組成的時間流中，我們在紅樓與新文化物證相遇，後者在恰當的時間和位置，展現思想與美感，激發活性。因而，不斷地重複拷問這些可移動文物，便是在拷問自己。通過整理這些可視的可移動文物，便是在整理逝去的新文化運動的歷史，同時也是在整理自己，整理當下。

二、新文化政治景觀

5 月 4 日，讓人們記住了紅樓。1912 年，正是在 5 月 4 日這一天，京師大學堂改稱為國立北京大學。五四運動正發生在北大七歲生日時，以北大學

生為主的各界知識分子和群眾，通過遊行示威、請願罷課的方式，最終迫使北洋政府代表拒絕在喪權辱國的《凡爾賽和約》上簽字，並罷免了交通總長曹汝霖、駐日公使章宗祥和交通銀行股東會長陸宗輿，得到了社會各界的廣泛支持，這是成長中的中國新知識分子通過自身努力第一次實現自我意志，凝聚全國各界的愛國意識和民族精神，促使了新文化思潮的風起雲湧。因而，五四運動成為穿織中國現代史經緯的重要事件。

五四運動掀起的是現代意義上的愛國意識，人們的民族自尊心空前地激發。此後，從「一二·九」運動一直到解放戰爭時期的歷次學生運動都與紅樓相關。知識分子開始走上引領社會思潮的前沿，科學和民主的新文化思想成為知識階層的理想目標，學生開始參與國事，國家問題意識空前增強，學生組織逐漸建立起來，並深入到農村，學者與大眾開始發生接觸，雖然影響仍限於城市，卻帶動了民眾組織。新文化新文學借五四運動而廣為普及。

然而，不可否認的是，通過過激行為影響到政府決策，使知識階級在社會上的影響力大增，自以為代表了公共良知，而內心深處湧動著民粹主義思潮的「激進青年」也從此誕生，並成為中國進入現代的歷史表述中一個特定群體和專有名詞，與平民百姓街談巷議中所謂的「鬧學生」相對接。很多人懷念五四運動中學子們青春無敵的血性與力量，然而，對人權和私有財產的侵犯，對於人的生命的粗暴踐踏，從曹宅大火被點燃的那一刻起，就一直引發著少數獨立思索者的反省與深思，它們不應該被遮蔽在政治訴求合理性的幕布下。

作為一種資本積累的地方性經歷，現代性的認知圖譜是經由西方國家自身範圍內的合理化，再到全球範圍內的組織化的綜合而描畫成的。在這一認知圖譜中，中國如何作為文化主體和價值主體的新的主權國家，凸顯出有別於殖民半殖民而外的與他者的另一種依存關係？踏上五四路，進入的便是這樣一個歷史的臨界點。在典型的時鐘式進化思維表述中，中國自此才具備了既「中國」又「現代」的可能，成為大眾革命和人民共和國的精神源頭，也是「現代中國」和「古代中國」的分界點，此後的中國人，同此前的中國人有著本質的不同。而從新文化地理學的視角看來，紅樓不僅是五四運動的實體出發點，更是象徵的、含義的、描繪的和想像的現代起始，它製造著以愛國學潮為表徵的新文化政治景觀，生產著對於世界的嶄新看法，在與他者相互關係的框架中彼此定位，重思民族國家主體性問題，在與政治的融會貫通

中納入建構世界秩序的新範疇。

三、新文化語言景觀

　　新文化運動在語言中留下了極爲明顯的痕跡，乃至原初就是一場從白話文入手的語言的革命，這主要體現在三個方面：一是將那些在民間自然生長的語言重新挖掘出來，使之重新活到印刷文字中，主流話語中；一是盡力改變先前主流詞語的價值和使用率，將從前屬於極少數人或者說是統治階層、精英集團的東西通過教育啓蒙變成公眾性語彙。一是從其他文明體系中引進新思潮的代名詞轉化爲我所用，這些各式各樣的觸及新世界的表達和用語，集合起來織就了新文化之網，撒向聽者的想像空間，將其拉進信仰的界面。

　　五四運動前後，以紅樓爲中心的社團活動蓬蓬勃勃，各種新出版物紛紛應時而出，揚葩吐豔，各極其致。信息和思想通過新傳媒而自由流動。北大的師生們得以瞭解社群、國家和世界到底在發生什麼，接觸到以前根本難以想像的思想和創新。雜誌社生產著日新月異的思想文化內容，製造著應接不暇的語言景觀，凝聚著公眾的注意力，而新文化產品也在雜誌上互做廣告，橫向協作，這些都是遺老遺少們一時無法接受的新媒體所承載的新文化邏輯。一種摧毀性的力量以席卷宇內併吞天下的氣勢在以紅樓爲中心的地平面上崛起。

　　翻閱新文化期刊，新文化語言迎面襲來。也許是似曾相識的傳統話語突然浮現，帶著走出遺忘的新鮮氣息；也許不是新文化人的發明，而只是在這場運動中改變了內涵及價值，並被頻繁運用的所謂新詞；也許只爲了吟詩和思考，也許是導控著情感，駕馭著心靈；更有智識者拒絕遵從旨意的自由表述……這一切均在期刊雜誌中不斷被使用，爲形成中的新文化悄無聲息的吸納汲取。一部分新文化用語將會具有持久的生命力，成爲永世長存的表達，一部分只是一過性的流行語，一旦當下的任務完成，便與製造它的局勢一同沉沒，成爲一個歷史的過客。無論屬於哪一方面，它們都會在日後爲精彩紛呈的新文化時代提供證據。

　　眾所周知，爲了更快的引進新知，從善於翻譯的日本轉手引進西學，成爲自晚清便湧動於中國知識界變革圖強的潮流，很多日本人使用漢字來翻譯歐洲詞語（特別是英語詞語），逐漸進入了近現代中國的白話報刊、雜誌文章、

大學課堂，使一大批來自現代日語的外來詞成為現代知識框架的支撐。如政治、哲學、經濟、文化、藝術、憲法、組織、社團、團體、思潮、講演、勞動者、校長、導師、幹部、新聞記者、論文、作品、印刷品、出版物、圖書館、民族、國民性、國粹、國魂等等，其中不乏梁啟超在日本與革命黨論戰期間通過日文轉譯而首次使用的。另外，傳教士也帶來了很多漢語文本的新詞，如：國會、民主、選舉、帝國、報紙、新聞、學校、雜誌、文科、文學等等。還有來自歐美的外來詞，如：邏輯、幽默、摩登、浪漫蒂克、鴉片、圖騰、霓虹燈、道林紙等；來自俄語的如布爾什維克、馬克思列寧主義、馬克思主義者、蘇維埃……正是通過這樣一種輸入轉化的途徑，現代人與現代性的問題日益顯豁地進入了新文化的表達世界，進入了中國現代知識分子的視野，他們的思考範圍與古人和遺老遺少們已大不相同。

在新文化語言景觀浮現的過程中，「新」成為最重要的標識，特別是在上述外來詞的前面冠以「新」字，便預約了一個簇新的世界。如：新紀元、新文化、新知識、新學問、新人生、新生命、新時代、新派人物、新青年、新女性、新思潮、新事物、新生活、新家庭、新思想、新觀念、新理論、新詩、新文學、新小說、新藝術、新文字、新名詞、新標點、新行款……「新」的使用率在新文化時期的某一天也許比帝國時代一年的使用率還要高。「新」使新文化人同聲相應，同氣相求，聚攏在一起而構成社群，乃至往往直接用於所創辦的雜誌做名稱。

而今，當帶著普遍問題意識所呈現的新文化景觀自然浮現在歷史與現實的天穹下，人們會不禁思考，新文化的「新」究竟是一種什麼樣的「新」？是新舊二元對立的「新」？還是作為內心驅動力的主體和創造的「新」？

毫無疑問，那時候「新」的突出全是針對曾經有的一系列舊的存在——信仰自由與孔道修身；自我實現與賢人政治；禁止重婚與允許納妾……在鮮明的二元對立的觀念中凸顯出來，彷彿在此之前，一切都是「舊」的、「老」的、枯燥的、退化的、虛偽的、保守的、消極的、束縛的、因襲的、醜的、惡的、懶惰而煩悶的，而此時一種豐富的、進步的、有異於舊質，將會把社會改變得更好的狀態和性質有望速成——誠實、進步、積極、自由、平等、創造、美善、和平……提倡者們幾乎是毫無察覺地忽略掉了這樣一個事實，即一切事物都是在起著相互襯托，充當對方背景的作用。實際上，「新派」、「舊派」遠非媒體標榜的那樣涇渭分明，更多的是新中有舊，舊中有新，新

舊雜陳。

正是因為沒有將觀照的重心放到「關係」二字，而是滯留於趨新與守舊的兩端。新文化的期刊媒體才花樣迭出地炮製出了一個又一個新舊對立的新名詞，最著名的當屬以林琴南、蔡元培為主角的「新舊之爭」。1919 年 2、3 月間，林琴南於上海《新申報》發表小說《妖夢》、《荊生》，含沙射影詆毀《新青年》同人，繼而在北京《公言報》發表《致蔡鶴卿書》，以公開信的形式指責北大「覆孔、孟，鏟倫常」、「盡廢古書，行用土語為文字」。蔡元培隨即寫了《蔡校長致〈公言報〉函並附答林琴南君函》，予以辯證。該文先於 3 月 21 日在《北京大學日刊》第 338 號上發表，4 月 11 日《公言報》全部照登。一時間，京滬各大報刊在轉載林、蔡往還書牘的同時，競相冠以「新舊之爭」、「新舊思潮之衝突」、「新舊思潮之決鬥」等火藥味甚濃的標題發表評論。當時就有人指出，所謂「新舊之爭」，完全是媒體虛擬出來的：「從《公言報》登了一篇《北京學界思潮變遷之近狀》的新聞及林琴南致蔡子民一信，京內外各報都當此為極好資料，大家發抒意見，至再至三……各報所藉以評論的資料，只是靠著一篇《公言報》的新聞和林、蔡來往的幾封信（林也不是舊的，蔡也不是新的，信中也沒有新舊的話），都不能算做事實……今林琴南來了一封責難的信，我們看來雖然是胡鬧，但在大學方面卻不能當他胡鬧。所以蔡的回答罷，也是盡大學一分子的責任。奈偏偏被一般無知識的人給他一個『新舊戰爭』的名詞。」陳獨秀主編的《每周評論》第 17、19 兩期轉載了14 家報刊的 27 篇社評。在新聞媒體的大肆渲染下，原囿於學界的思想分歧，頓時喧嘩為大眾關注的公共話題。

另外一個非常具有觀賞性的語言景觀就是《新青年》上演的「雙簧戲」。1918 年 3 月，錢玄同化名王敬軒，以讀者名義致函《新青年》，指責其排斥孔子，廢滅綱常，尤集矢於文學革命，打擊桐城派古文家。劉半農代表《新青年》記者對之逐一批駁。《王敬軒君來信》與《答王敬軒君》史稱「雙簧信」。策劃和導演的編讀互動，明顯劃分了遺老和新派教授，使新舊的虛妄分別演變成了事實真相，「萬一見了面，先生定要揮舞巨靈之掌，把記者等一個嘴巴打得不敢開口，兩個嘴巴打得牙齒縫裏出血」王敬軒來信和劉半農的答覆試圖給讀者造成這種印象，即《新青年》諸公於中西學問何等淵博，而「舊文人們」則何等淺陋。劉半農最後對王敬軒說：「忠告先生：先生既不喜新，似乎在舊學上，功夫還缺乏一點；倘能用上十年功夫，到《新青年》出到第二

十卷的時候,再寫信來與記者談談,記者一定「刮目相看」!否則記者等就要把「不學無術,頑固胡鬧」八個字送給先生「生爲考語,死作墓銘!」又先生塡了「戊午夏曆新正二日」的日期,似乎不如竟寫「宣統十年」還爽快些!」擬態的正反方各盡意氣之能事,指責者百般挑釁,批駁者刻薄淋漓,誇張的「雙簧戲」顯然聚集了受眾的關注,顯示出《新青年》同人對於媒體傳播技巧運用的已相當嫻熟。

如果說新文化運動是個人主體性向團體主體性的擴展,是新文化人的自我以及集體身份的不斷認同,那麼,這一過程顯然是通過主體的敘說以及被敘說、被表徵而建立起來的。在帝國時代,權力僅僅意味著專制統治,而在媒體參與掌控公眾的新文化時代,權力的內容涵蓋了影響、說服、能力、操縱、贊同、妥協、顛覆、控制等各個方面。所謂的「新舊戰爭」,「新」的一面所亮出的口號如「德先生」、「賽先生」、「白話文」、「反傳統」、「個性解放」、「全盤西化」,「廢滅漢字」、「不讀中國書」、「打倒孔家店」、「整理國故」、「非孝」、「重新估定一切價值」等等借助媒體廣泛傳播,非常有鼓動性,乃至具備了綱領性,至今還影響著當代人的思維模式。這些新名詞和話語的湧出使新文化時期的普遍思想狀態在人們面前充分打開,它們不斷地被言說、闡釋和傳播,仿似一磚一瓦,構建起一個現代民族國家幻象的新大廈。這一建構過程有時不得不是一個「非如其言而有其義」的詮表過程,逐漸薰習出令人眼花繚亂的新文化語言景觀。

隨「新舊之爭」而來的自然是「新文化」、「五四運動」、「新文化運動」等一系列概念的誕生。實際上,對於什麼是「新文化」,啓蒙者們在當時的理解不盡一致,沒有「五四運動」、「新文化運動」那樣明確。

1919 年 5 月 18 日,北京學生總罷課宣言中出現了「五四運動」一詞。5月 26 日,羅家倫以「毅」的筆名發表了《五四運動的精神》一文,載於《每周評論》第 23 期。7 月 23 日,蔡元培發表的《告北大學生暨全國學生書》中提到了「新文化」:

> 自五月四日以來,爲喚醒全國國民愛國心起見,不惜犧牲神聖之學術,以從事於救國之運動,現在全國國民已經被熱誠所打動,急起直追,各盡其責,喚醒國民任務的責任已經盡到了,應該珍惜不易得的受教育機會,樹我國新文化之基礎,參加世界學術之林,將研究學問作爲第一責任。

由此可見，五四運動的任務乃喚醒國民，而新文化的願景是參加學術之林，研究學問。這兩個詞並不是承續分明的因果關係。四個月後，也就是 1919 年 12 月《新青年》第 7 卷第 1 號上陳獨秀發表了《留學生》一文，批評當時中國無論是東洋還是西洋的留學生對於新文化運動所起的作用遠遠不如國內的學生們大。「新文化運動」名詞第一次被公開使用。

對此名目，魯迅有過深沉的反思，以爲它的誕生出自在先譏笑，嘲罵《新青年》的人們，後來又將其反套在《新青年》身上，而又加以嘲罵譏笑的。胡適亦指責大部分新文化人陶醉於弄筆頭，創造名詞以自慰。滿地「新文藝」的定期刊，滿地淺薄無聊的文藝與政談，傳播著幾個半生不熟的名詞，而喜歡跟風的青年，連一本好書都靜不下心來讀，就飛叫亂跳，自以爲是在創造新文化，這是五四運動以後出現的新問題。張東蓀甚至將其評價爲「舊思想的新運動」。

新文化語言景觀的呈現可以使我們清晰地看出兩個問題，一個是新文化實際是傳統文化因果相續的一個善巧變化，不能脫離傳統文化條件而獨立存在，在新文化的語言景觀中，二者則顯示出對立的依存關係，被人爲地製造了判若鴻溝的新舊界限；另一個是，新文化如何在全副武裝的話語實踐下，規範和引導行爲，用認爲是最合適的途徑，生產出中國現代知識分子主體，並迅速自我命名和合法化，最終使新文化成爲了一場運動。這一過程使我們不得不承認還存在一個作爲新名詞的新文化運動。

新的報刊媒體再現或表徵出一個擬象的甚至是超越於現實世界的敘事之網。支配話語的信仰、立場、利益、權力、情感、經驗等等的複雜因素一刻也沒有停止過糾結。言論自由導致不同觀點勢同水火，各方之間裂痕加深，這是不可避免的。在歷史上，表象總是比眞相起著更重要的作用。而靠眞相無法溝通的，有時便要靠修辭來說服，乃至過甚其辭、妖言惑眾，這種流弊從來都與璞玉渾金的眞理勘探過程相伴相隨。語言的戰爭難免執名取義，當對世界的另一種認識在頭腦中越來越根深蒂固之時，「執」就造成了另一種障礙。因而，今人有必要在追求民族文化的連續性和創造性的努力中，時時反顧，回到誕生之初的語境去重新看待和考量它們。

可貴的是，新文化培育的自由言說與書寫的外境，促成了現代交流基本規則和倫理觀念的建設。每個人，都必須經過言論自由的洗禮，才能在思想和行動上更加開明與成熟。通過期刊雜誌所承載的一輪輪的自由交流，某種

話語權不再具有定於一尊、頤指氣使的地位。聲音的多元需要起碼的程序，掌握話語權的人不得不進行自我約束，重視別的聲音；任何人都必須習慣於和自己不喜歡的人平等相處。所以，隨著新文化所倡導和實踐的言論自由的深入，人們逐漸意識到，新與舊、尋求真相與扭曲真相之間的博弈將是長期反覆的，同時，不同觀念的對立和價值觀的分層也將是常態性的。這種發現或許就是新文化運動最大的成果。

四、新文化精神遺產

新文化是由晚清與「五四」兩代知識分子共同創造的，有形的運動、遊行，具象的手稿、雜誌、詩文集，無形的新文化思想、學術、文體……在這看得見的世界與看不見的世界之間存在著彼此聯結帶，貫穿起這一文化場域所凝聚的新文化能量，所形成的文化生態，所輻射的文化群落……

看似以求新求變為主調的新文化並不只是新舊思想抗衡的結果，而是互相排斥和認同的過程中所形成的一種包含著論爭、激情和許諾的積極的活傳統。這種活的新文化傳統在其所表現的某些新形式上存在著流動性和混雜性的特徵。它催生了魯迅經典，培育了中國人的馬克思主義信仰，向外輻射乃至延續形成了苦雨齋群落、京派群落……支撐起現代中國的新文化版圖。

什麼樣的精神資源會成為新文化知識群體共享的信仰和價值？共同遵循的世界觀和行為方式？乃至賴以運作的理論基礎、實踐規範呢？五四，紅樓，就是這樣一個且看分曉、大浪淘沙的特定時空。

紅樓聚攏和培養了學貫中西的新文化大師，蔡元培倡導「相容並包，思想自由」；陳獨秀立志「推翻舊習慣，創造新生命」；李大釗努力「從那灰暗的牢獄中，打出一道光明來。」魯迅「要使中國向著好的，往上的道路走。」更有「但開風氣不為師」的胡適，「驚醒熟睡的人們」的錢玄同，「向『是』的一方面做去」的劉半農，他們獲得了新文化旗手、英雄、戰士的尊稱，其精神資源沾溉後人，其澤甚遠，絕不會隨紅樓建築和歷史文獻的消失而泯滅。

從某種意義上說，整個民族、國家是由社會各個階層構成的生命共同體，知識群體便是這個共同體的頭腦、良心和靈魂，他們必須以敏銳的覺察力來感受周遭，在政治停止思考的地方堅持更加深入的思考下去，在政府與民眾之間不斷施以影響，才能帶動民族生命共同體步入良性運轉的發展機制。新

文化人的領軍人物就是這樣一批具有學術背景和專業素質的智識者，他們對社會進言並參與公共事務，具有批判精神和道義擔當，創造了以「科學的思想與方法」、「民主與個體精神自由」、「『重新固定價值』的懷疑主義精神」與「兼容並包的寬容精神」等為核心的新世界觀、新思維、新倫理、新方法、新文學、新的人際關係與交流方式、新的創造力與想像力，開拓了新的學術領域，並將人類最高的欲求，定在時時創造新生活，努力打起精神，開闢新路徑，享受新文明的幸福。

正是因為有這樣一批文化啟蒙者，紅樓成為新文化、新學術的中心和策源地，輻射到周邊區域。它像一個繫物樁，拴住聚攏而來的人。第一代新文化人都是北京的新移民，他們帶著多樣的文化背景，從四面八方，為同樣的追求而來到沙灘，感受無法阻擋的現代思潮之遼闊，同浴於世界文化之潮流，並從中鍛造出一種自覺心。用川島的話說，來到北大，像是一個滿身被繩索捆緊了的、一向被關在鐵屋子裏感到窒息的人，乍鬆了綁，釋放出來，到了一個充滿陽光，充滿新鮮空氣的大花園裏，嫩風拂面，遍體感到輕快……連帶的覺著紅樓的所在地叫「漢花園」，也是一件極有意義的事。〔註 1〕馮沅君說，他們將故鄉視為慈母，將北京視為情人，而將自己視為「為了情人的愛而忘卻慈母的愛的蕩子。」〔註 2〕在紅樓的客旅生活，把他們思念故鄉的心苗連根拔去了。

對於這些流浪著的新文化追求者來說，沙灘一帶具有一種獨特的現代感，特別能激起他們的歸依之情，從而不再無目的地漂浮。無論是教員還是學生，無不逐漸意識到自己的主人身份，從而游離了統治的軍閥政府。在紅樓進行每一天的學習和生活時，他們學會了擔負責任，與人平等地溝通，自由地追求愛，加倍珍惜時間，自覺有計劃地做自己應該做的事，如饑似渴地閱讀白話報刊，乃至禁書，鄙視陋俗，講究衛生，強調平民意識，感受勞動的光榮，做有組織的活動，融入群體，服務於社會，彼此互助，共同進步，當然還有獨立不羈和率性而為，自命不凡……這一切逐漸約定俗成，乃至形成了現代知識分子行為方式的新習氣，積聚而成所謂的新時代特徵。初到沙灘的人哪怕不註冊進入北大，只要留在那兒，租住周邊的公寓，到紅

〔註 1〕《「五四」雜憶》，陳平原、夏曉紅編：《北大舊事》，生活・讀書・新知三聯書店，1998 年版，第 244 頁。

〔註 2〕沅君：《劫灰》，《語絲》第 60 期。

樓課堂上去偷聽，一切行爲便不再如此前般沒有著落，他們的行爲方式便逐漸被上述新的時代特徵所同化，從而在後來的歷史陳述中進入一個嶄新的時空。

應該說，新文化的形成過程是雙向的，共同的白話語言、習俗、行爲和思維將流浪的新文化追求者維繫在一起，而不同文化身份的他們在此聚集的過程中，又使先前的居住地和環境中所帶來的社會觀念與現實生活中流行的新觀念，以及整個社會和局部區域的特殊發展趨勢等等相遭遇、相碰撞，從而也給新文化的產生和發展提供了特殊的、獨一無二的場合和情境。在這一雙向的過程中，他們認同沙灘區域的文化先導意識，並來定義自己。當被問及我們是誰，一張嘴準會是，我是北大人。這不僅表明了住在哪兒，來自何方，更從文化立場上標明了自己是誰。新文化群體就是這樣通過劃分自己和他者來相互定義，並積極建立起來的。

紅樓包容了新文化人，而新文化人在紅樓發揮他的創造力，開始互相交融的過程，就此而言，彙集了新文化能量的紅樓承載了那些新生命的密碼，傳遞和重組歷史信息，使得紅樓這一文化記憶庫具有永恆的生命力和創造性。在自由寬容、每天都充滿著文化變量的紅樓，一種新文化氣質慢慢形成了——活躍中略帶狂氣，新鮮創造不乏怪誕，有教養無教條，自由不羈，逐個性，講趣味，追求與眾不同，難免嘩眾取寵，時而故作高論，始終不屈不移、卓然特立、風骨傲然——處於青春期的中國現代知識分子，在學院課堂，在媒體空間，大膽施展自我。思想覺醒、倫理覺悟和做人自覺，使這一新文化的中心無時不在呼喚智慧和美的秩序與生活，促使各種進步因素緊密聯合在一起。就連那個坐在不遠處紫禁城裏叫做溥儀的皇上，其實還是一位喜歡騎自行車的文學青年，當 1924 年 11 月 15 日廢除帝號，搬出宮後，被新文化人視爲由非人升而爲人，如同青皮阿二出習藝一樣。他被熱心地奉告不要年紀輕輕就享受「優待」，應該要身體與思想的雙重自由。被圈禁在宮城裏，連在馬路上騎自行車的自由都沒有，這對一個正在成長的青少年來說是多麼的可悲，正應當脫離羈絆，像鳥一樣回到自由的天地裏去。錢玄同希望他補習一點功課，考入高中，畢業升大學後再往外國留學。周作人更建議他往歐洲去研究希臘文學，學成歸國後到北京大學來舉辦希臘文學的講座。〔註3〕新文化能量由紅樓這一中心波及到全國的四面八方，輻射至邊遠山區，給那裡

〔註 3〕周作人：《致溥儀君書》，《語絲》第 4 期。

的生命帶來簇新的理想。有個成都《川報》的讀者寫道：「我對北京大學的感情，近來極好，心目中總覺得這是現在中國唯一的曙光，其中容納各派的學說和思想，空氣新鮮得很」。

新文化運動輸入學理，改造文化，引發了中與西、新與舊、傳統與現代的深入思考與激烈爭論，持續至今，綿延不絕。儘管我們在聽到一些理性聲音的同時，也看到了浮躁的非理性的群眾運動，然而，作為一段不可以割下來單獨評判的歷史，它自始至終處於不可阻擋的文化相續之流中，有自身的歷史因果，無所謂功過是非。無論在思想文化領域，還是在生存方式上，今天的我們無法繞開五四新文化運動的餘蔭長影。她對民主與科學、婦女解放、勞工、人權等問題的深沉思索，具有強烈的歷史感和現實性，每位當代人都會自覺不自覺地參與到建構「五四」傳統的行列中。一所大學、一個社團、一份雜誌、一本詩集、一篇文章乃至一個人的命運沉浮，都可以是新文化景觀的景別運用，會使我們在歷史的宏闊長河和細微浪花中，強烈感受到新文化時代所湧動的啓蒙救國的熱望，強烈感受到中華傳統文明步入現代的艱難歷程，如何在五四新型知識者群體最初的寂寞與吶喊中，逐步聲勢浩大，以無法阻擋之勢，在思想文化運動層面生發和拓展，而與她的對話與反思也一直和必將持續進行下去。

正是以紅樓為中心的新文化景觀——建築景觀、政治景觀、語言景觀、流行文化景觀等諸多人文景觀的水乳交融，通過時空疊加而運作，在參照領域之間精緻穿梭，將通常分離的事物交織起來。如果本文的觀看之道讓你意猶未盡，那是因為你我正內在於景觀之中。或者說新文化景觀本來就總是處在建構情境中。它曾經是、現在是而且將來仍然是一個豐富的質詢領域。作者期待通過粗淺的拋磚引玉，能夠隨之開啓紅樓景觀作為新文化意義之源的深入研究。

多重「革命」內涵的重合與混雜
——二十世紀中國文學研究札記一則

李怡（北京師範大學）

　　從梁啓超以文學諸界「革命」拉開近代文學序幕，陳獨秀以《文學革命論》、胡適《建設的文學革命論》拉開現代文學序幕，到以「革命文藝」為主旋律的新中國文學，二十世紀中國文學就籠罩了十分濃重的「革命」色彩。同樣，從以「革命」作為文化與文學「時尚」的標榜到今天「告別革命」之後對所謂「激進主義」的質疑與批判，「革命」命運的起起伏伏、波瀾壯闊。問題是，貫穿了整整一個世紀的「革命」的內涵究竟可能存在多少的差異？我們今天對「革命」的頌揚或者質疑能否以一個籠統的「革命文化」作為基礎？這，都期待我們對百年來中國文化與文學的更多的細節性的揭示。

　　在我看來，解讀二十世紀中國文學與革命的關係的最重要的起點應當是劃清「革命」之與政治與之於文化的不同的含義，同時，還應當看到，從晚清到當代中國，對中國文學發展影響甚深的「革命」也包括了多重不同的意義指向。這似乎正與「革命」一詞在近代中國複雜的生成過程相適應。

　　「革命」一詞，既是中國「古已有之」（一般認為其源自於《易經》「湯武革命，順乎天而應乎人」），又與流行於近代留日界中的日文新詞「革命」大有關係，只不過，中國傳統與日本文化的在這裡的結合卻是格外的複雜。《易經》「湯武革命，順乎天而應乎人」，其基本意思是以武力改朝換代，「革其王命」、「王者易姓」，日本在譯讀了西方文明中代表歷史前進的 revolution 之時，啓用了中國《易經》中的「革命」一詞，日本雖然借用了中國《易經》以武力改朝換代的「革命」一詞，但它那「萬世一系」的天皇政治模式卻排斥了中國固有的「武力」內涵，取而代之的是一種尊王改革的意義，「革命」

也就是明治維新的「維新」。這樣的理解不僅有別於中國《易經》的本義，而且也剔除了西方文明 revolution 中應有的暴力激進的一翼。值得注意的是，這樣的理解恰恰構成了梁啓超對「革命」的理解和理想。剛剛經歷了宮廷維新的梁啓超到了日本，首先引起他共鳴的自然是日本式的「革命」內涵。1902年的《釋革》一文，梁啓超考察了當時日文中所用的「革命」一詞，他結合日本的維新事實提醒我們：「聞『革命』二字則駭，而不知其本義實變革而已。革命可駭，則變革其可駭耶？」革命，也就是非暴力的變革，雖然這樣的思維在充滿政權顛覆意味、以政治關懷爲基準的二十世紀的中國並非主流。不過，當梁啓超擱置政權更替問題，將「革命」引入文化建設與文學發展的層面上加以討論，這也給我們帶來了從純粹思想文化的意義上認知「革命」的可能。在這個意義上，無論是漸進的「變革」還是激進的 revolution 本身都不足證明其思考的合理性與否，因爲，思想文化問題本身就不是「暴力」所能夠解決的，同樣，非暴力的漸進式改革也不足以證明文化建設本身的成功與失敗，文化的發展與文學的發展最終必須通過其的精神產品的「精神征服力」來加以確定，相對五四新文學而言，梁啓超文學諸界「革命」的局限並不是他不夠「激進」不夠暴力，而是他尚未貢獻出具有更大藝術魅力的產品。在這裡，「革命」之與政治與之於文化的不同的意義，已經得到了比較重要的顯現。就是在梁啓超時代，出於對國內政治與政權的失望，對「革命」的暴力性的內涵的指認也已經存在。馮自由在他著名的《革命逸史》中這樣交代「革命二字的由來」：

> 在清季乙未（清光緒二十一年）年興中會失敗以前，中國革命黨人向未採用「革命」二字爲名稱。從太平天國以至興中會，黨人均沿用「造反」或「起義」、「光復」等名辭。及乙未九月興中會在廣州失敗，孫總理、陳少白、鄭弼臣三人自香港東渡日本，舟過神戶時，三人登岸購得日本報紙，中有新聞一則，題曰支那革命黨首領孫逸仙抵日。總理語少白曰，革命二字出於《易經》「湯武革命順乎天而應乎人」一語，日人稱吾黨爲革命黨，意義甚佳，吾黨以後即稱革命黨可也。〔註1〕

孫中山這裡所理解的「革命」顯然與梁啓超有異，「革其王命」、「王者易姓」的中國本義在「革命黨」孫中山這裡是獲得了重新的認同。

〔註1〕馮自由：《革命逸史》初集，商務印書館，1939年6月版。

　　儘管包括梁啓超、康有爲、章太炎等知識分子都一度對「革其王命」的中國傳統與包含了暴力激進的 revolution 頗爲戒備，但近代中國的憂患現實與改革挫折卻催使人們更多地容忍、理解乃至最終認同和激賞著改朝換代的「革命」概念，傳統中國的「革其王命」與西方文明的激進式前進實際上構成了某種複雜的配合。章太炎曾經在《時務報》上撰文提倡「以革政挽革命」，〔註2〕但他終於還是成爲了「順天以革命者」。〔註3〕就是梁啓超主辦的《清議報》與《新民叢報》上，也不乏蔣智由這樣的「革命」語彙：「世人皆曰殺，法國一盧騷。民約昌新義，君威掃舊驕。力填平等路，血灌自由苗。文字收功日，全球革命潮！」〔註4〕可以說，正是對「革命潮」的感奮，激進「革命」的概念最終進入了留日中國學界的主流，成爲鄒容所謂的 20 世紀中國社會變遷的「天演之公例」。〔註5〕顯然，這樣從政權顛覆的意義出發對「革命」的暴力性的理解到後來便成爲了二十世紀中國思想的主流，也直接進入了左翼中國作家的視野，成爲他們反抗現實政權、設計文學運動的重要動力，較之於一般的所謂自由主義作家，他們更具有政治上的暴力革命的理想，不過，在這裡，同樣存在一個政治上的暴力革命理想與文學上的革命更新的差異問題，我們能否因爲他們政治態度上對暴力的認可而斷定他們文學活動的暴力性？進而得出現代激進主義的新文學割裂了傳統文化與文學這樣的結論？顯然，左翼中國文學無論在從「文學革命」到「革命文學」的過程中出現了怎樣的歷史轉折，都不能改變中國現代文學經驗持續進行的事實。

　　類似的問題我們也可以在五四新文學運動中發現。90 年代以後對五四激進主義的質疑也包括了對其「文學革命」之「革命」理想的質疑，我們將五四文學的某些簡陋歸結爲他們「割裂」文化傳統的「革命」的鹵莽，更將以後中國現代文學的局限視作「革命」思維的持續性影響。這樣的指責其實都是混淆了政治形態的暴力革命與文化形態的革命話語的根本不同，在文化與文學的層面上，無論五四先驅有過怎樣激進的批判性言辭，都無法改變他們在創作經驗上延續文學傳統的事實，顛覆性的革命足以造成「政權」斷裂的

〔註2〕 章太炎：《論學會有大益於黃人，亟宜保護》，原載《時務報》第 19 冊，1897 年 2 月。
〔註3〕 章太炎：《正仇滿論》，原載東京《國民報》，1901 年 8 月第 4 期。
〔註4〕 蔣智由：《盧騷》，原載《新民叢報》，1902 年 3 月第 3 號。
〔註5〕 參見鄒容：《革命軍》，《辛亥革命（二）》，上海人民出版社，1957 年版。

現實，而一時間文化批判的激烈卻並不足以真正形成文學創作的歷史終止，中國現代文學創作實績的某些不如人意之處可能更應該從作家的個人才能與其他複雜的社會文化因素中尋找解釋。

新中國建立之後的文學曾經在「革命」的道路上經歷了前所未有的曲折，然而，一個重要的問題，即便是在政治的層面上，這裡「革命」的含義都已經發生了重大的變化。它已經從對現存政權的反抗顛覆轉而為對政權的認同與鞏固，在這個意義上，建國後三十年間的「革命」含義既不同於梁啟超的改良，也不真正等同於孫中山與共產黨人在建國前的「革命」指向。如果依然稱為「革命」當屬於一種具有中國特色的「革命」，其本質上應該是對新的國家主義原則與秩序的認同。在這個意義上，我們很難將新中國文學的問題簡單納入到左翼革命文化的邏輯中加以統一分析，更沒有理由將五四文學革命與文化大革命等量齊觀。在這裡，與其說是「革命文化」造成了新中國三十年文學的某種損害，不如說是政治體制的重塑力量與限制力量規範和壓制了文學的正常生長，特殊的「革命」體制壓抑了包括文學發展自身的「革命」性。

當然，就是在這個時候，文化與政治不同領域的差異依然存在。新中國文學並沒有因為政治的壓力完全中斷了與自身傳統的聯繫，文化與文學的自我生長的能量依然存在，剝離政治概念的外衣，我們還是能夠從十七年文學的具體寫作中感受到中國現代文學三十年經驗積累的延續作用，在今天，「十七年文學」正在成為當代文學重讀的一個熱點話題：熱便熱在人們試圖從中讀出為當時政治體制所不能解釋的藝術本身的魅力，這也充分說明了二十世紀中國文學與「革命」的複雜關係。

中國新文學究竟承受了「革命」文化的何種遺產？這些遺產究竟帶給我們文學什麼樣的影響？應該說這都是一些尚未充分展開的課題，而進入課題的第一補便是將「革命」的政治內涵與文化內涵相剝離，也將不同時期的「革命」內涵嚴格區別開來。

「二次革命」後國民黨的分化組合與新文化勢力的形成

王永祥（河北師範大學）

在近代以來倡導社會變革和領導政治革命的士紳階層，經過民初政黨政治競爭，這一群體產生了嚴重分化。而分化的關節點在於二次革命的失敗。對於這場倉促革命，首先是同盟會成員內部進行了反思，而反思的結果是，從革命群體中出現了一群以思想文化啓蒙爲中心的群體，而這一群體開啓了文化變革的前奏。

二次革命後，從同盟會演變而來的、並由宋教仁組建的國民黨，在內外矛盾的交困下開始分化。同盟會本由秘密會黨發展而來，內部意見本身不統一。孫中山辭去臨時大總統後，並未注意組黨來進行議會政治，而是著手他的民生主義的宣傳與實踐；秘書長胡漢民赴廣州任都督；協理黃興留守南京，手無實權，亦未留心政黨建設；協理黎元洪另組民社；社會部主任幹事張繼宣傳他的無政府性質的社會主義運動；總務部主任幹事汪兆銘出國留學。只有政事部主任宋教仁一心專注在政黨建設和黨派競爭。宋教仁認爲，「以前，是舊的破壞時期；現在，是新的建設時期。以前，對於敵人，是拿出鐵血的精神，同他們奮鬥；現在，對於敵黨，是拿出政治的見解，同他們奮鬥」〔註1〕。及至國民黨和袁世凱勢力的對立矛盾越來越厲害，在對待袁世凱北洋勢力的態度上，國民黨內部已經分化出激進派和溫和派，如著名記者黃遠庸所分析的：「蓋國民黨中無論法律派與非法律派，其目的專在排袁，特

〔註1〕 宋教仁：《國民黨鄂支部歡迎會演說辭》，陳旭麓主編：《宋教仁集》下冊，中華書局，1981年，第456頁。

其手段稍異。其先法律派之排袁，僅在政黨內閣，至宋案發生後，則一律主張不舉袁矣……於是，武力派主張以武力倒袁，法律派則主張以法律倒袁。」〔註2〕武力派倉促在江西起兵討袁，結果很快被鎮壓。贛寧之役的後果不但使得國民黨中的武力派遭到重創，而且在輿論勢力上遭到了譴責。在革命派起兵的前夕，梁啓超就發表了《革命相續之原理及其惡果》，痛詆革命之非，「革命只能產出革命，決不能產出改良政治。改良政治，自有其塗轍，據國家正當之機關，以時消息其權限，使自專者無所得逞」〔註3〕。社會上也將孫黃目為亂黨首領，認為專事「稱戈倡亂」，紳商階層在期盼社會穩定的目的上，希望袁世凱能「促令政府迅速戡亂，以保統一而遏亂機」〔註4〕。1913年11月4日，袁世凱假國民黨在湖口倡亂為名，下令解散國民黨，並追繳國民黨議員之證書徽章。當日被追繳者，參議員129人，眾議員225人；翌日續行追繳者，參議員3人，眾議員81人，總計眾議員306人，參議員132人，共438人。以致兩院殘留之議員，照常出席，均不滿法定人數，不能開會。由此國會關閉，權勢為袁世凱獨攬。國會解散對當時的政局影響巨大，從此不願與袁世凱合作的勢力重新尋找變革中國的思路，國會解散加速了內部矛盾重重的國民黨勢力的分化，孫黃矛盾進一步加劇，逃亡中的國民黨精英開始從不同的思路上反思二次革命失敗的原因。在反思中形成了以「歐事研究會」為中心的溫和派和以「中華革命黨」為中心的激進派。

孫中山組建中華革命黨，認為二次革命之所以失敗，是因為缺乏具有絕對領導權的領袖、組織渙散所致，「此無他，當時立黨徒眩於自由平等之說，未嘗以統一號令、服從黨魁為條件耳。殊不知黨員之於一黨，非如國民之於政府，動輒可爭平等自由，設一黨中人人爭平等自由，則舉世當無有能自存之黨。蓋黨員之於一黨，猶官吏之於國家，官吏為國家之公僕、必須犧牲一己之自由平等，絕對服從國家，以為人民謀自由平等。惟黨亦然，凡人投革命黨中，以救國救民為己任，則當先犧牲一己之自由平等，為國民謀自由平等，故對於黨魁則當服從命令，對於國民則當犧牲一己之權利」，而組建中華革命黨，「是以此次重組革命黨，首以服從命令為唯一之要件」

〔註2〕黃遠庸：《遠生遺著‧最近之大勢》卷三，商務印書館，1984年版增補影印第一版，第119頁。

〔註3〕梁啓超：《革命相續之原理及其惡果》，李興華、吳嘉勳編：《梁啓超選集》，上海人民出版社，1984年，第640頁。

〔註4〕《時報》，1913年7月23日。

〔註5〕。所有黨員，不論資格，皆得按指印重立誓約，以示決心。黨員分為首義黨員（元勳黨員）、協助黨員（有功黨員）、普通黨員（先進公民），按等級享受革命成功後的待遇。特別強調「服從黨魁」，孫中山試圖延續同盟會時期秘密會黨的方式加強國民黨的凝聚力，帶有強烈的幫派色彩，引起很多黨員的反對。

這種帶有會黨性質的組黨方式遭到黃興等人的反對。黃興認為應該戒除門戶之見，國民黨應該聯合各派的人士，在容納磨練中堅定黨員的信念。「若從根本上做去，本吾黨素來所抱之主義發揮而光大之，不為小暴動以求急功，不作不近情言以駭流俗，披心剖腹，將前之所是者是之，非者非之，盡披露於國民之前，庶吾黨之信用漸可以恢復，又宜寬宏其量，受壞納流、使異黨之有愛國心者有所歸向，夫然後合吾黨堅毅不拔之士，學識優秀之才，歷百變而不渝者，組織幹部，計劃久遠，分道進行，事有不統一者，未之有也」〔註6〕。面對國民黨在當時從組織到聲譽方面受到的打擊，黃興更願意從思想文化方面加強革命意識和現代政法知識，在 1914 年 2 月，黃興即借「東京工科學校」，建立政法學校，給留學生和革命流亡者教授經濟、法律、政治知識。

1914 年 6 月，第一次世界大戰爆發，流亡日本的國民黨人認為歐戰對中國影響巨大，以跟隨黃興的李根源為核心，在 8 月 13 日，李根源、彭允彝、殷汝驪、林虎、程潛等人，發起組織了歐事研究會，認為大戰必然影響中國，「為了對世界大戰與中國革命的關係作詳盡的探討」，組織研究會。相比中華革命黨，歐事研究會是一個思想立場相近的同人組織，沒有嚴密的組織，也不設最高領導人，連入會手續都沒有。其實歐事研究會真正的用意是以「一戰」為名目，來掩飾國民黨內部的分裂，正如當事人章士釗所回憶的：「顧黃派軍人不甚謂然，黃去而仍未即投孫，依舊別樹一幟，與孫對抗。歐事研究會，於焉支持一段較長時間。雖其時世界第一次大戰，業經爆發，此不過假借世運，掩飾內訌，非本會之真實職志也。」〔註7〕歐事研究會基本是一個以黃興為核心的帶有思想啓蒙和宣傳的鬆散組織。研究會成立後，核心人物李根源即去信邀請遠在美國的黃興加入，黃興欣然贊同，「知公等設立歐事研究

〔註5〕 黨史會編：《國父全集》第 3 冊，臺北，1957 年，第 287 頁。
〔註6〕 湖南社會科學院：《黃興集》，中華書局，1981 年，第 357 頁。
〔註7〕 章士釗：《歐事研究會拾遺》，《章士釗全集》第 8 卷，文匯出版社，2000 年，第 280 頁。

會，本愛國之精神，主旨宏大，規劃周詳。其著手辦法，尤能祛除黨見，取人才集中主義，毋任欽仰。又承決議認弟爲本會會員，責任所在，弟何敢推辭」〔註8〕。歐事研究會成立初始的會員基本上是黃興的部下，他們推崇黃興爲自己的精神領袖。雖然歐事研究會有和孫中山組織的中華革命黨相區別的意思，但立會精神上，則並不表示和中華革命黨決裂。在成立過程中商定了四項「協定條件」：「一、力圖人才集中，不分黨界；二、對孫中山先生取尊敬主義；三、對於國內主張侵潤漸進主義，用種種方法，總期取其同情爲究竟；四、關於軍事行動，由軍事人員秘密商決之」〔註9〕。

作爲歐事研究會的核心刊物，就是章士釗所辦的《甲寅》，雖然《甲寅》創辦的時間較歐事研究會成立的早，但章士釗本人和黃興有很好的私誼，特別是章士釗雖不是國民黨黨員，但和國民黨關係密切。而且章士釗本身獨立的超黨派政論觀察家的立場更是爲黃興所看重。在胡漢民創辦《國民》和《甲寅》雜誌的時候，黃興就寫信讓章士釗在二者擇一來主持：「雜誌之事，昨日漢民兄等仍要求兄主任其事，尚未得見承諾，殊爲懸懸。弟思袁氏作惡已極，必不能久於其位，兄能於此刻爲收拾人心之舉，亦不爲早。兄前所談，弟亦主張，兩者之間，孰緩孰急，惟兄察之。至組織後，如最激烈分子，當可設法使其不償事。」〔註10〕從此信中可看出，黃興相當看重章士釗的獨立立場，並且希望章士釗能以雜誌宣傳的方式來「收拾人心」，既是爲了振作因二次革命失敗後消沉的社會情緒，也是重塑國民黨飽受訾議的社會形象。

可以說在東京，革命黨人以歐事研究會和《甲寅》雜誌爲中心進行了集結，這次集結重要的意義分爲兩個層面：一是超越了黨派偏狹的立場，容納了更多具有相近思想立場的新興勢力。二是更爲重要地將變革中國的思路從政黨政治的政治策略變爲思想觀念的宣傳與啓蒙，開始尋求較爲統一的思想立場來聯合各派力量。這就意味著在民主共和建設中，人們更爲看重思想觀念的宣傳，不再局限於狹隘的黨派利益，從而在當時的政治文化生態中開闢出另一個變革中國的空間。

歐事研究會成立不久，在1914年末，發起人之一的殷汝驪返回上海，與國會解散後留在上海的谷鍾秀、歐陽振聲等一起將歐事研究會的「活動計劃」

〔註8〕湖南省社科院：《黃興集》，中華書局，1981年，第388～389頁。
〔註9〕蕭致治：《黃興評傳》，南京大學，2001年，第426頁。
〔註10〕黃興：《致章士釗書》（1914年3月24日），《黃興集》，中華書局，1981年，第351頁。

於 1915 年的春夏之交發佈。這個計劃據日本學者松本英紀研究：「『計劃』中有兩條：（甲）對當代有影響力的人物，採取廣泛聯絡主義，以使人才集中，主張一致。（乙）對現在政局，採取穩健的改進主義。逐步使人心和輿論回歸。相對於民初黨派之間的惡鬥，歐事研究會極力強調如何聯合各派勢力，『力圖人才集中，主張一致』，『聯絡範圍不分黨派』，對於『即是反對過的黨員，能接觸的盡量接觸』。面對逆轉的政局，認爲『全國人民已明其非，只是必須有聯繫人心之道，繼而掌握他們的變化、趨向，然後著手進行改進』。」〔註 11〕「活動計劃」中另一個重要內容是辦學校和經營出版公司，在上海建立法政專門學校，聘請有名而又不遭當局忌諱的人才，共同開辦。同時在各學科中成立學會，聯絡有名望的人參加。在經營出版公司方面，歐事研究會以上海爲據點，設立了「泰東書局」、「明明編譯社」。谷鍾秀、楊永泰等人則早在 1914年 1 月，以「指導社會、忠告政府」爲主旨，發行創辦了「正誼」雜誌，與《甲寅》共同探討如何挽救共和之道，而《甲寅》雜誌的作者群，和《青年雜誌》的關係更爲密切。在當時的輿論界爲袁世凱所控制一致鼓吹帝制輿論的時候，這兩份雜誌被看作是爲「神州放出的一線光明」。〔註 12〕

　　歐事研究會除了在東京、上海展開活動外，在巴黎也同樣得到了同調的支持。一群原來圍繞在《新世紀》雜誌周圍的國民黨流亡者，諸如蔡元培、吳稚暉、汪精衛、張繼等人也要求加入。吳稚暉、汪精衛和張繼先後在《甲寅》上發表詩文。他們也受一戰影響，針對在法國戰時工業界工作的中國工人，於 1915 年初，組織了一個「勤工儉學會」，1916 年 1 月，又成立了「華法教育會」，該會的目標在於引入世界文明，發揚先哲智慧，發展國民經濟〔註 13〕。圍繞這些組織的成員都反對激進派的武裝革命，開始從政治革命向社會改良與思想宣傳轉變。相比東京和上海的歐事研究會成員的活動，在法國的這些歐事研究會成員更進一步將宣傳對象和活動方式明確化，即在下層社會中普及現代科技知識，從個人的修身上來範導社會並進行社會改良，特別是帶有強烈無政府主義色彩的「勤工儉學會」，幾乎就是對蔡元培等人在辛亥革命勝利後回國的路上所建立的「社會改良會」的延續，該會從自身的道德提升入手，認爲在下層社會中培養符合民主共和的國民是進行新思想宣傳

〔註 11〕松本英紀：《中華革命黨和歐事研究會》，《民國檔案》，1990 年第 3 期。

〔註 12〕蔣永敬：《歐事研究會的由來和活動》，《傳記文學》第 34 卷第 3 集。

〔註 13〕見《東方雜誌》第 14 卷第 6 期，第 181 頁。

的根本目標，教育和思想宣傳成爲他們活動的主要方式。

這些流亡群體不斷對民初政黨政治進行反思，特別是在「一戰」爆發、列強從亞洲返身回歐洲角逐、日本成爲主導中國政局的主要力量之後，這一反思更有了進一步的深化。面對列國競爭的緊張局勢，流亡群體開始將中國放入到更爲開闊的世界，從思想文化入手，在中西對比中思考中國的出路。如蔡元培再次返回巴黎後，與汪兆銘、張繼等創辦《學風》雜誌，在發刊詞中所言：

> 今日之時代，其世界大交通之時代乎？昔者吾人以我國爲天下，而西方人亦以歐洲爲世界。今也畛域漸化，吾人既已認有所謂西方之文明，而彼西方人者，雖以吾國勢之弱，習俗之殊特，相與鄙夷之，而不能不承認爲世界之一分子。有一世界博覽會焉，吾國之製作品必與列焉；有大學焉，苟其力足以包羅世界之學術，則吾國之語文歷史，恒列爲一科焉；有大藏書樓焉，則吾國之圖籍，恒有存焉；有博物館焉，苟其宗旨在於集殊方之珍異，揭人類之眞相，則吾國之美術品或非美術品，必在所搜羅焉。此全世界大交通之證也。〔註14〕

蔡元培等人在巴黎不僅僅具有了世界性的思想眼光，更爲重要的是將中國效法學習的對象由日本轉向歐洲。從清政府新政時期起，不論是上層主導的新政，還是留學生海外留學，主要是以日本爲效法對象，學習日本在明治維新中「和魂洋才」的策略。但是面對民主憲政瀕臨失敗的困境，特別是日本侵略野心因歐美列強退出中國而日漸明顯的時候，很多反思憲政失敗的根源的變革者，開始將目光投向歐美，在憲政誕生的源發地尋找思想文化的變革資源。而且此時對歐美文化的學習，不再僅僅局限在政治文化孤立的範圍內，而是將歐美文化和中國文化作爲整體進行比照學習。蔡元培等之所以創辦《學風》雜誌，就是爲了向國內那些因財力無法親赴歐洲學習的國人，介紹他們所窺見的歐洲文化一斑，寄希望於國內學人。這些思想變革取向的實現，雖然還有待於在蔡元培主掌北京大學後眞正展開，但此時已經準備了初步的變革意識。

此時的陳獨秀在 1914 年，受章士釗之邀，加入歐事研究會，並東渡日本

〔註14〕 蔡元培：《〈學風〉雜誌發刊辭》，《蔡元培全集》第 2 卷，中華書局，1984 年，第 335 頁。

幫助章編輯《甲寅》，同時入「雅典娜法語學校」學習法語〔註15〕。1915年5月，《甲寅》移至上海出版，後因袁世凱查封，章士釗參與護國軍軍務，《甲寅》停刊。9月，陳獨秀經汪孟鄒介紹，和群益書店合作，創辦《青年雜誌》。到了1915年，已經形成了一個散佈在全球的新文化勢力的鬆散網絡，正如魏定熙所言：「二次革命失敗以後的三年裏，新文化運動的未來領袖們形成一個散佈於各大洲的非正式網絡。……他們從政治運動中退了出來。很快，主張暴力革命的人對政黨政治的派系鬥爭大爲失望，這些新文化運動的未來領袖們與孫中山的中華革命黨疏遠了，許多人加入中立的歐事研究會。在二次革命到袁世凱死去這期間，剛剛興起的新文化社團還是一個聯繫鬆散、不成體系的思想群體，他們主要是靠個人關係網絡結合在一起的，都普遍希望進行建立在合作、教育和道德提高基礎上的漸進變革。」到了袁世凱稱帝敗亡，這些被迫流亡的新文化變革領袖迅速集結，以蔡元培開闢的北大校園和陳獨秀創辦的《新青年》雜誌爲核心，分散的網絡開始結合成爲一個更爲密集的團體，從而預示著一場文化變革的歷史壯劇的隆重登場。

在由國民黨中分化出的歐事研究會等團體從事思想文化變革的時候，經過新式教育及留學經歷而形成的偏重於思想文化啓蒙的新一代也開始步入歷史舞臺。歐事研究會、《甲寅》群體，其凝聚爲群體力量的因素和他們早年從事反清的革命經歷有密切關係。1915年陳獨秀創辦《青年雜誌》（第二卷更名爲《新青年》），前面四卷的作者，除了個別的爲六十年代出生如蔡元培（1868年）、吳稚暉（1865年）外，基本上以19世紀七八十年代出生的人爲主體。首卷的作者諸如陳獨秀（1879年）、高一涵（1885年）、劉叔雅（1889年）；第二卷的作者李大釗（1889年）、楊昌濟（1871年）、胡適（1889年）、吳虞（1972年）、光升（1876年）；第三、四卷作者錢玄同（1886年）、章士釗（1881年）、魯迅（1881年）、周作人（1885年）。在這些群體中，除了胡適、周作人等外，幾乎都是從晚清開始的反清革命志士。政治活動經歷既是他們共同的身份認同的基礎，也是他們形成人際關係網絡的主要渠道。而革命的挫折性經歷，促使他們反思自己的革命生涯，開始從事文化啓蒙活動。作爲《新青年》主編的陳獨秀的經歷，很明顯地表現出從政治活動向思想文化活動轉變的特徵。陳萬雄曾將陳獨秀在主編《新青年》之前的革命活動做了分析，在此之前的人生履歷中，參與反清政治組織和活動是其主要的社會

〔註15〕唐寶林、林茂生：《陳獨秀年譜》，上海人民出版社，1988年版，第62頁。

活動：

（1）同潘贊化、柏文蔚、鄭贊丞等人組織學社、辦藏書樓，組織演說並宣傳革命反清，受追捕避遁日本。（1902 年）

（2）與張繼、鄒容等人強剪留學生監督蔡鈞辮髮逼逃歸國。（1903 年）

（3）加入楊篤生、章士釗組織的暗殺團。（1904 年）

（4）任教安徽蕪湖公學，同柏文蔚、倪映典組織革命團體「岳王會」，並任會長，同年與趙聲等策劃吳樾炸出洋五大臣。（1905 年）

（5）因徐錫麟事件而走日本，再次赴日與章士釗、蘇曼殊、張繼及日人幸德秋水組織「亞洲親和會」。（1907 年）

（6）辛亥革命後任安徽都督柏文蔚秘書長，其後又積極投身於「二次」革命。

（7）與王正廷、胡漢民等組織「政餘俱樂部」，參加「歐事研究會」〔註 16〕。

這些政治經歷是當時這些群體作為身份認同的重要社會背景，相比陳獨秀而言。胡適的經歷則相對要單純得多，胡適的經歷更多的是以留學背景而凸顯出他在思想文化方面的身份地位。

（1）考取清華留學獎金赴美入讀康乃爾大學農科。（1910 年）

（2）棄農學改入文學院主修哲學。（1912 年）

（3）投稿《甲寅》雜誌，結識章士釗。（1914 年）

（4）入哥倫比亞大學研究院從杜威學實驗哲學。（1914 年）

（5）投稿《新青年》，結識陳獨秀，回國任教北京大學。（1917 年）〔註 17〕

在陳獨秀等人以反思革命失敗而倡導國民政治並開啟文化啟蒙的時候，遠在美國的胡適已經和友人討論並思考如何變革中國文學。經歷不同的兩代人開始找到了交集，而其共同點就是變革思想文化。雖然這兩代人有共通的社會關注點，但是源於他們不同的經歷，社會變革開始由革命群體向文化群體轉變。楊念群曾這樣分析兩代人在身份認同方面的不同點：

> 新文化運動的早期領導人尤多具有組織政治團體的經驗和團體關係認同的能力，他們互相援引的核心資本是曾參與反清運動的經歷，不少人還是老同盟會會員，而他們所受的留學教育（大多是留

〔註 16〕陳萬雄：《五四新文化的源流》，生活・讀書・新知三聯書店，1997 年版，第 2～3 頁。

〔註 17〕陳萬雄：《五四新文化的源流》，同上，第 7 頁。

日教育）不過是這種政治資格的附屬背景罷了。這就決定了他們採取梳理政治的態度，決定其在新文化運動中之地位和聲譽往往仍可能是其早期社會資本的積累。這與稍晚進入新文化運動核心圈子的胡適等留美學人的境遇頗爲不同。胡適等人在新文化運動中處於顯赫位置，並不取決於他們由政治經驗積累起來的社會資本的體現形式，因爲他們恰恰闕失這方面的閱歷，而是採取展示比較純粹的文化教育、修養的具體形式，即留學歐美的經歷，以實現自己的文化資本積累過程，並通過這種積累獲取了體制對其身份的認同。北京大學作爲一種新型教育空間爲這種身份認同的強化提供了很好的場所。〔註18〕

這種身份認同模式的轉移，表徵出新一代群體的出現。再加上北京大學所開闢出的學術性文化空間，（論文第三部分進行論述）文化啓蒙不但有了群體勢力，而且有了相應的文化空間，由此預示了新文化的出場。

陳獨秀創辦《青年雜誌》，和《甲寅》最大的不同在於將自己的讀者群設定在新一代——即受新式教育成長起來的一代。這一代人相比陳獨秀、章士釗這些老革命黨，他們關注的重心並不在政黨政治，而在於思想文化。陳獨秀創辦雜誌，就是要尋找和革命黨或者說傳統士紳階層不同的一代人來改變中國。其實早在《青年雜誌》創辦的前兩年即1913年，陳獨秀已經敏銳地意識到，必須重新培養和動員變革中國的新勢力群體，據汪孟鄒回憶，「民國二年（1913年），仲甫亡命到上海來，『他沒有事，常要到我們店裏來。他想出一本雜誌，說只要十年八年的功夫，一定會發生很大的影響，叫我認眞想法。我實在沒有力量做，後來才介紹他給群益書社陳子沛、子壽兄弟，他們同意接受，議定每月的編輯費和稿費二百元，月出一本，就是《新青年》』」〔註19〕。因此在《青年雜誌》創刊號的社告中，明確將雜誌的讀者群針對青年：

　　一、國勢陵夷，道衰學弊。後來責任，端在青年。本志之作，蓋欲與青年諸君商榷將來所以修身治國之道。

　　二、今後時會，一舉一措皆有世界關係。我國青年，雖處於蟄

〔註18〕楊念群：《「五四」九十週年祭——一個「問題史」的回溯與反思》，世界圖書出版公司，2009年，第86頁。

〔註19〕汪原放：《亞東圖書館與陳獨秀》，學林出版社，2006年，第33頁。

伏研求之時，然不可不放眼以觀世界。本志於各國事情，學術，思
潮，盡心灌輸，可備攻錯。

三、本志以平易之文，說高尚之理。凡學術事情足以發揚青年
志趣者，竭力闡述。冀青年諸君於研習科學之餘，得精神上之援
助。

……

五、本志特闢通信一門，以爲質析疑難發抒意見之用。凡青年
諸君對於物理學理，有所懷疑，或有所闡發，皆可直緘惠示。本志
當盡其所知，用以奉答。庶可啓發心思，增益神志。〔註20〕

分析這則社告，可以說其後新文化運動的核心觀念已經隱藏其中，所謂「高
尚之學理」所包含的科學理性精神、與青年平等對話中的自由民主精神，放
眼世界的胸懷。這些難以在士紳階層中實現的新精神，陳獨秀寄希望於青年
一代，這一代人要承擔起救亡圖強的責任，必須在學理和世界眼光中培養自
己，而且對青年一代，他更願意在對話中以自由平等的方式來提高青年一代
的思想觀念。這一點和章士釗的《甲寅》雜誌有很大的不同，《甲寅》主要是
針對有革命和改良經歷的士紳階層，重點在這一群體中對時政的分析評判，
即所謂的「條陳時弊，樸實說理」，強調《甲寅》是「公共輿論機關」，其目
標是如何在強調說理的普適性和輿論的公共性上，突破黨見和私人利益的束
縛。換句話說，《甲寅》依然是伴隨改良和革命而來的士紳群體中的同人刊
物，但《青年雜誌》則開始放眼在新一代上，而且其所強調的學理並不在政
治性上，而在思想文化上。

爲此主編陳獨秀在其後的文章中不斷地強調代際之間的區隔意識，他不
斷地甄別老青年和新青年的區別。他要在思想立場和個性氣質上，劃分出新
的一代。陳獨秀認爲挽救民初困局，關鍵在於青年一代有新的思想意識。因
此劃分老青年和新青年不在生理體徵，而在思想觀念。以當時流行的社會進
化論觀念，認爲社會遵循新陳代謝的原理，新一代必然要取代老一代。問題
在於如何加速這種代謝，則關鍵在於新一代自覺意識到新何爲新、舊何爲
舊。循此思路，陳獨秀標識出他在代際之間的區隔標準，即區分新舊青年
的六條標準：「自主的而非奴隸的」、「進步的而非保守的」、「進取的而非退

〔註20〕陳獨秀：《社告》，《青年雜誌》第 1 卷第 1 號。

隱的」、「世界的而非鎖國的」、「實利的而非虛文的」、「科學的而非想像的」〔註 21〕。從思想文化的變革方面來講，陳獨秀的這種劃分顯然是相當空泛的，但這種劃分所激發的青年自覺意識則意義重大，意味著新一代開始崛起於歷史舞臺。可以說《新青年》將自晚清以來的「崇新」、「重少」傳統又一次激活〔註 22〕，「『尋找新青年』成了五四時期一個持續而熱烈的命題」〔註 23〕。而很多如陳獨秀一樣曾經從事政治的老革命黨，則以青年導師的身份對新一代進行詢喚。在當時的政治局勢之下，陳獨秀的詢喚恰逢其時。到了 1915 年，隨晚清教育體制變革而接受新教育的一代人已經完成了中小學教育，他們由少年步入青年階段。對於他們而言，有著和陳獨秀一代人不同的人生追求，他們更看重新思想和新觀念對自己人生的啓迪作用。陳獨秀和青年一代的互動，最明顯地表現在《新青年》「通信欄」中。《青年雜誌》第 1 卷第 1 號，讀者王庸工希望陳獨秀就當時熱烈爭論的國體變更問題爲讀者作答，陳獨秀則強調雜誌對青年一代思想的啓蒙，認爲政治問題不是《青年雜誌》所要討論的內容而拒絕回答。應該說作爲老革命黨出身的陳獨秀並非不願意討論時政問題，在他內心深處時政依然是他念念不忘的根本問題。但在當時來說，一是整個國家的政治逐步陷入無序的混亂狀態；二是頻繁的黨爭使得討論時政問題有非常大的風險，而青年一代，更是渴望能在逐漸惡化的黨爭之外，開闢出一個清明的思想文化變革領域來。到了第二卷《青年雜誌》改版爲《新青年》後，可以看出陳獨秀的這一辦刊方向得到了青年一代的強烈呼應。在第二卷第一號的通信欄中，署名「貴陽愛讀貴誌之一青年」的來信中有很明確的表現，他認爲：

> 記者足下，近年來各種雜誌，非全爲政府之機關，即純粹係黨人之喉舌。皆假名輿論以各遂其私，求其有益於吾輩青年者，蓋不多見。唯甲寅多輸入政法之常識，闡明正確之學理，青年輩受惠匪細。然近以國體問題，竟被查禁，而一般愛讀該誌之腦海中，殆爲餉源中絕。（邊遠省分之人久未讀該誌矣。）飢餓特甚，良可惜也。今幸大志出版，而前之愛讀甲寅者，忽有久旱甘霖之快感。謂大志代甲寅而作也。愚以爲今後大志，當灌輸常識，闡明學理，以厚惠

〔註 21〕陳獨秀：《敬告青年》，《青年雜誌》第 1 卷第 1 號。
〔註 22〕楊早：《清末民初北京輿論環境與新文化的登場》，北京大學出版社，2008年，第 164 頁。
〔註 23〕楊早：《清末民初北京輿論環境與新文化的登場》，同上，第 162 頁。

學子。不必批評時政，以遭不測，而使讀者有糧絕受饑之歎。

由此在「新青年」的通信欄中形成了主編和青年的互動，最能表徵這種互動的，則是畢雲程的來信，畢雲程前後來信五次。仔細閱讀畢雲程的來信，可以看到，「新青年」倡導的思想文化變革，是非常準確地切中了當時青年一代的心理需求。畢雲程在上海工商界奮鬥十多年，幼時接受了傳統教育，但在上海奮鬥的經歷使他深刻體會到，青年一代急需新的思想文化了啓蒙教育，他結合自己的人生經歷，希望陳獨秀堅持辦刊方針，爲青年一代輸入從西方而來的新思想新觀念。在第一份來信中，畢雲程表達了對《新青年》強烈的期盼：

> 半年以前，居恒自思，非有一良好雜誌，改良我青年界之身心者，則此社會終莫有改良。而起視出版界，足爲我青年界之良師益友者，實乏其選。迨見大誌出版露布，私心竊竊希望曰：庶乎能應我心之所希望，而能供我之所日夜以求者乎？未幾大誌出版，僕已望眼欲穿，急購而讀之，不禁喜躍如得至寶。若大誌者，誠我青年界之明星也。嗣是以後，僕隨時隨地，凡遇良好青年，必以有無青年雜誌爲問。其未讀者，必力爲介紹。至於今日，大誌五號出版，又急購而讀之。須知僕已問過數次。今已不能須臾緩也，迨展讀數頁，覺語語深入我心。神經感奮，深恨不能化百千萬身，爲大誌介紹。請大誌廣登告白，並用其他種種方法，推廣銷路於各地方。俾一般青年，均得出陳陳相因醉生夢死之魔境，而覺悟青年人之責任，及修養身心之方法以改良個人者改良社會，並改良一切。〔註24〕

從畢雲程的第一份信中，我們可以看到，《新青年》必然會獲得新一代的肯定，他們已經開始了和上一代人不同的人生追求。他們更看重新思想對自己人生的指導作用，認爲改造自己就是改造社會，而改造社會必先從自身入手。這些抱有不同人生旨趣的青年一代成爲接受和傳播新思想的最爲重要的群體。陳獨秀創辦《新青年》是帶著挫敗的心理才轉入辦雜誌來啓迪新一代的，必然有激憤的情緒流露其中，加之第一卷銷量不佳。畢雲程就在第二份信中直接批評陳獨秀的悲觀情緒，認爲「先生撰著，雖多鞭策勖勉之語，然字裏行間恒流露一種悲觀」；而陳獨秀也爽然接受批評，「今而後惟期有則改之，無

〔註24〕《新青年》第 2 卷第 1 號。

則加勉而已」〔註25〕在第三份信中，畢雲程進一步鼓勵陳獨秀，認為只要堅持思想啓蒙，必然會對青年一代產生巨大影響力，「先生既以青年教育為己任，宜有但事耕耘，不問收穫之決心，勿挾言者諄諄臨者藐藐之成見。當知有許多青年，以大著為菽粟水火而不可一日缺者，目下雖無明驗大傚之可言，然先生既以墨以心以血為之下種，為之栽培，則五年十年二十年後，收穫之豐，不可言喻」而陳獨秀也深受激勵，「惟既生斯土，聊盡我心。一息尚存，寸心不懈，此可告愛我責我之良友者也」〔註26〕。在第四份信中，畢雲程提出一個在當時具有重要意義的命題，即以新的理想來激勵和改造中國的問題。自晚清已降，先覺者的理想多為國家的富強，但畢雲程所言的理想，則是切合新一代的人生理想，是用新思想點燃新一代的人生希望，在理想的鼓動下，在現實的困頓中殺出一條出路，「吾人既已身陷重圍之中，豈遂可束手待斃，努力奮戰，殺開一條血路，從萬死中求一生，固我儕天職也」〔註27〕。而陳獨秀的答語，更可看出作為老革命黨的不懈意志，認為中國陷入困頓局面，就是不明理想之於人的重要作用，用各種藉口堵塞新思想的傳播，對此陳獨秀做出強烈的批判：

> 國人進化之遲鈍者，正以囿於現象之故。所謂國粹，所謂國情，所謂中西歷史不同，所謂人民程度不足，所謂事實上做不到，所謂勿偏於理想，所謂留學生自海外來不識內情。是皆囿於現象者之心理也，一切野蠻風俗，皆為此等心理而淹留，一切文明制度為此等心理所排棄。亡中國者，即懷此等心理之人耳。反不若仇視新法者或有覺悟之日也。〔註28〕

陳獨秀如此堅決的意志對推動文化變革意義重大，從此封答信中，我們已經可以看出此後必然以決絕的態度掀起文學革命的浪潮。阻礙中國變革的並非守舊的態度，而是這種騎牆的、中庸的態度，在這樣的態度之下，新難以新，舊也難以舊，從而使得社會變革陷入泥潭中不能自拔。對於此種社會意識必須以矯枉過正的決絕態度進行刺激和反撥才能產生變革文化的社會效應。

陳獨秀和畢雲程的往返通信，引起了同為青年一代的顧克剛的強烈共鳴，顧克剛也以自己的人生經歷，堅決支持陳獨秀和畢雲程：

〔註25〕《新青年》第 2 卷第 2 號。
〔註26〕《新青年》第 2 卷第 3 號。
〔註27〕《新青年》第 2 卷第 4 號。
〔註28〕《新青年》第 2 卷第 4 號。

> 僕幼即失學，少長所與周旋接觸者，類皆先生所云之陳腐朽敗
> 之老者壯者。互相傳染，薰受其毒。故僕年雖未及弱冠，而腦筋中
> 已滿貯舊式思想，及今春一讀大誌，如當頭受一棒喝，恍然悟青年
> 之價值，西法之效用，腐舊之當廢，新鮮之當迎，於是連續購讀，
> 如病者之吸新鮮空氣，必將濁氣吐出，迄今雖不能入先生所云之完
> 全新青年，然自認確能掃除往日腦中之舊式思想。此非先生挽救青
> 年之功而誰哉？僕讀畢雲程君之通訊，而深表同情，先生幸勿以青
> 年墮落、萬象消沉而抱悲觀。〔註29〕

同樣在通信欄中，更有許多類似畢雲程、貴陽愛讀貴誌之一青年、顧克剛這樣的青年，如日後成為著名教育家的「湖南高等師範英語本科學生舒新城」；署名為「山東省立第一中學學生王統照」，其後因發表新文學而著名的文學家；署名為「北京高等師範預科生晉後學常乃德」，其後加入孔教之爭和文學革命討論；署名為「湖北陸軍第二預備學校葉挺」，以後成為著名的軍事將領。其他諸如署名為「三馬路中國銀行收稅處沈伸乃」、「法文專修學校一民」；「揚州第五師範學校孫斌」等。還有很多未做過多介紹，只署其名，諸如王醒儂、王庸工、李平等。借助「通信」欄，青年一代發出自己的呼聲。他們更多的涉及人生問題而發言，探討如何學習外國文化、婚戀觀，甚至性欲都是探討的內容之一。

而由新文化中出現文學性的團體，更是和新一代個體成長的經歷有密切關係。特別是 1900 年之後出生的一代，相比晚清以來陳獨秀等人的政治經歷、胡適等人的留學經歷，這一代新群體在社會資本和文化資本上更為欠缺。而傳統教育已經不能束縛他們，他們所體驗的人生經歷更多的回歸到了個體自身。如果說上兩代人還可以將文言作為他們文化身份認同的文化符號的話，那麼 1900 年代出生的一代人，他們已經無法將文言作為自我身份認同的文化符號。他們的個體生命體驗需要更為切近自身的文化符號來表達。由新文化運動中所發生的語言變革而來的白話文，則成為他們進行自我身份認同的重要文化符號。李歐梵曾以漫畫式的方式描述了這一代的人生經歷和人生體驗：

> 他（或她）生於上世紀末或本世紀初的南方某省（譬如浙江、
> 湖南），幼年受過私塾教育，一知半解地念過四書五經。少年時候，

〔註29〕《新青年》第 2 卷第 5 號。

新式學堂在省城成立了，於是他（或她）奮而離鄉背井，甚至不顧父母之命所訂下的舊式未婚妻（夫），到省城去受新式教育。在這些新式中學裏，他（她）開始念英文、學幾何、算數、礦冶。但課餘卻看嚴譯的《天演論》，林譯《茶花女》和梁啓超的《新民叢報》，未幾國民革命，他（她）也在私生活上「革命」起來，剪了辮子鬧學潮，寫情書，她的第一個戀愛對象往往是中學時代新派的國文教師。《新青年》發行後，當然大家人手一冊，「五四運動」一起，全國響應。〔註30〕

可以說後來的新文學主將郭沫若、郁達夫、茅盾、冰心、盧隱、王統照等人都有這樣的大致不差的人生經歷。他們開始以白話文書寫自己的人生體驗，並由對家國的關注轉變到對自我人生體驗的書寫，意味中國文學的徹底變革。而到了「文學研究會」、「創造社」等文學社團開始勃興的時候，新式教育群體也開始擁有了自己的勢力群體和組織方式，由此完成了從文人群體到新文學群體演變的歷史軌跡。

〔註30〕李歐梵：《五四文人的浪漫精神》，周陽山主編：《五四與中國》，時報文化出版事業有限公司，1979年，第296～297頁。

「統一戰線」與「新民主主義」
文化理論的形成

周維東（四川大學）

　　「新民主主義」理論是中共在延安時期建構的關於近代中國政治、文化發展規律的理論體系，在歷史上產生過重大影響，譬如其包含的歷史觀，在一段時期深刻影響過中國社科研究的各個領域。由於「新民主主義」理論是中共權威人物提出的經典理論，學界在研究這種理論的過程中，對「應用」的關注顯然超過了「溯源」，如：「新民主主義」的概念是在怎樣的背景下被提出？其關於文化理論的看法又是如何一步步被建構起來？

　　追溯「新民主主義」理論的建構過程，視野不能局限在抗戰時期的根據地內部，在抗日「統一戰線」的宏觀背景下，中共根據地內的一舉一動與國民黨政權都有著微妙的聯繫，只有將「延安」的問題置於國共互動的格局之中，很多問題才能透徹、明瞭。在此視野下，本文對「新民主主義」概念及其文化理論提出的過程進行考察，以期增進學界對這一經典理論以及整個延安時期文學的認識。

一、爲什麼要提出「新民主主義」這個概念？

　　「新民主主義」概念的提出，在根本上與國、共之間的「主義」之爭有緊密聯繫，具體來說便是如何處理好「共產主義」與「三民主義」的關係——這是國共合作中必然面對的問題。國民革命失敗後，「三民主義」與「共產主義」之間的共存基礎逐漸薄弱，兩黨再次合作，必須解決兩種意識形態分歧造成的鴻溝。作爲抗日民族統一戰線的積極推動者，共產黨在推動「反

帝統一戰線」〔註1〕的過程中，開始改變「土地革命」時期對於「三民主義」的態度。1935 年 10 月，王明在共產國際第七次代表大會上作題爲《論殖民地半殖民地國家的革命運動與共產黨的策略》的演講，其中引用了共產國際領袖季米特洛夫的一段論述：「對於孫中山主義，除了解釋他對個別問題的不正確觀點和與共產主義的不同點外，還應當向群眾解釋說：孫中山本人是一個中國近代偉大的革命家。他的思想，尤其是他的行動，的確是有價值和值得欽佩的。……同時，還應當向群眾證明：孫中山革命思想和革命傳統中最好的一部分遺產，也由我們共產黨繼承了。因爲只有我們共產黨員，才眞正不斷地爲中國人民的民族獨立、民權自由和民生幸福而犧牲奮鬥。」〔註2〕根據王明和季米特洛夫在當時的特殊身份，這個演講可以視爲是「抗戰」前夕中共改變革命策略的開始。之後，爲了促進以國共合作爲基礎的抗日統一戰線的形成，中共領導人在多個場合公開表示「依然讚助革命的三民主義」〔註3〕，「中山先生的三個主要思想——民族主義、民權主義、民生主義——今天恰恰便利於國、共合作的事業」〔註4〕，「可以而且應當擁護革命的三民主義的理論基礎」〔註5〕，「誠心誠意擁護孫中山先生的三民主義，宣傳三民主義」〔註6〕。中國共產黨在外界對「三民主義」的公開擁護，在一定程度上擱置了「共產主義」與「三民主義」的內在分歧，促進了抗日民族統一戰線的建立，但它也爲日後中共的合法發展留下隱患。抗戰進入相持階段，國民黨政權開始忌憚中國共產黨的勢力擴張，在種種限制中共發展的策略上，其中利用「三民主義」的權威性來瓦解「共產主義」在中國存在的合法

〔註1〕 王明在共產國際第七次代表大會上作《論殖民地半殖民地國家的革命運動與共產黨的策略》的演講，其中第二部分的題目是：「建立擴大和鞏固反帝統一戰線，是殖民地和半殖民地國家中共產黨員最重要的任務」。（《中共中央文件選集》（9），中共中央黨校出版社，1986 年，第 516～563 頁）在此之前，中國共產黨建立的口號都是以「抗日反蔣」爲口號。

〔註2〕 王明：《論殖民地半殖民地國家的革命運動與共產黨的策略》，《中共中央文件選集》（9），北京：中共中央黨校出版社，1986 年，第 557～558 頁。

〔註3〕 中共中央宣傳部：《國民黨三中全會後我們的任務》，《中共中央文件選集》（10），北京：中共中央黨校出版社（黨內發行），1985 年，第 175 頁。

〔註4〕 王明：《救中國的關鍵》，《中共中央文件選集》（10），北京：中共中央黨校出版社（黨內發行），1985 年，第 228 頁。

〔註5〕 董必武：《共產主義與三民主義》，《解放周刊》第 1 卷第 6 期。

〔註6〕 洛甫：《關於抗日民族統一戰線與黨的組織問題》，《中共中央文件選集》（10），北京：中共中央黨校出版社（黨內發行），1985 年，第 622 頁。

性基礎，是理論上的重要措施。在這方面，反共文人葉青的理論文章最富攻擊性。

葉青（1896～1990），原名任卓宣，四川南充人。早年曾赴法國勤工儉學，與周恩來、陳延年等發起組織中國少年共產黨，並加入中國共產黨。1927 年轉投中國國民黨，在抗戰中因發起了所謂「三民主義研究及三民主義文化運動」而聲名顯赫，成為國民黨反共御用文人的代表。葉青的「三民主義研究及三民主義文化運動」，一個重要的動力和立場便是「反共」，在此基礎上，他拋出了「馬克思主義不適合中國說」和「一次革命論」等觀點，企圖在理論上取消共產主義在中國發展的合法性和必要性。

葉青的「馬克思主義不適合中國說」源於他對「社會主義」的獨特理解。在葉青看來，社會主義的本質便是「國有制」，以此出發，「三民主義」中的「民生主義」因包含「國營實業，節制資本，平均地權」的內容，因此在本質上就是「社會主義」──而且是「中國底社會主義」〔註7〕，葉青認為：「中國走上社會主義的道路與歐洲不同」，「歐洲資本主義發達，階級分化明顯，要實現社會主義，一般說來，自非階級鬥爭、社會革命、無產階級專政不可。這在孫先生，不惟不反對，而且是承認的。中國不然。資本主義未發達，階級分化未明顯，要實現社會主義，只須國營實業、節制資本、平均地權就夠了。所以民生主義是中國底社會主義，這種中國底社會主義在世界社會主義所佔的地位，是與蘇聯、英國的社會主義並列的、具體的、特殊的一種社會主義。」〔註8〕這也即是說，馬克思主義「是以資本主義或資本主義底發達為條件的」，對於中國這種「初期的資本主義，亦非發達的資本主義」，只能採用民生主義。〔註9〕所以，「三民主義可以滿足中國現在和將來底一切要求，它一實現，中國便不需要社會主義了；從而組織一個黨來專為社會主義而奮鬥的事，也就不必要了」。〔註10〕這實際是消解中國共產黨存在的必要性。

〔註7〕 任卓宣：《三民主義之完美及基本認識》，臺北：帕米爾書店，1982 年，第 127 頁。

〔註8〕 任卓宣：《三民主義之完美及基本認識》，臺北：帕米爾書店，1982 年，第 127 ～128 頁。

〔註9〕 葉青：《與社會主義者論中國革命》，（民國）時代思潮社，1939 年，第 18、19 頁。

〔註10〕 任卓宣：《三民主義之完美及基本認識》，臺北：帕米爾書店，1982 年，第 171 頁。

葉青的「一次革命論」也是基於中國社會的「特殊性」上。他認為，歐美的歷史分別經過了民族主義時代、民權主義時代、民生主義時代，前兩個時代歸為政治革命階段，後一個時代歸為經濟革命或社會革命階段。而在中國，「由封建主義到資本主義的革命和由資產主義到社會主義的革命是合而為一的」〔註11〕。之所以會有這種「特殊性」，葉青認為基於「兩個事實」：「（一）從中國內部的歷史發展看來，它處在由封建主義向資本主義的階段，或資本主義初期，應走資本主義道路；（二）從中國外部的歷史發展看來，代表世界歷史發展的歐洲則處在由資本主義到社會主義的階段，並且已有六分之一的地面開始了社會主義的建設，所以應走社會主義道路。」「一次革命在實現民權主義和民族主義時，要採用暴力革命或武力革命底方式。仕實現民生主義時，即實現社會主義時，便是和平的轉變」。〔註12〕葉青的「一次革命論」認為中國革命可以「畢其功於一役」，也就是為了證明中國只需要代表資本主義的政黨足矣，更進一步說，便是代表社會主義的中國共產黨沒有存在的必要了。〔註13〕

國民黨對共產主義的攻擊，讓汪偽政權也覺得有機可乘，他們希望在「反共」上與國民黨達成一致，從而獲得自己的生存空間。為此，汪精衛發「豔電」給蔣介石，其中便指出：「中國共產黨人既聲明願為三民主義之實現而奮鬥，則應即徹底拋棄其組織及宣傳，並取消其邊區政府及軍隊之特殊組織，完全遵守中華民國之法律制度。三民主義為中華民國之最高原則，一切違背此最高原則之組織與宣傳，吾人必自動的積極的加以制裁，以盡其維護中華民國之責任。」〔註14〕這無疑讓將中國共產黨置於滅亡的境地。

國民黨利用三民主義的權威性打壓其它政治主張的做法，使中共意識到：為建立統一戰線對三民主義的過度認同，並不利於政黨長期發展的需

〔註11〕 任卓宣：《三民主義之完美及基本認識》，臺北：帕米爾書店，1982年，第213頁。

〔註12〕 任卓宣：《三民主義之完美及基本認識》，臺北：帕米爾書店，1982年，第224頁。

〔註13〕 葉青認為：「一次革命論底正確是一個政黨論底正確之證明。有人認為『今日的中國』需要『代表資本主義歷史使命的政黨』，明日的中國需要代表社會主義歷史使命的政黨，因而反對我底一個政黨論，乃是他對於一次革命論毫無所知的表示。」充分暴露了他的理論核心。（任卓宣：《三民主義之完美及基本認識》，帕米爾書店，1982年）

〔註14〕 章伯鋒、莊建平主編：《抗日戰爭》（第六卷日偽政權與淪陷區），成都：四川大學出版社，1997年，第804～805頁。

要。但是，全民族共同抗戰的背景下，公然引發共產主義與三民主義的理論之爭，並不得人心。針對這種現實，中共決定「廣泛地動員全國同胞，切切實實地實行三民主義」〔註 15〕，「力爭以革命的言行相符的真正三民主義去對抗曲解的與言不顧行的假三民主義，以真正的三民主義的姿態，去反對假三民主義，即頑固分子。」〔註 16〕在此基礎之上，中共有意淡化共產主義與三民主義的關係問題（特別是差異的地方），認為「中國當前的問題，不是實行三民主義或是實行社會主義、共產主義的問題，而是是否實行與如何實行真三民主義的問題。」〔註 17〕

以「真三民主義」駁斥「假三民主義」，對於揭露國民黨、葉青、汪精衛等人破壞統一戰線的意圖有重要意義，同時也有利於中共獲得三民主義的權威闡釋權，從而在以三民主義為政治基礎的抗日民族統一戰線中獲得領導地位。但是，僅僅用「真三民主義」、「假三民主義」的概念，並不能從根本上壓倒例如葉青的反共理論，至少有兩個問題中共必須解決：第一，什麼是「真三民主義」？針對這一問題，中共並不能給出明確的答案。其中的原因，一方面是抗日民族統一戰線構成的複雜性，要想給出各派都認可的「真三民主義」十分難；另一方面，對於國民黨立黨之本的三民主義，中共要想獲得權威闡釋權，並不具有法統優勢。第二，如何在理論上澄清共產主義與三民主義的關係，並說明中國共產黨的主張代表了「真三民主義」？只有回答了這個問題，才能算是正面還擊了葉青的理論。中共領導人也意識到這個問題的重要性，王稼祥在《解放》第 86 期曾發表《關於三民主義與共產主義》一文，在文中他明確地指出：「對於共產黨人來說，在抗戰中僅僅區別真、假三民主義是不夠的，僅僅反對假三民主義也是不夠的。共產黨人在抗日民族統一戰線中要堅持自己的信仰，要證明存在和發展的合理性，甚至在一定程度上要爭取領導權，就必須坦率、鮮明的，清楚的說明共產主義、馬克思主義與真三民主義的聯繫和區別。」〔註 18〕在這篇文章中，王稼祥系統地論述了共產主義與真三民主義的關係。其實，這已不是共產黨第一次涉

<hr>

〔註 15〕《中央為開展國民精神總動員運動告全黨同志書》，《中共中央文件選集》（11），北京：中共中央黨校出版社（黨內發行），1986 年，第 53 頁。

〔註 16〕《中央關於宣傳教育工作的指示》，《中共中央文件選集》（11）北京：中共中央黨校出版社（黨內發行），1986 年，第 62 頁。

〔註 17〕張聞天：《擁護真三民主義反對假三民主義》，《張聞天文集》，北京：人民出版社，1985 年，第 42 頁。

〔註 18〕王稼祥：《關於三民主義與共產主義》，《解放》第 86 期。

及這一問題。早在 1937 年，爲推動抗日民族統一戰線地建立，董必武便撰文《共產主義與三民主義》在《解放周刊》第一卷第 6 期刊出；之後，在 1938 年 10 月 20 日中共六屆六中全會上，王明作《目前抗戰形勢與如何堅持持久戰爭取最後勝利》的報告，也針對這一問題提出看法；1939 年 3 月 13 日，在《新中華報》發表的社論《紀念孫中山和馬克思》，也就三民主義與共產黨、三民主義與共產主義的依存關係進行了論述。所有關於「共產主義」與「三民主義」關係的論述，大體都是強調兩者在現階段的一致性和存在的差異性，這種看法可以說明堅持抗日民族統一戰線的決心，但在國民黨政權作爲國家正統的形勢下，「共產主義」絕無可能取代「三民主義」，這也使中共在爭取統一戰線中的文化領導權時處於劣勢。要徹底解決因爲「主義」差別而在統一戰線中的被動局面，中共必須回到中國革命的歷史，在「共產主義」和「三民主義」之外創造一個新的概念，並使其與前二者保持良好的張力關係。

毛澤東的「新民主主義論」正是在這種背景下的理論創造。「新民主主義」的特點是：它是一個階段性的概念，但具備普世的意義。說它是階段性的概念，是因爲它只是中國革命在一個時期內體現出的特徵，即是「舊民主主義──新民主主義──社會主義」序列上的一個階段，並不像「三民主義」和「共產主義」是革命終極實現的目標。說它具備普世的意義，是因爲它包含了實在的歷史內涵。首先是「民主主義革命」，它的任務是「改變這個殖民地、半殖民地、半封建的社會形態，使之變成一個獨立的民主主義的社會。」〔註19〕而「新民主主義」的出現，是因爲世界格局發生了變化，「民主主義」不再是「舊的，是爲資本主義的發展掃清道路、以建立資本主義的社會和資產階級專政的國家爲目的的革命，而是新的、被無產階級領導的、以在第一階段上建立新民主主義的社會和建立各個革命階段聯合專政的國家爲目的的革命。」〔註20〕它的本質內涵可以用「抗戰建國」來概括，而其又具有符合抗戰統一戰線需要的「聯合專政」。通過「新民主主義」，「共產主義」與「三民主義」的隔閡被擱置了起來，它們的關係可以理解爲：「新民主主義」是「三民主義」在抗戰時期的發展，同時又是「共產主義」在中國實現

〔註19〕毛澤東：《新民主主義論》，《毛澤東選集》，北京：人民出版社，1991 年，第 666 頁。

〔註20〕毛澤東：《新民主主義論》，《毛澤東選集》，北京：人民出版社，1991 年，第 668 頁。

的第一階段目標——也就是說，因為有「新民主主義」的巨大交集，「三民主義」與「共產主義」的差異在抗戰期間並不會集中爆發，因此在抗戰背景下任何有意強調二者分歧的做法和言論，都屬於「假三民主義」。而通過「舊民主主義——新民主主義——社會主義」的歷史概括，「三民主義」被統一到「共產主義」的洪流當中。在這裡，「三民主義」的名稱已經為「民主主義」所改寫，而從「民主主義」必須向「社會主義」發展的事實，實際使「三民主義」成為了「共產主義」的初級階段，或者說「共產主義」是「真三民主義」發展的必然結果。毛澤東的新民主主義理論，在處理「三民主義」與「共產主義」的關係上，採用了「用時間壓倒空間」的策略：他用「民主主義」這一具有普遍性的概念，消解了「三民主義」與「共產主義」的內在分歧；而通過中國革命發展的階段理論，則使「三民主義」和「共產主義」由空間上的並列關係，變為了時間上的先後關係，從而使中共獲得了對「三民主義」的闡釋權。〔註 21〕國民黨對於「新民主主義」理論顯得非常緊張，特下文查禁。國民黨中央國家雜誌審查委員會認為：「『新民主主義論』一文，違背抗建國策，應予查禁，函達查照等因，奉此遵查，該文內容異常荒謬，某黨對於此抗戰形勢更於我有利之時，提出此種荒謬之名詞，顯係別有用心，而其必發動黨內及同情該黨之報章雜誌作普遍之宣傳亦為意料中事」。因此「除分電所屬各級審查機關審查原稿時應切實注意，凡遇有宣傳此類名詞之文字，應一律予以檢扣或刪削補送外，用特電請查照」。國民黨的反映，在一個側面說明了「新民主主義」提出後，對於提升中共在統一戰線中的文化影響力起到了重要作用。

當然，新民主主義理論的出現於傳播，與「三民主義」作為「一個信仰」存在的缺陷有關。對三民主義文學思潮有系統研究的學者倪偉指出：「三民主義儘管內容宏富，包羅極廣，但還是沒能構成鮮明而嚴密的理論體系。不僅如此，它包含的多元價值之間還存在著矛盾和衝突」。〔註 22〕這種缺陷使「三民主義」的地位雖然被國民黨擡得很高，但並沒有形成具有統攝性的權威解讀，「孫中山逝世後的不多幾年裏，國民黨內部便迅速地裂變出眾多派系和集團，每一個派系和集團都以孫中山的繼承人自居，宣稱擁有思想上

〔註 21〕章伯鋒、莊建平主編：《抗日戰爭》（第三卷民族奮起與國內政治），四川大學出版社，1997 年，第 523 頁。

〔註 22〕倪偉：《「民族」想像與國家統制：1928～1949 年南京政府的文藝政策及文藝運動》，上海：上海教育出版社，2003 年，第 27 頁。

的正統地位」〔註 23〕，三民主義的缺陷和國民黨的內鬥，無形中消解了國民黨解讀三民主義的權威性，這給予了中國共產黨用「民主主義」重構「三民主義」的機遇，從而在「統一戰線」下的意識形態鬥爭佔據了更為主動的地位。

二、民族話語與階級立場的糾葛

　　毛澤東關於「新民主主義文化」，用民族、科學、大眾三條標準來進行結構，這是「左聯」解散後，中共首次明確提出自己的文化綱領，在此之前的「兩個口號」論爭，讓中共在民族危機下的文化主張變得不甚明確。

　　今天關於「兩個口號」論爭的研究成果汗牛充棟，對論爭緣由的探析也十分豐富，這有利於我們認識該問題的複雜性，同時也讓問題變得更加撲朔迷離。拋開撲朔的歷史迷霧，從理論上來說，「兩個口號」論爭的本質是無產階級文化在民族危機背景下遭遇的轉型之困，說白了，便是如何在理論上適度整合階級話語與民族話語的矛盾。馬克思主義指導下的世界無產階級運動，是一種國際主義的運動，雖然它們在不同民族和地區呈現不同的形態，但在馬克思主義的理論體系中，它只被解釋為「革命階段」的問題。在馬克思主義的經典著作中，現代民族國家被視為資本主義的產物，因此它不僅不是無產階級革命的目標——甚至還是革命的對象，如《共產黨宣言》就認為：「工人沒有祖國。決不能剝奪他們所沒有的東西。因為無產階級首先必須取得統治地位，上昇為民族的階級，把自身組織成為民族，所以它本身還是民族的，雖然完全不是資產階級所理解的那種意思。」〔註 24〕列寧在《社會主義革命與戰爭（俄國社會民主工黨對戰爭的態度）》中，也曾指出：「革命階級在反動的戰爭中不能不希望本國政府失敗，不能不看到本國政府在軍事上的失敗會使它更易於被推翻。」〔註 25〕無產階級革命與民族主義的矛盾，在中共革命過程中也不乏例證，中共關於「中東路事件」的表態就是個典型例子。1929 年，中、蘇之間關於中東路的糾葛，使國內民族主義情緒爆棚，也

〔註 23〕倪偉：《「民族」想像與國家統制：1928～1949 年南京政府的文藝政策及文藝運動》，上海：上海教育出版社，2003 年，第 28 頁。

〔註 24〕《共產黨宣言》，《馬克思和恩格斯選集》（第二卷），北京：人民出版社，1972年，第 270 頁。

〔註 25〕《社會主義與戰爭（俄國社會民主工黨對戰爭的態度）》，《列寧選集》（第二卷），北京：人民出版社，1972 年，第 683 頁。

使中共陷入選擇立場的兩難：從中共當時的現實境遇來說，順應民眾的民族主義情緒可以獲得更廣泛群眾基礎，但選擇支持蘇聯的立場則更符合自己的革命屬性。最終，中共最終選擇「保衛蘇聯」，從而失去很多民意，中共的這種選擇，可以看出在馬克思主義本土化還不成熟的境況下，中國革命面對民族主義的困窘。

「兩個口號」論爭發生的背景，是中共在戰略上意識到民族主義對於其革命事業的助力，而如前文所述，共產國際也意識到在殖民地半殖民地地區，無產階級運動必須與民族主義運動達成妥協。所以，無論是「國防文學」，還是「民族革命戰爭的大眾文學」，拋棄鮮明的階級立場，擴大統一戰線的範圍是共同的趨向。「兩個口號」的分歧在於，當無產階級運動在中國需要與民族主義妥協，妥協的程度究竟如何才算合理？

爭論中提出了「新民主主義文化」的綱領：民族的，與「新民主主義」的口號一樣，這是中國共產黨在抗戰當中，雖然胡風、魯迅等「左聯」內部成員提出過的口號，並在原「左聯」成員內部引起激烈爭論，但中共當局並不認同這一口號——他們更加認可「國防文學」。〔註26〕

與「民族革命戰爭的大眾文學」相比，「國防文學」更符合了中共「統戰」工作的需要。雖然周揚和周立波在提出這個口號時，一再強調它與蘇聯的關係，也一再限制民族主義的範圍〔註27〕，但其用「民族話語」取代「階級話

〔註26〕「中國文藝協會」成立後（1936年11月22日），曾經就「國防文學」和「民族革命戰爭的大眾文學」召開專門座談會，與會代表對「兩個口號」的意見也非常不一，最後中央局宣傳部長吳亮平做了結論。他說：對於「國防文學」和「民族革命戰爭的大眾文學」這二（兩）個口號的論爭，我們同毛主席和洛甫博古等也作過一番討論，認為在目前，「國防文學」這個口號是更適合的。「民族革命戰爭的大眾文學」這個口號，作為一種前進的文藝集團的標幟是可以的，但用它來作為組織全國文藝界的聯合戰線的口號，在性質上是太狹窄了。其實，雙方都無根本的衝突。至如「國防文學」只是文藝聯合的標幟的那種理論卻是錯誤的，因為它犯了形式與內容的不一致的錯誤。文藝家在國防文學的旗幟下聯合起來，而在創作上卻不以「國防文學」為範圍，那是不對的，我們喊著這個口號，必須按照這個口號所規定的工作努力。在蘇區，我們喊出了一個口號，我們是決定照這個口號的內容進行工作而絕對使之實踐的，我們現在的任務是團結禦侮，文藝運動自然必須按照這個目標進行。（見L. Insun（朱正明）：《陝北文藝運動的建立》，原載《今日中國》〔英文版〕，正面譯，選自《西北特區特寫》，上海每日譯報社，1939年3月第3版）

〔註27〕周揚在倡導「國防文學」時特別強調：「它的任務是防衛社會主義國家，保衛世界和平」，「和宣揚吃人肉喝人血的蒙古人精神或是憑弔帝國主義炮火下的

語」以擴大理論包容度的意圖已十分明瞭〔註28〕。從「國防文學」的源頭來說，蘇聯「赤衛海陸軍文學同盟」（洛卡夫）所提出的「保衛文學」（Literature of Defense）與「國防文學」（Literature of National Defense）有很大差距——這對於共產主義者來說尤其如此。馬克思和恩格斯早在《共產黨宣言》就提出著名的論斷——「工人沒有祖國」，他們認為：「工人沒有祖國。決不能剝奪他們所沒有的東西。因為無產階級首先必須取得統治地位，上昇為民族的階級，把自身組織成為民族，所以它本身還是民族的，雖然完全不是資產階級所理解的那種意思。」〔註29〕列寧在《社會主義革命與戰爭（俄國社會民主工黨對戰爭的態度）》中，也曾指出：「革命階級在反動的戰爭中不能不希望本國政府失敗，不能不看到本國政府在軍事上的失敗會使它更易於被推翻。」〔註30〕也就是說，在無產階級並沒有取得統治地位的國家來說，民族主義只是資產階級用來欺騙被統治階級的幌子，無產階級不僅不應該提倡這種論調，還應該對其進行揭露和批判。「國防文學」提出後，很多左翼作家指責其「取消主義」和「愛國主義」〔註31〕，正是出於這種緣由。

不過值得注意的是，「國防文學」在提出之初，作為「國防政府」的對應物，並沒有違背「工人沒有祖國」的精神，因為它所指稱的「國」並非是國民黨主持的「中華民國」，而是以蘇維埃政權為中心的「國」。這一點，在《八一宣言》及之後中共關於「統一戰線」的論述中都有明確的說明。在《八一宣言》中，中共這樣界定「國防政府」和「抗日聯軍」：

大都會的毀滅的作品決然對立的」（即國民黨「民族主義文學」——引者注）（見《國防文學》，《周揚文集》第 1 卷，北京：人民文學出版社，1984 年第 1 版，第 118〜119 頁）。周立波也在文章中說「國防文學（Literature of National Defence）原為庶聯所倡導」，「國防文學和過去的帶有民族虛無主義（nation nihilism）傾向的國際主義的文學，有些不同」；「國防文學所包含的民族主義絕不是侵略的日爾曼主義，也不是「民族文學」的民族主義」，而是「國際主義的民族主義」。（立波：《關於「國防文學」》，《時事新報‧每周文學》，1935 年 12 月 21 日。）

〔註28〕 張武軍：《左翼文學：從階級話語到民族話語——抗戰前後左翼文學轉變之考論》，四川大學博士學位論文，2009 年。

〔註29〕 《共產黨宣言》，《馬克思和恩格斯選集》（第二卷），北京：人民出版社，1972 年，第 270 頁。

〔註30〕 《社會主義與戰爭（俄國社會民主工黨對戰爭的態度）》，《列寧選集》（第二卷），北京：人民出版社，1972 年，第 683 頁。

〔註31〕 徐行：《我們現在需要什麼文學》，《文學運動史料選》（第三冊），上海：上海教育出版社，1979 年，第 276〜282 頁。

　　大家起來！衝破日寇蔣賊的萬重壓迫，勇敢地：與蘇維埃政府和東北各地抗日政府一起，組織全中國統一的國防政府；與紅軍和東北人民革命軍及各種反日義勇軍一塊，組織全中國統一的抗日聯軍。〔註32〕

與之相適應，中共在這一時期提倡的統一戰線也是「抗日反蔣的統一戰線」〔註33〕，這種情況直到 1936 年 4 月 25 日《中國共產黨中央委員會爲創立全國各黨各派的抗日人民陣線宣言》發表後，才有所改變。不過，在此之後中共共產黨提出的「人民陣線」、「民主共和國」等概念，也都超越了「中華民國」的內涵。從這個角度來說，指責「國防文學」犯「取消主義」和「愛國主義」的錯誤有些言過其實。

　　從根本上講，「國防文學」與「民族革命戰爭的大眾文學」的差別，在於前者的「統一戰線」思路更清晰，也更符合中共這一時期的政治策略。「國防文學」的秘訣在於靈活地使用了「國」的概念：無論是組織「國防政府」、「人民陣線」、「民主共和國」；無論是以蘇維埃政府中核心，或者只是參與其中成爲一份子，中國共產黨都能夠在「國」中獲得合法的地位。國民黨政權不認可這些「國」的概念，共產黨可以利用民意用這些「國」與「中華民國」分庭抗議；國民黨認同這些「國」，共產黨也勢必成爲合法的政黨。這是「民族革命戰爭的大眾文學」無法獲得的效果，也是中共在獲得合法地位前一直重視「國防文學」的原因。這種狀況直到國民黨臨時全國代表大會通過確保抗日民族統一戰線的《抗戰建國綱領》之後才有所改變。〔註34〕

　　國民黨當局對於左翼陣營向「民族主義」轉向表現出激烈的排斥態度。1936 年 2 月 12 日，國民黨中宣部發表《爲集中意志共赴國難》告國人書，告誡「知識界應隨時宣揚政府之意旨，切勿受反對者利用爲民族公敵」，「萬惡共黨借救國口號作掩護」，並勸誘「受赤色漢奸蠱惑者速來自拔」，「其有怙惡不改當加嚴厲制裁」。〔註35〕同年 9 月，國民黨御用文人王平陵以「史痕」

〔註32〕《爲抗日救國告全體同胞書》，《中共中央文件選集》（9），北京：中共中央黨校出版社（黨內發行），1986 年，第 486 頁。

〔註33〕《中央爲目前反日討蔣的秘密指示信》，《中共中央文件選集》（9），中共中央黨校出版社（黨內發行），1986 年，第 486 頁。

〔註34〕中共在抗戰爆發後的初期依然堅持「國防文學」的口號，重要原因在於，雖然抗戰促民族統一戰線的形成。

〔註35〕《爲集中意志共赴國難》，《中央日報》，1936 年 2 月 12 日。

為筆名發表《中國現階段的文藝運動》，對「國防文學」進行進一步抨擊，他根據「國防文學」源自蘇聯的現實，污稱「左派」是思想上和行動上的漢奸。〔註36〕年底，國民黨中央宣傳部頒佈《文藝宣傳要旨》十四條，一方面認為「當此外侮方殷，國勢阽危，應積極提倡『民族文藝』」，民族文藝「對內當以『聯結我內部之民族，整齊步調，抵抗外來民族之侵略，使中華民族獲得自由獨立與平等』為原則。」另一方面，對左翼提出「兩個口號」進行指責：「以宣傳民族革命為煙霧，而以鼓吹階級鬥爭為目的」，並將左翼所提出的「人民陣線」、「中國文藝家協會」和「中國文藝工作者協會」，認為是「非法組織」。〔註37〕國民黨宣傳部門對於中共民族統一戰線的拒斥，可以認為是「攘外必先安內」政策的具體表現，畢竟對於「剿共」也初見成效國民黨來說，絕不會放棄「致命一擊」的機會。但在根本上，共產黨提出的民族主義破壞了其苦心經營的民族主義宣傳策略，才是國民黨最不能容忍的地方。

民族主義是「三民主義」的重要內容，也是國民黨長期經營的文化策略。國民黨政權在名義上統一全國之後，為對抗迅猛發展的左翼文學思潮，便開始有策略的組織「民族主義文藝運動」，以爭取國民黨在文化上的領導權。之後，「民族主義文藝」一直是國民黨主導的文藝思想。

國民黨主導的「民族主義文藝」強調文藝的「中心意識」，認為「文藝作品成，共產黨也取得相應合法的地位，但統一戰線還沒有形成具有法律效應的政治綱領。這使得中國共產黨存在的合法性缺少實在的保障。1938 年 3 月 29 日，國民黨臨時全國代表大會通過《抗戰建國綱領》，雖然其中包含「一個

〔註36〕 王平陵在文章中說：「我覺得所謂漢奸的範圍，更應該擴大一些，我們所要反對的漢奸，決不僅是海藏樓的大名士鄭孝胥，以及屈膝稱臣的殷汝耕，凡是盲目地崇奉外國過了時的主義和思想，而企圖把這些主義和思想生吞活剝地混淆國民的視聽，分離民族的團結，動搖立國的根本思想的人們，這可說是思想上的漢奸；還有把握著一般國民的欲望，投其所好地提出一種似是而非的態度，高唱著不顧實際環境的高調，策動群眾上屠場，作無意義的無代價的犧牲，使僅存的一點力量——所賴以維持最後的國脈而不至於立刻中絕的力量，不及補充於準備，即被逼迫著作孤注的一擲，而那些人到了極度的危難時，不但不踴躍赴難，反是暗暗地儲蓄另一副力量，到必要時便豎起一面漂亮的旗幟來渾水摸魚，趁火打劫的人們，這可說是行動上的漢奸。」見史痕：《中國現階段的文藝運動》，《文藝月刊》第 9 卷第 3 期（1936 年 9 月 1 日）。
〔註37〕《文藝宣傳要旨》，中國國民黨中央執行委員會宣傳部編印，1936 年 12 月。

信仰，一個領袖，一個政府」等具有獨裁性質的口號，但「團結國際反日力量；保障言論、出版、集會等自由權利」也給予「異黨」在統一戰線下具有法律意義的權利保障。應該是集團之下的生活表現，決不是個人有福獨享的單獨行動」〔註38〕——這裡的「集團」便是「民族」。在對「民族」的理解上，「民族主義文藝」屬於「典型的自然決定論」〔註39〕，認為「民族是一種人種的集團」，「決定於文化的，歷史的，體質的及心理的共同點」〔註40〕。也就是說，一些先在的特徵決定了民族的邊界，「民族」是超越個體的自然存在——這與安德森將民族視為「想像的共同體」〔註41〕的觀點正好相反。我們無暇考證「民族主義文藝」理論家的民族理論缺陷是知識儲備不足還是有意為之，但其效果是使「民族因而成為一種脫離主體的超越性存在」，「先於一切社會階級、集團和個人」，「任何社會階級、集體和個人都必須屈從於民族這一神聖實體」〔註42〕；其目的是「借助文藝促進民族國家的建立，說的直白一點，就是在文藝上為南京政府奠定合法性基礎」。〔註43〕當然，在抗戰爆發以後，南京政府儼然成為各黨派承認的「一個政府」，此時的「民族主義文藝」則含有消除和打壓異己的作用，且具有相當的隱蔽性。民族主義文藝運動發展的實際情形，無論是創作成就還是社會影響，都只能用「波瀾不興」來形容，但這絕不意味著國民黨政權會放棄「民族主義」這一理論王牌，任由別人操縱。

　　從爭奪統一戰線文化領導權的角度，當國民黨投身到抗戰的行列，「民族主義」對於中國共產黨便失去了理論優勢。在統一戰線的政治基礎已經穩固的情況下，中國共產黨必須考慮如何在「國防文學」之外，找到一個既代表中共立場又具有號召力的口號。「新民主主義文化」的提出，便是在這種新形

〔註38〕 傅彥長：《以民族意識為中心的文藝運動》，《前鋒月刊》第 1 卷第 2 期（1930年 10 月 11 日）。

〔註39〕 《「民族」想像與國家統制：1928～1949 年南京政府的文藝政策及文藝運動》，上海：上海教育出版社，2003 年，第 27 頁。

〔註40〕 《民族主義文藝運動宣言》，《前鋒月刊》第 1 卷第 1 期（1930 年 10 月 10日）。

〔註41〕 〔英〕本尼迪克特・安德森：《想像的共同體：民族主義的起源與散步》，上海世紀出版集團，2005 年。

〔註42〕 《「民族」想像與國家統制：1928～1949 年南京政府的文藝政策及文藝運動》，上海：上海教育出版社，2003 年，第 119 頁。

〔註43〕 《「民族」想像與國家統制：1928～1949 年南京政府的文藝政策及文藝運動》，上海：上海教育出版社，2003 年，第 117 頁。

勢下的產物。從字面上看，「新民主主義文化」似乎重提了「民族革命戰爭的大眾文學」的口號——兩者的關鍵詞幾乎完全一致。根據這個事實，我們可以理解爲中國共產黨在抗日民族統一戰線確立後，在文化立場上開始向「左」轉。這種理解也符合中共這一時期的政治立場，畢竟「新民主義主義」的提出便有與國民黨劃清界限闡明立場的性質。但如果我們僅僅將「新民主主義文化」認爲是重提「民族革命戰爭的大眾文學」，還是顯得過於簡單，因爲兩者的差別也十分明顯。

「新民主主義文化」與「民族革命戰爭的大眾文學」的重要差別之一，是「民族」內涵的不同。對「民族革命戰爭的大眾文學」而言，「民族」是文學的重要內容，也是這種文學的精神內核。這個口號的提倡者胡風認爲：「『民族革命戰爭的大眾文學』應該批判地承繼那些作品新開拓的道路，勇敢地追過那些記錄，從各個角度上更廣泛更眞實地反映民族革命戰爭運動，推動民族革命戰爭運動，用思想力宏大的巨篇也用效果敏快的小型作品來回答人民大眾的要求。」〔註44〕顯然這裡所說的是文學的內容，所實現的功能是「推動民族革命戰爭運動」——即民族主義精神，寫作的方法則是「現實主義」〔註45〕。而在「新民主主義文化」中，「民族」僅僅是一個「形式」：「中國文化應有自己的形式，這就是民族形式。民族的形式，新民主主義的內容——這就是我們今天的新文化。」〔註46〕「新民主主義」的內容是什麼呢？毛澤東說：「它是我們民族的，帶有我們民族的特性。它同一切別的民族的社會主義文化和新民主主義文化相聯合，建立相互吸收和互相發展的關係，共同形成世界的新文化」，是「革命的民族文化」。〔註47〕「新民主主義」的內容雖然實際包含了「民族」的內容，但其精髓是「國際主義」。通過「民族形式」說，中國共產黨既在抗日革命戰爭的年代不脫離「民族」的旗幟，又清晰地與國民黨爲「一黨獨大」而提出的先驗式的民族主義拉開距離，而且也爲共產主義在中國的發展找到了合法的依據——共產主義的本質畢竟是國際

〔註44〕胡風：《人民大眾向文學要求什麼？》，《文學叢刊》第 3 期（1936 年 5 月 31 日）。

〔註45〕胡風：《人民大眾向文學要求什麼？》，《文學叢刊》第 3 期（1936 年 5 月 31 日）。

〔註46〕毛澤東：《新民主主義論》，《毛澤東選集》，北京：人民出版社，1991 年，第 707 頁。

〔註47〕毛澤東：《新民主主義論》，《毛澤東選集》，北京：人民出版社，1991 年，第 706 頁。

主義，而並非民族主義。所以，雖然「民族革命戰爭的大眾文學」與「新民主主義文化」都有「民族」的旗幟，但內涵已經有了的變化，後者在使用這一概念時更加靈活，也更加符合中共自身的利益需求。

其次，「大眾」的內涵也發生了變化。「大眾」在「民族革命戰爭的大眾文學」的口號中是一個象徵詞彙，指明這種文學的性質，目的是強調在民族革命戰爭中繼續保持「左翼」的基本精神和立場。「大眾」的這種功能是在左翼文學運動中形成的，左翼文學提出的「文藝大眾化」或「大眾文藝」，並不僅僅是指文學的「通俗化」或「通俗文藝」，其重要意義還在於強調文學的階級性。正是有這樣的理論背景，「大眾」與「左翼」逐漸捆綁在一起。「新民主主義文化」在使用「大眾」概念時，顯然也包含有標明立場的意味，但時過境遷，「大眾」在抗戰當中有了新的意味。在抗戰文藝實踐中，由於戰爭動員的需要，文藝的「大眾化」成為文藝界普遍面臨、亟需解決的問題，在「新民主主義」文化理論發表之前，文藝界關於「舊形式」的使用、「民族形式」的建構問題，已經展開了廣泛地討論。在這種背景下，「新民主主義」文化提出「大眾」口號，從接受者的角度來說，現實需要高於階級對抗，但對於敏感的接受者來說，後者的意義並沒有取消。

整體而言，「新民主主義文化論」的提出，體現了中國共產黨在抗戰時期的文化策略，即：巧妙地利用抗日民族統一戰線為自身發展獲取有利空間和話語權。「新民主主義文化」的口號與「民族革命戰爭的大眾文學」的差別，在於它巧妙將抗戰文化需要與中國共產黨的政治需要結合起來，使政黨訴求融入到抗戰的現實訴求，從而獲取統一戰線的文化領導權和話語主動權。

三、延安文學生產的「域外語境」

「新民主主義」及其文化理論形成的曲折過程，在延安文學發展過程中也有反映。最典型的例子莫過於晉察冀邊區關於「三民主義現實主義」的討論。1939 年 2 月 26 日，晉察冀邊區文化界抗日救國會召開創作問題座談會，有三十幾位作家出席了會議，會議就左翼文學最鍾愛的現實主義創作方法進行了討論，在這次會議上，鄧拓在講話中提出了「三民主義現實主義」的口號並引起了討論。討論的焦點依然依然是「主義」之爭，在「現實主義」之前是使用「社會主義」還是「三民主義」。

從理論淵源上講，「社會主義現實主義」（又稱「新現實主義」）既有接受

基礎又有理論佐證。作爲一種「創作方法」，社會主義現實主義在 30 年代左翼文藝運動後期便被提出，並左翼文藝隊伍中得到廣泛傳播；另一方面，「社會主義現實主義」在共產主義運動波瀾壯闊的 20 世紀在蘇聯等國家廣泛傳播，被認爲是一種新型的文學導向。相對而言，「三民主義現實主義」的外延和內涵都顯得有些曖昧不明。但鄧拓卻使用了「三民主義現實主義」，其根據主要在於統一戰線的需要：「這一新口號的特質，它是全民族的性質，不把目前的時代任務，局限於特定的社會階層的某一圈子裏，而卻能號召和團結漢奸以外的各階層的廣大文藝創作者；它不是一階級所獨有的，而是全民族各階級共同的文藝。基本上它是與抗戰建國時期客觀要求相符合與抗戰建國的實踐一致的。」〔註 48〕爲此，鄧拓還特別指出，抗戰時期的文藝不是宗派主義，也不是關門主義和個人英雄主義，以此來表明「統一戰線」立場的堅決性。但「三民主義現實主義」在提出之時便遭遇「社會主義現實主義」的強烈阻止，一些受左翼文藝運動薰陶或直接參與過左翼文藝運動的作者，並不接受這樣一個內涵並不明確的新口號，鄧拓不得不像延安政治家解釋「三民主義」與「共產主義」的關係一樣，去解釋「三民主義現實主義」與「社會主義現實主義」的區別和聯繫。「三民主義現實主義」的提法直到「新民主主義」理論建構後，被「新民主主義現實主義」的提法所取代。

客觀的說，延安文學中的理論話語，政治意義明顯大於文學意義。很多重要的概念，諸如「三民主義現實主義」、「新民主主義現實主義」、「民族形式」，包括對五四傳統、魯迅傳統的重新解釋，我們能清晰的勘察其提出背後的政治意圖，並能夠在歷史中看到其發揮的政治作用，但對於文學生產的指導意義十分有限，這是延安文學的獨特現象，也是延安文學理論話語生產的重要特點。譬如新民主主義文化理論，其足具氣魄的「民族」、「大眾」與「科學」的口號，對具體文學創作來說顯得十分空洞，即使爲其加上「現實主義」的後綴，也並不具有具體的指導性。再譬如「三民主義現實主義」的提法，乍看名字顯得耳目一新，如果細看鄧拓的論述，如「三民主義現實主義與革命的浪漫主義」、「動的現實主義」等等提法〔註 49〕，其實比「社會主義現實主義」的提法並無太多建樹，其名稱的象徵內涵遠大於其文學內涵。

〔註48〕《三民主義的現實主義與文藝創作諸問題——在邊區文藝作者創作問題座談會的報告》，《邊區文化》，1939 年 4 月創刊號。

〔註49〕《三民主義的現實主義與文藝創作諸問題——在邊區文藝作者創作問題座談會的報告》，《邊區文化》，1939 年 4 月創刊號。

　　不過，延安文學中理論話語生產，為我們認識延安文學提供了新的視角，那便是延安文學生產的「域外語境」。文學史研究要求回到歷史語境，延安文學歷史語境的獨特性，就在於其包含了「域內」和「域外」兩個部分，這裡的「域」，是指延安文學發生的邊區（後稱「解放區」）；「域外」即指在抗日民族統一戰線的背景下國共之間的互動與博弈。如果對延安時期的理論話語進行歷史追溯，其實不止是「新民主主義」，其它如「民族形式」、「中國作風與中國氣派」、「暴露與歌頌」等，都包含中共在統一戰線中爭奪「話語權」的背景和意味。與文學生產相比，與意識形態更加緊密的理論話語，更加明顯地體現出延安文學「域外語境」的特徵。

　　就對延安文學的影響而言，延安理論話語背後體現的「域外語境」大於這些理論話語本身。實際上，延安文學最本質的特徵之一，也就是與之前「蘇區文學」最本質的差別，便是文學生產中「域外語境」的形成。它表現在文學觀念、文學組織和文藝政策三個方面。就文學觀念而言，延安文學與蘇區文學的最大差別之一，在於將文學生產的視野從蘇區擴展到全國。毛澤東在「中國文藝協會」成立大會上公開宣稱：「我們要從文武兩方面都來。要從文的方面去說服那些不願停止內戰者，從文的方面去宣傳教育全國民眾團結抗日。如果文的方面說服不了那些不願停止內戰者，那我們就要用武的去迫他停止內戰」。〔註50〕可見在延安文學興起之初，邊區領導人已經在整體上將文學的「預設讀者」，從邊區之內拓展到邊區之外。從文學組織的角度而言，「統一戰線」改變了蘇區時期文藝組織純屬部隊宣傳隊的特徵，強化了文藝組織的「統一戰線」特徵，即通過文藝或具體文藝門類去團結作家和知識分子，使他們成為中國領導下抗日陣營的一員。〔註51〕這種變化最顯著的表現：首先在名稱上，文藝社團不再以「蘇維埃」為前綴，改為「中國」、「全國」或「邊區」〔註52〕；在組織上，它不再依附於某個機構或機關，成為具有較大

〔註50〕《在中國文藝協會成立大會上的講話》，《紅色中華》，1936年11月30日。
〔註51〕延安社團如「中國文藝協會」、「中華全國文藝界抗敵協會延安分會」、「中華戲劇界抗敵協會邊區分會」等，都具有「統一戰線」組織的功能，其作用便是團結支持和同情邊區的文化工作者。
〔註52〕如延安文學中出現的有影響力的文藝組織，如「中國文藝協會」、「陝甘寧邊區文化界救亡協會」、「人民抗日劇社」、「陝甘寧邊區民眾劇團」、「中華全國文藝界抗敵協會延安分會」，相比蘇區時期文學組織的名稱，一方面淡化了意識形態的色彩，用地域取代了意識形態較為鮮明的概念；另一方面擴大了文學傳播的空間，如「中國」、「救亡」等字眼，比「蘇維埃」等詞語，讀者的

自主權的機構，這在很大程度上擴大了邊區的文藝隊伍，同時也擴大了作家的創作視野。在文藝政策上，早期延安文學除了大量吸收知識分子，對於文學創作的干預可以用「無為而治」來形容，沒有太多的行政干預，使延安外來作家和知識分子保留了一定的創作「慣性」，邊區因關門主義自我封閉的狀態極大改善。正是由於三個方面的巨大改變，延安文學的生產空間較蘇區文學發生了極大的改變，文學面貌也隨之發生巨大改變。

從延安文學發展的規律來看，其最終走向成熟的過程，也是創作中的「域外語境」逐漸由自發走向自覺、從模糊走向清晰的過程。早期延安文學，雖然中共領導人意識到用文藝對「域外」產生影響力，但邊區的文學資源並沒有被組織起來，除了一些「集體創作」的成果是有組織對「域外」產生影響，並沒有其它太有影響力的作為。〔註 53〕與之相適應，在廣泛的「統一戰線」政策下，延安聚集了大量外來知識分子和作家，他們依照自己創作繼續創作，通過個人關係在「域外」發表作品，也形成了「域外影響」，並且也有意參與到「國共互動」的大格局中。知識分子自發的個人作為，雖然在統一戰線國共互動的大格局中也形成了集體效應，但畢竟很難內化為延安文學的內在品格。讀延安文學的早期作品，我們不難感受到作家的「客居」心態，譬如：初到抗日根據地的興奮；對新天地、新事物的好奇等等，它們形成了早期延安文學的整體特色，但並不是延安文學的成熟之作。

延安文藝座談會的召開，被文學史家認為是延安文學走向成熟的轉折點。讀毛澤東《在延安文藝座談會上的講話》，很容易讓人以為延安文學的視野從「全國」轉向「邊區」之內，因為「講話」的核心基礎是「我們的文藝是為什麼人的」〔註 54〕，而在此基礎上延安文藝中出現的「為工農兵服務」的思潮，依據便是對「人民大眾」的社會學分析——工、農、兵是邊區最大的社會群體。如果考察延安文藝座談會之後的文學創作，也會發現延安文學

範圍更加擴大。

〔註53〕最典型的集體創作便是「紅軍長征記」，關於這次集體創作的緣起，毛澤東和楊尚昆給出的解釋是是「在全國和外國舉行擴大紅軍影響的宣傳，募捐抗日經費」（艾克恩：《延安文藝運動紀盛》（1937.1～1948.3），文化藝術出版社，1987 年，第 14 頁），可見組織者這次集體創作傳播空間的設計和期待（艾克恩：《延安文藝運動紀盛》（1937.1～1948.3），文化藝術出版社，1987 年，第 14 頁）。

〔註54〕毛澤東：《在延安文藝座談會上的講話》，《毛澤東文藝論集》，北京：中央文獻出版社，2002 年，第 56 頁。

的「地方特色」更加明顯，如多採用民間形式、使用民間語言，文風也更爲樸實等，這些變化產生的原因便是文藝與工農兵結合，是延安文學日益本土化的結果。然而，如果我們站在更爲宏大的視野下，這種看法並不確切。首先，雖然毛澤東《在延安文藝座談會上的講話》發表後，「文藝爲工農兵服務」、「文藝與工農兵結合」成爲延安文藝最響亮的口號，但毛澤東在談到文藝爲什麼人服務時，並沒有僅限於「工農兵」，還包括了「小資產階級」，其所下的判斷並不局限於邊區，而是面向全國。一個些事例可以作爲佐證：一是在《講話》發表後，延安非常注重《講話》在解放區之外的傳播，可見在中共高層的心目中，《講話》絕非只是邊區內部的「權宜之舉」，而具有放之四海而皆準的普世性；再是在第一次文代會上，當周揚將解放區文學確定爲「新的人民文學的方向」時，也可看出《講話》的適應性絕非一時一地，而有更長遠的規劃和設計。其次，如果將《講話》與延安整風聯繫在一起，就可知《講話》的出發點既是「對內」也是「對外」——最根本還是「對外」。在延安文藝座談會召開的前一年，中共中央曾經下達《中央關於統一各根據地內對外宣傳的指示》，指示稱：「中共在全國以至全世界所佔的重要地位，中共每一負責同志和領導機關之一言一行在全國以至全世界所發生的巨大影響，政治形勢之緊張，敵人謀我之尖銳，黨派鬥爭之激烈，都要求我黨統一對外宣傳及其採取慎重處事的態度」。〔註55〕雖然此處僅僅是指宣傳，如果將「文藝」也理解爲「宣傳」的一部分，延安整風和延安文藝座談會的意圖就十分明瞭。《講話》中的很多內容，其實已經十分明顯地表露了總體立場，譬如關於「暴露」與「歌頌」的關係，講話以魯迅的雜文爲例，說明在「嘲笑法西斯主義、中國的反動派和一切危害人民的事物」的時候，魯迅的雜文是需要的；「但在給革命文藝家以充分民主自由、僅僅不給反革命分子以民主自由的陝甘寧邊區和敵後的各抗日根據地」，雜文就不應該簡單地和魯迅一樣。〔註56〕這種十分辯證的話，讓我們看到：《講話》的背後一直有著毛澤東爲如何壯大自身實力的戰略思考，《講話》不過是其早期「文化戰線」思維的具體落實。從這個角度出發，延安文藝座談會之後延安文藝走向成熟，並不是簡

〔註55〕《中央關於統一各根據地內對外宣傳的指示》（1941 年 5 月 25 日），《中共中央文件選集》（11），北京：中共中央黨校出版社（黨內發行），1986 年，第 664～665 頁。

〔註56〕毛澤東：《在延安文藝座談會上的講話》，《毛澤東文藝論集》，北京：中央文獻出版社，2002 年，第 77 頁。

單文藝與工農兵結合的結果，在根本上，它也是延安文藝有組織參與到國共互動當中，組織方式日趨成熟的表現。

綜合所述，延安文藝中的理論話語生產與統一戰線下國共互動有著緊密的聯繫，不過在具體的文學發展中，這些理論話語並沒有產生實際的影響力，話語的象徵意義顯然大於其實際意義。不過，延安文藝中理論話語生產的過程，對於我們認識延安文學具有啓示意義：延安文學的生產空間絕非僅僅局限在以延安爲中心的抗日革命根據地（後稱「解放區」），統一戰線下的國共互動和博弈也是重要語境，這是延安文學生產的「域外語境」。在某種程度，延安文學存在的根本便在於「域外語境」的形成，而其走向成熟的過程，也是「域外語境」逐漸由自發走向自覺、從模糊走向清晰的過程。

民國機制與延安文學

張武軍[*]（西南大學）

近些年來，民國文學相關研究成爲學界熱點話題，隨著越來越多的學者對此命題的關注，質疑和批評之聲也隨之增多。其中，成果最爲顯著的「民國機制」研究遭遇到了延安文學研究領域裏一些學者的質疑，如何處理文學的民國機制和延安文學的關係，如何運用文學的民國機制來解釋、定位、研究延安文學，成爲對民國機制研究最有衝擊力的發問和質疑。

延安文學研究領域中取得了不少成果的趙學勇先生提出：「民國期間，儘管由國民黨執政，但國共兩黨間文化話語權的爭奪從來就沒有停止過，國共兩黨的文化路線、政策、策略及實施方式均有著本質區別，反映在文學理論與創作中，再明顯不過地體現在自『左翼』文學到後來的延安文藝的實踐中。因此，如果說『民國機制』說能夠成立的話，那麼如何深化研究與之相對的『延安機制』，以及由『延安機制』所產生的中國當代文學？」[註1]《文學評論》最近刊登了韓琛的論文《「民國機制」與「延安道路」——中國現代文學史研究的範式衝突》，作者也著重探討了「民國機制」與「延安道路」之間的「糾結、對立與衝突」，並且做出了這樣的發問，「如果『民國機制』真的是一個具有更大理論涵蓋性的新範式，那麼它必須面對並解

* 本文係2011年度教育部人文社會科學研究項目「西南地域文化和中國抗戰文學關係研究」（11YJC751121）、中央高校基本科研項目重點項目「民國歷史文化與抗戰文學研究」（SWU1309379）、重慶抗戰大後方研究協同創新中心科研基金培育項目（CQKZ20130302）階段性成果。

〔註1〕 趙學勇：《對「民國文學」研究視角的反思》，《中國社會科學報》，2013年11月1日。

決的一個問題是：爲何『民國機制』爲其內生的『延安道路』所取代？甚至『民國機制』在當下中國的出現本身，就直接面臨著來自新左派學者之重估『延安道路』的文學史論述的挑戰。」〔註2〕其實，作爲「民國機制」概念的發明者李怡先生也注意到了這一問題，在《文學的「民國機制」答問》一文中周維東最後提出了這樣的問題：「我們研究民國時期的文學，是否也應該考慮當時歷史狀況的複雜性，比如是不是民國時代的所有文學都從屬於『民國機制』？比如解放區文學、淪陷區文學？除了『民國機制』，當時還存在另外的文學機制沒有？」面對這樣的提問，李怡首先承認「這樣的提問就將我們的問題引向深入了」！然後他籠統闡述道：「在『民國』的大框架中，也在特定條件下發展起了一些新的『機制』，但是民國沒有瓦解，這些『機制』的作用也還是局部的。」「延安文學能夠在大的國家文化體系中存在，也與民國政治的特殊架構有關，在這個意義上，也可以說是民國機制在特殊的局部滋生了新的延安機制，並最終爲發展後的延安機制所取代。」〔註3〕

由此可見，不論是「民國機制」這一概念的發明者還是對民國文學相關概念的質疑者，都已經意識到延安文學是我們進一步在更深更廣層面上繼續談論民國機制時所無法繞開的命題，也是亟需解決的一個命題。

要深入地討論或解決民國機制和延安文學的相關問題，我們首先得確定在什麼樣的層面來談論這個問題。從趙學勇和韓琛兩位先生的文章中，我們很容易發現一個共同的邏輯起點，他們都傾向於從「重寫文學史」思潮的範疇中來解讀民國文學，並由此落實到對具體的民國機制這一概念的反思或質疑。例如趙學勇先生開篇就指出：「從某個角度看，民國視角的文學史構想反映了中國現當代文學學科的一種拓展趨向，使得學科結構和內涵更趨複雜化，是1990年代以來『重寫文學史』的一種持續與延伸，如果這一文學史構想得以實現的話，那麼，此前的現當代文學史的整體模態都將會受到很大的挑戰。」〔註4〕韓琛在其文章的內容提要中就明確提出：「『民國機制』的發明是啓蒙範式的『重寫文學史』思潮的延續，重估『延安道路』的文學史敘述

〔註2〕 韓琛：《「民國機制」與「延安道路」——中國現代文學史研究的範式衝突》，《文學評論》，2013年第6期。
〔註3〕 李怡、周維東：《文學的「民國機制」答問》，《文藝爭鳴》，2012年第3期。
〔註4〕 趙學勇：《對「民國文學」研究視角的反思》，《中國社會科學報》，2013年11月1日。

則是革命範式的當代實踐。」〔註5〕

　　事實上，雖然最近有關民國文學的研究成為熱點話題，但是不同研究者的提法和指向卻有很大差別。不少研究者的確是在重寫文學史的呼籲中拋出了民國文學史的概念，如陳福康、張富貴、丁帆等人都特別強調「民國文學史」這一概念的闡述和運用。誠然，新的文學史框架的搭建將為我們的文學研究提供一個更為廣闊的平臺，有著不可估量的價值，但很顯然，對文學史名稱和學科的辨析、討論，以及如何去書寫一部民國文學史，這不是我們文學研究的全部命題，也不是首要命題。我們首先面對的是一個個具體的文學問題，文學現象，而提出和使用民國文學相關概念，是要把「民國」作為進入那個時期文學的切入點、認知視角，提出民國文學相關概念並非了為了營造一種話語態勢，而是重新解讀和重新分析作家作品的需要。其實，仔細考察 1980 年代開始興起的重寫文學史思潮，我們不難發現，這都是基於「文革」後研究界對諸多作家作品的重評，對具體文學現象和問題的重新認識。同理，我們今天應該把「民國」作為一種切入視角或認知方法，由此來展開對具體文學現象和作家作品新的理解，來解決一些我們過去難以應對的文學命題，最終也許民國文學史的書寫和建構會水到渠成；也許永遠無法完成一個讓人們滿意的民國文學史編撰，但是只要我們用諸如民國機制、民國史視角解決了或部分解決了過去研究中的一些難題，豐富或細化了我們對一些文學現象、作家作品的闡釋，這其實比討論能否編撰一部民國文學史或者圍繞著相關概念不斷辨析更有意義，更有價值。所以，筆者傾向於張中良的民國史視角、李怡的民國機制，並在這樣的層面來看待「民國」和「文學」的關聯，傾向於把民國機製作為方式方法，在民國的歷史文化語境中，來談論延安文學的生成與發展，來豐富我們對它的理解。在我看來，延安文學是中華民國時期一個特定時段、特定場域的文學現象，一個我們談論民國文學時的具體問題，而不把它上昇到一種道路模式，如「延安道路」。

　　首先，回到民國歷史文化語境，從民國的視角切入，是我們認知延安文學的前提。

　　既然延安文學是中華民國一個特定時段、特定區域的文學，我們首先就得在民國歷史文化語境中去認知和分析它。誠然，徹底重返過去的歷史現場

〔註 5〕韓琛：《「民國機制」與「延安道路」——中國現代文學史研究的範式衝突》，《文學評論》，2013 年第 6 期。

已絕無可能，我們事實上只是選取民國作為一個研究的視角，來分析和考察延安文學的發生、發展和演變。從 1949 年中華人民共和國成立之後直至今日，大陸研究延安文學的著述已經非常之豐富，但是這些研究大都基於一個共同的角度，即站在革命勝利者的一方，站在中華人民共和國的立場上。「文革」之前，延安文學研究一直受到政治的干涉和干預，在橫向的時間段上，把延安文學置於國統區、淪陷區文學之上，以革命的延安文學統攝和整合其他地區文學為終結；在縱向的時間段上，把五四文學到革命文學到延安文學描述成為一種不斷的進步和發展，一種歷史演變的必然。「文革」之後，在撥亂反正和重評思潮中，對延安文學的研究也在以「反思」為主導的方向上展開，即把「十七年時期」和「文革」時期的文學創作的凋零，文化政策的失誤，文學發展的停滯歸結到源頭的延安文學上。這就形成了研究界兩種相互矛盾的態勢，越是有研究者不斷強調延安文學對中華人民共和國文學直至當下的重要影響，另一些研究者則就越是把我們後來的文學失誤歸結到延安文學那裡。趙學勇發表的一系列論文如《延安文藝研究：歷史重評與當代性建構》、《延安文藝與現代中國文學》、《延安文藝與 20 世紀中國文學論綱》，就是集中探討了延安文藝對後來文學的影響以及和當下文藝建構的問題。「延安文藝的形成是百年中國文化史、文學史上最重大的文化事件之一，它是馬克思主義文藝理論中國化的重大成果，也是中國新文學歷史邏輯發展的合理結果。延安文藝不僅在當時產生了廣泛的政治文化影響，對建國後的文藝進程也產生了毋庸置疑的決定性影響，其模式及指導思想，在建國後近 30 年間，規範和制約著中國當代文學的基本走向和實踐品格，也不乏對新時期以來中國文學諸種思潮產生了廣泛影響。」〔註6〕「延安文藝作為『中國經驗』的集大成和馬克思主義文藝理論中國化的重大成果，既是中國新文學歷史邏輯發展的合理結果，又全面規範了當代文學的建構與走向。在新的時代語境下探討延安文藝與中國新文學的歷史演進，對於真正認識『中國歷史』，總結『中國經驗』有著相當重要的意義。」〔註7〕另有一些研究者，也是在從後來文學發展演變的層面上提出了應對危機的辦法，這就是：不僅黨派文學會使文學日漸喪失其自我確證的審美本性，而且會把國家的文學或民族的文學降格為

〔註6〕 趙學勇、田文兵：《延安文藝與 20 世紀中國文學論綱》，《陝西師範大學學報》，2013 年第 1 期。

〔註7〕 趙學勇：《延安文藝與現代中國文學》，《解放軍藝術學院學報》，2012 年第 4 期。

一種高度意識形態化了的延安文學的反思，例如袁盛勇認爲後期延安文學的核心概念是「黨的文學」，「當毛澤東在新的共和國成立之際，決意要憑藉自己的意識形態話語權威把黨的文學轉換爲國家的文學，那麼，更大的危機也就如期而至了，這就是：不僅黨派文學會使文學日漸喪失其自我確證的審美本性，而且會把國家的文學或民族的文學降格爲一種高度意識形態化了的黨派文學。」〔註8〕在反思的聲音中，我們很容易看到對延安及其後文學諸如此類的評價：「高度意識形態化」、「主體性喪失」、「個體自由喪失」、「缺乏藝術性」等等。

由此可見，當我們從中華人民共和國的角度來關照延安文學時，我們不得不面臨如此針鋒相對的認知和評判。其實已經有不少學者提出了還原歷史語境來看待延安文學，「對延安文學研究的最有效途徑，毋寧回到歷史的語境中，揭示延安文人如何承擔既定的意識形態而對剛剛開始（或過去）的歷史事件做『經典化』的工作。也就是說，我們回到歷史的深處，揭開文學文本的生產機制和意義結構，並尋找和把握延安文人在創作過程中呈現出的不可化約的複雜心態。」〔註9〕但是僅僅回到延安內部的歷史語境中來認知延安文學仍然是不夠的，僅僅從延安的內部來考察分析延安文學仍然無法廓清很多問題。所以，我們應該從民國的視角出發，在民國的歷史語境中來考察延安文學問題，我們不是討論其應否發生、是否必然的問題，而是細緻探究延安文學發生發展演變的內外要素。我們從民國歷史文化語境來考察延安文學，不是消解延安文學的意義和價值，而是在一個更廣闊的歷史層面來重新認知和分析延安文學。

其次，結合民國的政治文化機制，我們才可以更好地解釋延安文學的發生和發展。

從外在政治形勢層面來看，延安文學的形成與延安這一特定政治區域的形成與不斷擴展相關，可是延安這個特殊的政治區域和其內的文化活動怎麼樣形成和發展起來的呢？從共產黨人的立場來說，長征是北上抗日，是一次偉大的勝利。可是，「二萬五千里長征」並最終走向延安的道路眞是由共產黨人預先設計好的行程麼？很顯然，當我們擺脫了單一的中國共產黨人的視

〔註8〕 袁盛勇：《重新理解延安文學》，《通向現代文學的本來》，北京：中國文史出版社，2007年，第75頁。
〔註9〕 黃科安：《延安文學研究》，北京：文化藝術出版社，2009年，第9頁。

角，從民國的歷史語境出發，就會發現延安這一特殊政治區域形成和走向都是極其複雜的。直到長征的最後一刻，途中無數次變更目的地的中共中央都沒有確定最終走向何處。在和張國燾的南下路線決裂後，北上的中共中央其目標顯然是期待在蒙蘇邊境建立根據地，保全自己，然而向甘肅、內蒙西進的道路是那樣的艱難，在幾乎陷入絕境時，中共中央領導人從甘肅的報紙上發現了陝北紅軍和根據地的存在，這才決定轉戰陝北。即便到了陝北，紅軍繼續長征西進的念頭也並未徹底打消。

這並非是要否定紅軍和共產黨人在長征中的努力和創造性的貢獻，也並非是以選擇延安的偶然性來解構延安道路的歷史必然性表述。我只是想提醒大家注意到這樣一個事實——中華民國名義上的統一與實際上的地方軍閥勢力的割據，不論是在圍剿紅軍的戰役中還是後來的抗日戰事中，蔣介石不斷地強化中央集權和地方派系勢力對此的抵制，是我們分析和闡述共產黨人政治活動、文化活動最為重要的國家歷史情態。中共中央和紅軍長征路線的選取很大程度上基於微妙的中央軍和地方勢力之間的關係，同樣的，正是在東北軍、西北軍、晉軍、中央軍多方勢力的相互牽制下，共產黨人後來在延安才得到了很大的發展空間。更重要的是，這些地方軍閥勢力在某種程度上為延安文化興起提供了基礎，例如張學良東北軍駐紮陝西時東北和華北大量流亡師生聚集西安，後來不少人如《松花江上》的作者張寒暉等轉向延安；1936 年 10 月為了對抗國民黨中央，閻錫山邀請一些共產黨人士，成立山西犧牲救國同盟會，訓練新軍，「犧盟會」中就有後來大名鼎鼎的被認為是延安文藝方向的趙樹理以及韋君宜等作家；抗戰爆發後，原本就一直致力地方教育的閻錫山成立民族革命大學，在全國範圍內廣邀社會文化精英，訓練青年學子，而民族革命大學中不少師生如蕭軍、徐懋庸、艾青等人後來都前往延安。

當然，我們並不是要美化地方軍閥或者要去證明國民黨中央政府在思想文化上的開放與開明，可以說民國的政治現實，甚至事實上碎裂的民國為共產黨人的政治和文化主張提供了存在和發展的空間。在整個抗戰時期，我們既看到了國民黨政府部門主導吸納左翼人士參與的第三廳展開了轟轟烈烈的文化活動，國民政府扶持和支助的「文協」的成就斐然，我們也看到了在國民黨中央加強思想控制時，桂林、雲南、香港等地方勢力或其他勢力掌控的區域為共產黨人和左翼文化文學發展提供的保障，這些地區的文學文化與延

安文學和文化的發展構成了相互依存、相互配合、相互支撐的關係。

　　國統區內共產黨人在憲法保障下言論、出版、結社等政治文化活動，也和延安文化活動構成了相互配合、相互促進的關係。例如《新華日報》屬於共產黨在國統區公開發行的報紙，過去我們總是描述國民黨政府如何壓制《新華日報》，可是我們換個角度來看，《新華日報》的公開出版，不停地表達自己抗議的權利並不斷獲勝不正是基於一種民國機制的有效性麼？抗戰時期國民黨政府確曾設立中央圖書雜誌審查委員會、新聞檢查局等機構，用以加強新聞出版統制和輿論控制，根據相關檔案資料揭示，國民黨新聞檢查人員的確對《新華日報》很注意，但是他們總害怕影響國共兩黨關係而很少有實際懲處措施，實際上，整個圖書出版審查在抗戰時期都沒有真正貫徹下去。黃炎培的《延安歸來》更是引發了由《新華日報》、《憲政月刊》、《民憲》、《民主世界》等雜誌發起的「拒檢運動」，國民黨在輿論壓力下取消了戰時新聞檢查制度。正是這樣的機制保障使得「延安」在國統區不斷地擴大影響，沒有《新華日報》等報刊傳媒對延安的積極宣傳報導以及延安相關著述的公開發表出版，延安估計很難贏得那麼多人的認同和想往。

　　第三，民國經濟在內的其他機制要素也是我們考察延安文學發生和文學觀念變化的重要原因。

　　「西安事變」以後，尤其是全面抗戰爆發後，成千上萬的青年知識分子奔向延安，除了年青人愛國主義和理想主義的情懷外，支配廣大青年選擇延安的還有經濟和工作上的考量。全面抗戰爆發後，正常的學校教育受到了前所未有的震蕩，學生們的前途和工作是非常現實而且非常緊要的問題。國共兩黨以及各方勢力都在爭取學生，陝北在其轄內先後成立的一系列大學如抗日軍政大學、陝北公學等招收學生。陝北吸引青年學子有這樣一些優勢：讀書幾乎免費、相比較而言讀書成本較低；入校考覈門檻極低後來幾乎不做文化程度要求，甚至到最為主要的政治談話考覈也降低了標準，「一般國民黨、三青團員的青年也可以報名」〔註10〕；採取速成的辦班策略，很快就能畢業且安排工作。當然，抗戰時期公開活動在各個地區的八路軍辦事處，

〔註10〕有關陝北公學籌備成立和招生的相關消息見《新中華報》1937 年 9 月 9 日、9
　　　　月 14 日的報導，有關招收標準的放寬參見劉恕的《關於八路軍駐湘通訊處為
　　　　抗大、陝北公學招生工作的回憶》，中國人民解放軍歷史資料叢書編審委員會
　　　　編：《八路軍新四軍駐各地辦事機構（4）》，北京：解放軍出版社，1999 年，
　　　　第 537 頁。

他們利用國民黨管轄區域的報刊雜誌為陝北做公開宣傳，這都為延安吸引學生創造了有利條件。這種低門檻的吸納制度其實也埋下了後來延安「審幹」的伏筆。

不單是一些沒有工作的青年人基於經濟的考量選擇延安，很多作家在抗戰中的選擇也大都和工作和經濟因素相關。周揚、艾思奇、胡喬木等人就是組織安排調動工作，郭沫若等人選擇重慶也基於第三廳的工作，胡風選擇重慶開始也是由於工作上的考慮。艾青接受周恩來安排去延安，其中最主要的原因就是周恩來說艾青在延安可以不用擔心生計問題，「安心寫作」〔註11〕。其實胡風的妻子梅志在皖南事變後也希望和胡風一起去往延安，「M贊成去延安，她說，到了那兒，孩子可以進托兒所，她能參加工作，我也不必為一家人的柴米油鹽發愁了。」〔註12〕的確，在戰時文人經濟狀況都普遍不佳的情形下，延安的供給制對大家還是有很大吸引力。但相對而言，業已成名的一些「大作家」或者「大知識分子」在很多地方可以獲得收入，所以他們選擇前往延安的幾率要小些。

從延安方面來說，吸納知識分子也得有經濟作為支撐。有意思的是，在1941年之前，延安的經濟收入主要依靠國民黨政府的撥款，例如，1937年77.2%、1938年51.9%、1939年85.79%、1940年70.50%的歲入來自國民黨政府的外援，而這四年平均財政收入的82.42%來自國民黨政府撥款〔註13〕。這些政府撥款保證了早期延安供給制的順利運行，也為吸引知識分子和作家提供了最為重要的物質條件。「1939年、1940年奔赴延安的左翼革命文藝達到高峰，1941年開始減少」〔註14〕，這恰好和國民黨政府的撥款統計相吻合。在1941年前，延安知識分子的筆下常常有較為優越的生活待遇和經濟補貼的描述，作家們也較為自由自在，拿著不低的津貼想幹什麼就幹什麼，想寫什麼就寫什麼。而1941年起經濟逐漸緊張，42年、43年經濟危機最為嚴重，延安開始簡政，並開展生產運動、下鄉運動。部隊和機關都投入到生產運動

〔註11〕艾青：《在汽笛的長鳴聲中——〈艾青詩選〉自序》，《艾青選集》第三卷，成都：四川文藝出版社，1986年，第311頁。

〔註12〕胡風：《胡風回憶錄》，北京：人民文學出版社，1993年，第220頁。

〔註13〕統計數據來自邊區財政廳各年度的《財政工作報告》，《財政工作報告》及匯總數據來自陝甘寧邊區財政經濟史編寫組、陝西省檔案館編《陝甘寧邊區財政經濟史料摘編》第六編「財政」，西安：陝西人民出版社，1981年，第13頁。

〔註14〕蔡麗：《傳統、政治與文學》，北京：社會科學出版社，2013年，第30頁。

中，而作家們的逍遙自在的文化俱樂部活動方式就顯得比較尷尬。在生產和下鄉運動中，怎麼樣把作家們組織起來，像黨政機關人員、部隊士兵、學校學生那樣接受安排，投入實際的生產勞作或者爲生產勞動服務，其實是延安領導人關注的焦點。從這個層面我們來理解延安文藝座談會和「講話」，可能會有很多新的啓示和發現。在文藝座談會召開的同時，《解放日報》改版，鋪天蓋地的對勞動生產英雄吳滿有進行宣傳和報導，並在文藝座談會結束後開始出現「吳滿有方向」的說法。延安文藝座談會最後一天朱德作了長篇發言，其中就談到了作家寫作和生產自救的問題，他指出記者莫艾有關吳滿有「這篇報導的社會價值不下於 20 萬擔救國公糧（1941 年陝甘寧邊區徵收公糧的總數）」〔註15〕。

文藝座談會結束後，敏銳的詩人艾青眞正領會了座談會和毛澤東、朱德講話的精神，很快創作出長詩《吳滿有》，這首長詩在《解放日報》全文刊登，並有評論文章稱其爲文藝的新方向。在艾青創作《吳滿有》之前，已經有領導提出了吳滿有式的文化下鄉，這就是後來成爲中國版畫大師的古元，因《向吳滿有看齊》受到陸定一的大加讚賞。陸定一寫了《文化下鄉──讀古元的一幅木刻年畫有感》，向根據地文人提出了「方向性」的要求〔註16〕。「吳滿有」方向既是延安政治經濟的方向，也成爲文藝工作者努力的方向，即投身生產運動中或參加實際勞動或宣傳描寫生產勞動正面的人或事，這個方向才是講話之後文藝的眞正方向，而並非後來的「趙樹理方向」。艾青後來回憶說，「《吳滿有》這首詩發表後影響較大，《解放日報》整版篇幅刊登，宣傳部門還用電報形式發到各個解放區。朱子奇前幾天來說：毛主席很喜歡這首長詩。詩人紀鵬與韓笑來我這兒時說他們是讀了《吳滿有》之後參加革命的。」〔註17〕用電報形式向外傳播和推廣一部作品在文學史是絕無僅有的，除非是把其視爲政策方向性的文件。延安之外的文藝工作者也印證了這種說法，1944 年 7 月山東根據地的文藝工作者談到：「解放日報評論艾青所作的長詩《吳滿有》，指出那詩本身是朝著文藝的新方向發展的東西；根據這一評價，新華書店介紹這篇詩的時候，對文藝的新方向這一概念又作了一番解

〔註15〕莫艾：《吳滿有在大生產運動中》，田方、午人、方蒙編：《延安記者》，西安：陝西人民教育出版社，1993 年，第 476 頁。

〔註16〕陸定一：《文化下鄉──讀古元的一幅木刻年畫有感》，《解放日報》，1943 年 2 月 10 日。

〔註17〕周紅興：《艾青研究訪問記》，北京：文化藝術出版社，1991 年，第 330 頁。

釋，那就是『爲誰寫』、『寫什麼』、『怎麼寫』的問題。」〔註18〕沿著吳滿有
方向和主題開掘的不少作家和文人受到大家的矚目和推崇，成爲後來的重要
作家或藝術家。繼續報導吳滿有的莫艾成爲後來新聞界的重要人物，上文提
到的古元因吳滿有主題的版畫創作而成爲延安木刻版畫的代表人物，柯藍因
散文詩《吳滿有的故事》等一系列作品而成名，於光遠導演了秧歌劇《吳滿
有》、賀敬之作詞，馬可譜曲的歌曲《吳滿有挑戰》，聞捷創作了《吳滿有在
鄉備荒大會上》，解放區第一部有故事的電影片就是《勞動英雄吳滿有》，後
來大名鼎鼎的凌子風拍攝並擔任主角。此外，因策劃組織《解放日報》大規
模宣傳吳滿有事跡並撰寫了《開展吳滿有運動》的李銳，獲得了毛澤東的認
可和賞識。如果翻閱文藝座談會後延安報刊上的作品，《兄妹開荒》、《大生
產》、《移民》之類的經濟生產主題以及與之相適應的語言和形式，成爲主導
潮流，獲得黨政領導的高度讚賞。可以說，「吳滿有方向」才是延安文藝座談
會後作家們的努力和實踐的方向。富有意味的是，吳滿有在後來的國共內戰
中被國民黨俘虜，國民黨對延安塑造的具有方向意義的吳滿有很是重視，迫
使其發表了投誠反共的電臺講話和報紙宣言，也有說是國民黨僞造的講話和
宣言，但自此之後吳滿有方向再也無人提起。

　　很顯然「吳滿有方向」和我們普遍公認的文藝座談會和《講話》確立的
工農兵方向有不小衝突。過去，我們常常從階級視角出發，工農兵主體方
針、無產階級的文藝就必然有改造小資產階級知識分子的要求，可是「吳滿
有」從階級成分來說，是一個有雇工的富農甚至可以說是致富起來的小地
主。很顯然，從當時的經濟機制出發，我們就會發現延安文藝座談會講話確
立的並不是無產階級的「工農兵」方向。事實上，在文藝座談會之前，在經
濟緊張的時刻，不少知識分子卻常常是爲貧苦百姓、傭人、小鬼們代言，諷
刺和攻擊那些享受特權、冷落和漠視普通百姓的幹部。從思想上，從實際行
爲上，延安廣大的幹部顯然比知識分子、作家們更脫離群眾，在國民黨政府
停發撥款之後，幹部的特權待遇就顯得格外突出。而幹部對知識分子的「暴
露」和「批判」更爲不滿，認爲知識分子拿著津貼、不幹實事卻大放厥詞。
延安文藝座談會主要解決的是經濟危機下文藝界和幹部之間越來越明顯的對

〔註18〕其雨：《從〈吳滿有〉說到大眾的詩歌》，劉增傑等編：《抗日戰爭時期延安及
　　　　各抗日民主根據地文學運動資料》（下），太原：山西人民出版社，1983年，
　　　　第135頁。

立和衝突,另一個就是我們上述所論述的把知識分子武裝起來從事生產的問題,而並非是延安知識分子脫離群眾的小資產階級階級性問題。文藝座談會一共召開三次,1942 年 5 月 2 日毛澤東開場作「引言」提出問題供大家討論,5 月 23 日(蕭軍日記中記載是 5 月 22 日)毛澤東作總結發言,而《講話》正式發表則是 1943 年 10 月 19 日。開會三次前後 20 多天,毛澤東《講話》正式發表則距離座談會有近乎一年半的時間,這麼長時間後正式發表的《講話》和延安文藝座談會現場討論內容有何變遷值得我們細細探究。從《講話》正式發表的「引言」部分,我們仍然能看出毛澤東的重心之所在的一些端倪,「文藝作品在根據地的接受對象,是工農兵及其黨政軍幹部。根據地也有學生,但這些學生和舊式學生也不相同,他們不是過去的幹部,就是未來的幹部。」「即拿幹部說,你們不要以為這部分人數目少,這比大後方出一本書的讀者多得多,大後方一本書一版平常只有兩千冊,三版也才有六千冊,但是根據地的幹部,單是延安他看書的就有一萬多。而且這些幹部許多都是久經鍛鍊的革命家,他們是從全國各地來的,他們也要到各地去工作,所以對這些人做教育工作,是有重大意義的。我們的文藝工作者,應該向他們好好做工作。」〔註 19〕在「引言」部分的「對象」問題中,絕大部分內容都在談幹部,談到工農兵的地方連帶著幹部或把幹部放在工農兵前面,引言主要引出的是對待幹部的問題,而在正式的「結論」發表時,「幹部」幾乎消失,剩下了純粹的「工農兵」。這究竟是因 20 來天座談會討論而改變的主旨傾向還是一年半以後發表時因政治、經濟、時事變化才改變的,是非常有意思的命題。

最後,運用民國機制和視角和方法,我們可以對延安文學的「民族主義」有更細緻豐富的認知,才能發現其真正的價值和意義。

最近這些年來,學界對延安文學的評判主要從「民族主義」的文學理念展開,有研究者把民族主義視為「延安文學觀念形成的最初動力和邏輯起點」〔註 20〕,更有不少人運用民族——現代性理論來發現延安文學的現代性特徵,更有不少學者把本土化的延安文藝視為反西方中心主義的「反現代的現代性」。唐小兵認為:「延安文藝的複雜性正在於它是一場反現代的現代先鋒

〔註 19〕毛澤東:《在延安文藝座談會上的講話》,新華書店,1949 年 5 月再版。
〔註 20〕袁盛勇:《民族主義:前期延安文學觀念形成的最初動力和邏輯起點》,《蘭州大學學報》,2005 年第 1 期。

派文化運動。」〔註21〕還有學者認爲,「毛文體或毛話語從根本上該是一種現代性話語——一種和西方現代話語有著密切聯繫,卻被深刻地中國化了的中國現代性話語。」〔註22〕

　　從文學理念上來看,民族主義的確爲延安文學的發展提供了必要的動力支持,可是我們需要進一步追問的是,延安文學中的民族主義何以形成的?難道國民黨和其他政治勢力就沒有順應民族主義的要求麼?如果延安的民族主義是民族現代性的體現,國民黨所具有的鮮明的民族主義特徵就不是現代性的體現麼?反西方現代的現代性是更有價值的現代性,可是在美國觀察員和西方記者的眼裏,延安似乎更接近西方的民主理念而不是對抗著西方的民主觀念,延安常常對外宣傳和展示的是「三三制」的民主政策。顯然,用西方傳來的用民族——現代性解讀延安文藝和歷史的事實有著多麼大的出入和隔膜啊!要弄清延安文藝的民族主義理念來龍去脈,發展變遷,我們與其用一個先驗的西方時髦理論來作所謂的「再解讀」,不如回到民國的歷史情境中去再現它的豐富與複雜。

　　延安民族主義話語的形成和變遷和民國這個大語境,和國共關係密切相關。我們細數左翼文人從1935年到抗戰結束的民族主義表述,國防文學、民族革命戰爭的大眾文學、三民主義文化和文學、三民主義的現實主義文學、革命的三民主義文化、眞三民主義文化、民主主義的現實文學、新民主主義文化和文學,這一系列概念的提出和背後所代表的文學理念,我們當然可以用民族主義來概括,但並非是說民族主義主導了這些概念和文學理念的形成,相反,它們是在政治、經濟、文化、宣傳、動員等外在機製作用下,經由作家、理論家內在的思考、探究中逐步呈現的各種理念。其實這恰恰最能體現民國機制闡述有效性的地方,運用民國機制顯然讓我們對這些文學理念形成和變遷的過程理解得更加細緻、更加豐富,而不是簡單化。

　　共產國際統一戰線政策的出爐,「八一宣言」的發表,王明馬上領會「國防政府」的倡議而重提「國防文學」,「左聯」的解散、以黨團組織名義推行「國防文學」口號的做法引發了堅守個人主體性的魯迅的不滿;帶著共產國際和陝北統一戰線政策來上海做統戰工作的馮雪峰,爲了安撫魯迅,爲了消

〔註21〕唐小兵:《我們怎樣想像歷史(代導言)》,《再解讀:大眾文藝與意識形態》(增訂版),北京:北京大學出版社,2007年,第6頁。

〔註22〕李陀:《丁玲不簡單——毛體制下知識分子在話語生產中的複雜角色》,《昨天的故事:關於重寫文學史》,北京:三聯書店,2011年,第153頁。

除魯迅和黨之間的隔閡而動議提出了「民族革命戰爭的大眾文學」。在國共並未真正合作之前，陝北領導人包括張聞天、周恩來、毛澤東對馮雪峰的文藝口號是極其滿意的，例如張聞天和周恩來在 1936 年 7 月捎信給馮雪峰：「你對周君（指周揚，筆者注）所用的方法是對的。你的老師與沈兄好嗎？念甚。你老師送的東西雖是因爲交通關係尚未收到，但我們大家都很熟悉。他們爲抗日救國的努力，我們都很欽佩。希望你轉致我們的敬意。對於你的老師的任何懷疑，我們都是不相信的。請他不要爲一些淺薄的議論，而發氣。」〔註23〕1937 年 1 月馮雪峰回到延安向黨中央彙報工作，同毛澤東等領導同志都作過長談。「在許多次的深夜長談中，毛澤東同志一再關切地詢問魯迅逝世前後的情況，表示了對魯迅的懷念之情。毛澤東同志和中央其他領導同志對馮雪峰的工作給予肯定。」〔註24〕

　　1937 年 5 月後，在上海辦事處主任潘漢年安排下，倡導「國防文學」的中堅人物如胡喬木、周揚、艾思奇、周立波、徐懋庸等相繼來到延安，延安的態度有了明顯轉變，宣傳部部長吳亮平作了官方的結論，他說：「對於『國防文學』和『民族革命戰爭的大眾文學』這二個口號的論爭，我們同毛主席與洛甫、博古等也作過一番討論，認爲在目前，『國防文學』這個口號是更適合的。『民族革命戰爭的大眾文學』這個口號，作爲一種前進的文藝集團的標幟是可以的，但用它來作爲組織全國文藝界的聯合戰線的口號，在性質上是太狹窄了。」〔註25〕

　　1937 年 7 月全面抗戰爆發，經過了漫長的政治和軍事博弈的國共兩黨，在三民主義的框架開始了又一次的合作。7 月 15 日，中共發表了《中共中央爲公佈國共合作宣言》，向全國同胞公佈了共產黨人奮鬥之總目標，而三條總目標基本上和孫中山及國民黨闡述的三民主義沒有出入，而 4 條宣言的首條就是「孫中山先生的三民主義爲中國今日之必需，本黨願爲其徹底的實現而

〔註23〕程中原：《體現黨同魯迅親密關係的重要文獻──讀 1936 年 7 月 6 日張聞天、周恩來給馮雪峰的信》，《魯迅研究月刊》，1992 年第 7 期。文中所引內容，均見本文所刊載的原信手稿部分。

〔註24〕馮夏熊：《馮雪峰──一位堅忍不拔的作家》，見包子衍、袁紹發編：《回憶雪峰》，中國文史出版社，1986 年 7 月第 1 版，第 13 頁。另外陳早春等著的《馮雪峰評傳》也是同樣的表述，似乎是參考了馮夏熊的文章，見陳早春、萬家驥著：《馮雪峰評傳》，重慶出版社，1993 年 10 月第 1 版，第 226 頁。

〔註25〕朱正明：《陝北文藝運動的建立》，《西北特區特寫》，每日譯報社編印，1938 年，第 58 頁。

奮鬥」〔註26〕。儘管圍繞著三民主義國共兩黨之間有著不斷的爭論，如眞假三民主義、革命的或保守的三民主義，新舊三民主義等等提法的辯論和爭執，但三民主義的框架體系雙方都沒有脫離，並依據各自對三民主義的闡釋來總結和建構自己的文學文化理念。與此同時，在抗日民主根據地各個邊區，大家也都在三民主義的框架下提出各自的文化、文學理念，當延安地區已經開始提出「新的民主共和國」的說法並逐漸討論提出「新民主主義」的概念時，同屬共產黨人控制的其他區域如晉察冀邊區卻火熱地討論著「三民主義的現實主義」文學概念，即便毛澤東的《新民主主義論》發表後，在其他地區有的作家並未完全轉向新民主主義文學，如《抗敵周報》在 1940 年 5 月 30 日的文章中仍然援引彭眞的提法，「邊區是三民主義的現實主義文學最好的園地」〔註27〕，也有的人希望完美對接新民主主義文學和三民主義的現實主義這兩個概念，如在《紀念高爾基與我們文化運動的方向——〈抗敵報〉社論》一文中就談到，晉察冀邊區提出了「三民主義的現實主義創作方法」這一口號，「並且，邊區的進步作家一致依這一口號而創作。這個三民主義的現實主義，在毛澤東同志《新民主主義論》發表以後的今天來講，顯然也就是新三民主義的現實主義，就是新民主主義的現實主義」〔註28〕。而投身晉察冀邊區文藝活動並未聆聽「講話」也未參加文藝界「整風」的趙樹理、孫犁，卻在後來意外地成爲「講話」之後延安文藝的方向，事實上，孫犁後來所念念不忘的仍是鄧拓等人所表述的極富熱情和自由的三民主義的現實主義文學理念。

很顯然，延安文學中的民族主義表述是極其豐富的，這恰恰是三民主義爲其提供了極具彈性的表述空間，當然我們並非以三民主義來消解延安文藝民族主義表述的獨特性，相反，在三民主義的語境中我們才可以洞悉延安民族主義眞正吻合現代價值理念的地方。抗戰初期毛澤東談到三民主義時就說道「我們老早就是信仰三民主義的」，「現在的任務是必須爲眞正實現革命的

〔註26〕《中共中央爲公佈國共合作宣言》，中共延安市委統戰部編：《延安時期統一戰線史料選編》，北京：華夏出版社，2010 年，第 117～118 頁。

〔註27〕《三年來邊區的文化教育事業（節錄）》，劉增傑等編：《抗日戰爭時期延安及各抗日民主根據地文學運動資料》（中），太原：山西人民出版社，1983 年，第 54 頁。

〔註28〕張學新、劉宗武編：《晉察冀文學史料》，天津：天津社會科學出版社，1989 年，第 143 頁。

三民主義而奮鬥，這就是說以對外抗戰求得中國獨立解放的民族主義，對內民主自由，求得建立普選國會制，民主共和國的民權主義，與改善人民生活，求得解除大多數人民痛苦的民生主義，這樣的三民主義與我們的現時政綱，並無不合，我們正在向國民黨要求這些東西。」〔註 29〕抗戰期間，共產黨人和延安始終積極爭取民主自由、憲政共和，督促國民黨落實三民主義的憲政理念，可以說，三民主義讓共產黨人和延安成為最有活力的一個群體，並由此吸引了知識分子和其他黨派政治勢力的贊同和擁護。

　　總之，文學的民國機制和延安文學並非是彼此相互牴牾，相互對立。從民國視角出發，回到民國歷史文化語境中，是我們認知延安文學的前提，運用民國的政治、經濟文化等機制要素，我們才可更好地闡釋延安文學的發生、發展和觀念的變遷。過去我們站在延安——中華人民共和國的立場上遮蔽了民國歷史文化的諸多豐富複雜的因素，運用民國機制來進入文學的研究並不會遮蔽延安或消解延安，相反，正是借助民國的政治、經濟、教育、學習、法律、動員、結社、傳播等等諸多機制要素，我們打開了延安文學研究的一片新天地，發現一些前所未有的新命題、新啟示。

〔註 29〕毛澤東：《中日問題與西安事變——與史沫特萊的談話》，《毛澤東文集》第一卷，北京：人民出版社，1993 年，第 491～492 頁。

思 潮 論

現代性視野下的農民敘事

賀芒（重慶大學）

　　「農民」敘事是指以農民爲敘事客體的文學敘事。中國現代文學史上出現的「農民」敘事，是與現代性緊密聯繫的（現代，現代性的概念？）。現代性可以從社會組織結構與思想文化兩方面去理解。從人文思想的角度，更主要地體現在精神文化變遷方面。標誌著「以啓蒙主義理性原則建立起來的對社會歷史和人自身的反思性認知體系開始建立。」〔註1〕具有斷裂性、批判性。五四時期正處於現代與傳統的斷裂，呼籲建立科學、民主的現代理性精神，知識分子以批判國民劣根性、啓蒙大眾爲己任。農耕文明及鄉土中國的特性，凋蔽與落後的農村，愚昧與麻木的農民，恰恰集中體現了傳統文化中封建的、落後的那一面。於是有了魯迅筆下的阿Q、閏土、祥林嫂等一系列現代文學史上經典的農民形象，既有對農業社會國民劣根性的批判，又有對農民的悲憫與同情，理性的批判精神與人道主義的關懷都是現代性的表現。魯迅的鄉土小說，更多的是「以一種超越悲劇、超越哀愁的現代理性精神去燭照傳統鄉土社會結構和『鄉土人』的國民劣根性。」〔註2〕他筆下的農民，不具備現代社會與文化要求的精神狀態，受封建文化的束縛，表現出愚昧、麻木或奴性。所以需要引起療救的注意。對以農民爲代表的中國民族精神與心理的批判，是新文學先驅舉起的反封建的大旗，「它無疑拉開了中國新文化的序幕，開創了新的紀元」〔註3〕。

　　這個階段的「農民」敘事，是站在知識分子的立場上進行的，以現代西

〔註1〕 陳曉明：《現代性與中國當代文學轉型》，雲南人民出版社，2003年，第4頁。
〔註2〕 丁帆：《中國鄉土小說史》，北京大學出版社，2007年，第29頁。
〔註3〕 丁帆：《中國鄉土小說史》，北京大學出版社，2007年，第33頁。

方的知識體系觀照傳統的農耕文明，以城市文化觀照鄉村文化。農民是他們治療的對象，「哀其不幸，怒其不爭」。在中國，農民成為現代性的焦點，從傳統到現代，從農耕文明到工業文明，從農村到城市，農民身上體現出這種轉型的矛盾、衝突，知識分子也由此反觀自身在現代化進程中的徬徨、憂慮。知識分子與農民之間，構成不可分割的關係。在農村發生的水葬（蹇先艾《水葬》）、冥婚（王魯彥《菊英的出嫁》）、賭博（許傑《賭徒吉順》）、宗族之間的械鬥（許傑《慘霧》）等封建陋習以及農民的畸變的性格，都是被批判的對象。同時，對封建宗法社會下農民的悲慘命運又具有人道主義的同情。另一方面，知識分子也從鄉村文化的角度來觀照城市現代化過程中的病態與畸變，充滿對鄉村如詩如畫美景以及純美人性的留戀，表現出一種反現代性。其實，這也是以對抗的方式，表達對現代性的反思與批判，對現代性帶來的劇烈震盪與社會巨變起一些緩衝與調和作用。

現代以來的中國文學，一直圍繞現代性展開實踐。〔註4〕農民，正是現代性文學實踐的集體想像物。從文學革命到革命文學到五六十年代的社會主義現實主義再到新時期，以至於世紀末，直至新世紀，農民都是一個醒目的文學符號。

我們還必須注意到農民敘事中的一個分支：農民進城敘事。五四前後，隨著西方文明的植入，中國社會發生結構性變化，一部分人失去安身立命的土地，他們告別鄉村，以鄉下人的身份進城尋求短暫或者長久的生存。鄉下人帶著對城市的想像進城，城市擁有對他們的主宰權，但並不接納他們，他們無法完成身份的轉化，經歷著身體與精神的雙重困境。他們始終以城市的他者存在。駱駝祥子努力拉車掙錢，努力認同城市的生活，卻逃脫不了被城市拋棄的命運，個人奮鬥成功只能是一個無法實現的神話。其他的還有在城裏撿破爛謀生以求自立但最終還是陷入悲劇命運的春桃（許地山《春桃》），操皮肉生涯養家糊口的老七（沈從文《丈夫》），行竊街市淪為流民的野貓子（艾蕪《山峽中》）。農民進城敘事在現代性觀照下的城鄉遷移，一方面，更深刻地揭示了城鄉衝突中進城農民的現實苦難與精神困境，表現出作家對進城農民的道德同情；另一方面，進城農民身上的落後性、愚昧性在城市之中更加凸顯出來，並遭到了作家的批判。

〔註4〕陳曉明：《現代性與中國當代文學轉型》，雲南人民出版社，2003年，第12頁。

外史中的革命
——鴛鴦蝴蝶派的另類革命書寫

胡安定（西南大學）

在內亂無已、革命一浪高過一浪的時代背景下，鴛鴦蝴蝶派群體也在亦步亦趨，以自己的方式呈現革命的另類面相。在鴛鴦蝴蝶派的革命書寫文字中，極具特色的是 1910～1930 年代爲數不少的「革命外史」。其中代表性的有《小說叢報》、《小說新報》等刊載的徐枕亞、劉鐵冷、李定夷等人的系列文言小說，以及連載於《紫羅蘭》上張春帆的《紫蘭女俠》，和連載於《旅行雜誌》署名李涵秋遺著的《革命外史》等章回體小說。這些「革命外史」跨越文學虛構與歷史眞實，既折射了革命巨變年代的社會文化信息，也透露了普通民眾革命風暴中別樣的生存方式和心態世界。

目前研究界對這些「革命外史」的關注還比較零散，陳建華從文學現代性的角度分析了張春帆的「革命外史」《紫蘭女俠》，認爲《紫蘭女俠》標誌著鴛鴦蝴蝶派在表現策略和審美趣味方面的新拓展，蘊含著有關性別的弔詭認知及其民族國家建構的典律和代碼。﹝註1﹞李文倩則以文本細讀的方式解析了李定夷《湘娥淚》、《茜窗淚影》等被命名爲「革命外史」的系列小說，認爲這些小說以辛亥革命前後「家愁」、「國恨」間人物命運的變遷爲敘述對象，傳達了李定夷對時代進程中個體生命價值的深刻思考。﹝註2﹞這些研究往往還只是關注「革命外史」中個別文本的價值與意義，未能將其作爲 1910～1930

﹝註 1﹞ 陳建華：《革命與形式——茅盾早期小說的現代性展開 1927～1930》，復旦大學出版社 2007 年，第 85、89～90 頁。

﹝註 2﹞ 李文倩：《捨家報國情實難堪——「革命外史」〈湘娥淚〉解讀》，《名作欣賞》，2011 年第 11 期。

年代的一種獨特文類加以整體性考查。「革命外史」作為鴛鴦蝴蝶派另類的革命書寫文字，其風格趣味如何？這種風格趣味的追求顯然延續了鴛蝴群體一貫的遊戲書寫姿態，這種表演性的書寫反映了他們怎樣的生存境況和自我定位？他們又是運用何種策略來利用傳統、西方和新文化等各種腳本進行「表演」，從而開創出屬於自己獨特的文化空間？因此，我們試圖把這些「革命外史」置放於民國社會特定的文化、政治、傳播等場域中，分析其文本特徵、趣味風格、書寫姿態與策略，進而描摹其背後混雜曖昧的文化空間。

一、趣味化的革命：奇、豔、俠

　　鴛鴦蝴蝶派「革命外史」的興盛主要集中於辛亥革命後的 1914～1920 年和國民革命後的 1929、1930 年。很顯然，這些「革命外史」是鴛蝴群體對自己所遭遇的重大歷史事件的一種呈現與想像。所謂「外史」，是相對於官方正史而言，既表示係私人編撰的稗官野史，也意味著內容多為奇聞異事、街談巷語。明清以來以「外史」為名的小說不為少數，如《儒林外史》、《女仙外史》、《留東外史》、《春明外史》。以外史而摹寫革命，正意味著鴛蝴群體別樣的書寫的姿態與立場，正如張春帆在《紫蘭女俠》第一回所云：「在下這部小說，名叫革命外史，恰不是史官的記載，也不是信口的謅言，只揀著那些傳記無聞，報章不載的革命英雄，和那革命時間的珍聞軼事，一一的記載出來，給列位看官做一個酒後茶餘的消遣罷了。」〔註3〕記錄傳奇英雄和珍聞軼事，意在提供消遣之品，也就決定了這些「革命外史」以奇、豔、俠為主的趣味傾向。

　　革命意味著破壞，價值與制度失序，同時也意味著新的機會，權力的真空給予上演各種人生傳奇無疑提供了的契機。因此，「無奇不傳」成為「革命外史」的重要特徵，奇時、奇人、奇事共同演繹了革命的另類歷史。革命會導致權力失控，社會陷入混亂，革命時期也是一個打破日常生活秩序的非常時期。在李定夷、徐枕亞等人看來，革命就意味著亂離時期的到來，百姓正常的生活秩序完全被破壞。如《井中人》〔註4〕自言「為辛亥改革之外錄」。敘武昌起義後，淮陰也隨之響應，但因駕馭乖方，豺狼思逞。白天匪兵趁機搶劫民宅，鄰里屋舍一片狼藉，廢為瓦礫；所營商鋪，只餘碎瓦焦木。至晚，

〔註3〕漱六山房：《紫蘭女俠》，《紫羅蘭》，1929 年第 4 卷第 1 期。
〔註4〕憨儂：《井中人》，《小說叢報》，1915 年第 8 期。

則又闖入百姓家中，翻箱倒篋，財物盡數搜去。非禮民女，致其投井自盡。次日，獨立宣佈，那些意氣揚揚，服飾怪異複雜的革命人物，原來就是那些打家劫舍的匪兵，他們穿著搶劫來的各類衣服，招搖過市。而《湘娥怨》以烈婦林婉儂的悲慘遭遇，展示了革命時期百姓的流離失所。長沙光復後，湘省各地盜賊紛起，林婉儂只得扶老攜幼，隨鄰居一起逃難。為減輕負累，將女兒送給姐姐撫養。但婆婆年邁而逢憂患，很快患病不起，客死異鄉。土匪乍起，林與兒子人駿被擄，幸遇舊鄰王家阿珍。匪軍潰敗後，回王家發現廬舍已化為灰燼，阿珍父母不知去向。三人暫棲安置耕牛的茅亭，飢寒難忍，拾田中收穫餘粟充饑。然後往他處投訪親友，不料人駿患病而夭折。悲痛欲絕的林氏只有最後一線希望：前往長沙尋夫。誰知舟行又遇盜匪，與舟婦伏蘆葦叢中才得以身免。歷經艱辛，決定先返舊居，靜候夫君榮歸，回家方知投筆從戎參加革命的丈夫已死義。〔註5〕類似林婉儂的悲慘遭際在這些革命外史中不為少見，其他諸如徐枕亞的《白楊哀草鬼煩冤》，劉鐵冷的《緗雲慘史》等等，革命時期哀鴻遍野、百姓飽經憂患成為他們呈現的重點所在，甚至有不少鴛蝴作家將辛亥革命時期與明季鼎革、拳匪之亂、太平天國相提並論，例如署瓊英女史敘略，鐵冷演述的《弱女流浪記》〔註6〕講述的是拳匪之亂時期一對情侶的離合，但卻冠以《革命外史之二》的正標題。在《小說叢報》、《小說新報》等報刊上，與革命外史同時刊載的還有不少明季傳奇慘史、紅羊（即洪楊，指太平天國）軼事，顯然，革命時期也和這些歷史上的非常時期一樣，是充滿亂離、破壞的「奇時」。

革命造成了普通百姓的離散憂患，但也是「奇人」輩出、「奇事」頻現的時期。革命外史中就塑造了不少奇男子、奇女子，他們或以出眾的品格，或以非凡的經歷而成為作家渲染的對象。作為男子往往志向不凡，心懷天下，嚮往建功立業。如《湘娥怨》中的陳次強，雖身為村館教師，當得知武昌起義時，慷慨而言：「還我河山，復我氏族，今其時矣。風聞省中亦有相應之說，大丈夫世世生生，食毛踐土。余亦軒皇苗裔，際茲盛會，義不容作壁上觀。」於是毅然舍下老母嬌妻幼子，投筆從戎。而作為女子，則不乏慧眼識英雄，深明大義，貞烈忠誠。如《易簀語》〔註7〕敘妻子臨終的遺言，激勵了

〔註5〕李定夷：《湘娥怨》，國華書局，1918年。下文同。

〔註6〕鐵冷：《弱女流浪記》，《小說叢報》，1914年第3期。

〔註7〕納川：《革命外史之三：易簀語》，《小說叢報》，1914年第4期。

丈夫成為革命偉人。投筆生和絹君是一對恩愛伉儷，妻子絹君幼讀詩書，性耽翰墨，見識不凡。但染病不起，臨終囑咐夫君要報效國家，「將欲立國於二十世紀之世界，國之中必有一二偉人，締造而經營之。」「君果努力前進，業建當時，聲施後世」。投筆生於是騰踔奮發，事業炳然。除了這些見識卓然的傑出人物，革命外史所傳的奇人奇事還包括一些無賴惡棍的投機軼事，如《小星怨》〔註8〕就敘龐志仁本是無賴子，在滿清時期組織會黨，賭博劫掠，強搶民女，無惡不作。辛亥革命後，帶領黨徒混入省城，大肆搶掠。因總督對會黨取招安策略，龐與其黨徒被編入軍隊，龐以團長領軍。自此更加肆無忌憚，除走馬章臺外，又納三妾，一為名妓，二為小家碧玉，誘姦而娶。三為某校女學生，龐隱瞞自己已婚身份，刻意靠近，欺騙而娶。龐為害一方，招致民怨沸騰，而前後三任總督皆無法解決。沉毅有膽略的新總督至，才計劃周密地逮捕並槍斃了龐某。無論是混入革命陣營的無賴敗類，還是建立卓爾功勳的革命志士，他們的命運沉浮、悲歡離合在革命外史中都演繹成了傳奇故事。

　　鴛鴦蝴蝶派以言情而著稱，他們書寫的革命自然也離不開愛情的點綴，因此造就了革命外史「豔」的趣味風格。其實徐枕亞的《玉梨魂》就已預告了革命與愛情的相伴相隨，何夢霞在情人妻子都香消玉殞之後，沒有殉情，而是選擇參加武昌起義，最後戰死城下。這種愛情落空後走向革命的俗套，似乎已經與三十年代左翼文學的革命加戀愛模式遙相呼應了。而革命外史中的言情模式則更為多樣，既有愛情佳話的稱頌，也有對自由戀愛的警示。一般而言，鴛蝴群體所肯定的愛情或為亂離中的堅守，多為節婦烈女從一而終的傳奇；或者是投身革命，志同道合而促成的摯愛。如《美人心》〔註9〕敘衛石公（原型應為汪精衛）與二女的英雄美人佳話。先由家人與劉氏女定下婚約，因參加革命，怕有所連累，在日本期間即以書信解除婚約。女方家長同意，而劉女自己堅持從一而終，不再議婚於他人。陳氏富商之女心儀其人，追隨其革命，歷經風浪，終結為革命佳侶。這種二女一忠貞一慧眼識英的格局，基本上代表了鴛蝴群體心目中的革命愛情典範。而對革命愛情演繹得最為淋漓盡致的還數張春帆的《紫蘭女俠》，這位以狹邪小說《九尾龜》而聞名的作家，在這部「革命外史」中，依然不忘狹邪風月為革命增色，如狹邪場

〔註8〕　南冥：《革命外史之四：小星怨》，《小說叢報》，1914年第6期。
〔註9〕　墨隱生：《革命外史美人心》，《小說新報》，1920年第6卷第5期。

的粵妓、艇妹實爲革命同志會紫蘭堡成員，她們或傾心於革命人士，或因與
少年情投意合而遭官府惡勢力破壞，最後攜少年一起支持革命。當然重點摹
寫的還是革命同志之間的愛情，有柳安石與會長何紫蘭因對革命見解相同，
數次攜手合作共度艱險而產生愛情，也有汪麗雲、羅紫雲與柏民強的三角
戀。尤其是這場三角戀愛，不僅有革命生涯志同道合而產生的愛情，還有對
精神之愛的獨特闡釋。柏民強爲搭救羅紫雲，一同被捕，關在一起數日，產
生了感情。面對早已與柏民強明確關係的汪麗雲，羅紫雲侃侃而談：我和柏
君的聯結，是從感情裏頭，磨蕩發越出來的愛，不是男女私情中含著欲素的
愛。感情裏磨蕩出來的愛，這個愛是純的，不是雜的，完全是精神結合，不
是形體結合。在羅紫雲看來，只有棄絕肉欲的精神之戀才是純粹永久的，她
依然抱定獨身主義。因此，雖是情敵，羅紫雲和汪麗雲還是很快冰釋前嫌，
各得其所。這種對精神戀愛的提純誇張，正是鴛蝴群體保守愛情觀的體現。
同樣，革命外史中也不乏對自由戀愛加以譴責的文字。不少鴛蝴作家認爲是
革命造成道德淪喪，男女交際自由公開，因此也導致婚戀自主而遇人不淑的
悲劇。如小說《崇拜英雄》〔註10〕，敘一名呂佩華的女子婚戀慘史。呂於上
海求學，適逢革命，遂投筆，奔走各地，不遺餘力爲革命軍效勞。盧某本一
暴虐之夫，投機革命，僥倖竊功，擢爲某旅隊官。結識呂女，假意殷勤，呂
女竟墮其術中。兩人婚後愛情漸淡，旋生意見。不久，盧被裁遣賦閒，居滬
上而任情揮霍，不聽勸告，生活困窘，就想賣掉呂女，但女從一而終之心堅
定。盧假意聽從呂女意見，帶其返回自己故鄉。但故鄉並無半點恒產，僅賃
屋而居。而盧喪盡天良，將女賣與強盜。女設計逃脫，一路毀容乞討方得返
回自己家中。最後悔恨交加，自殺於烈士墓前。像呂女這樣以死來懺悔自己
不告父母而婚的行爲，顯示了鴛蝴群體情愛觀念一貫的立場：既肯定小兒女
的純情，又嚴守遵從父母之命的舊式道德戒律。因此，革命外史雖追逐「豔」
的趣味風格，呈現於讀者的更多是對情的渲染，而非欲的描摹。

　　鴛鴦蝴蝶派的革命外史往往也表現出剛柔並濟的風格，兒女與英雄相得
益彰，既有脂濃粉香的言情故事，自然也不乏刀光劍影的江湖傳奇。因此，
「俠」成爲了這些革命外史中一份重要的配料。彰顯俠義精神，描摹俠客縱
橫成爲諸多革命外史的重要內容。有研究者提出中國俠文化道義與人格評價
有三種模式：一、俠義人格，路見不平拔刀相助；二、信義人格，言必信，

〔註10〕競存：《革命外史崇拜英雄》，《小說新報》，1915年第1卷第1期。

行必果；三、自由人格，自由、獨立、豪爽、夭矯。〔註11〕在革命外史中，這種俠肝義膽的人格風範不僅表現於那些反抗滿清暴政，追求共和民主的革命志士身上，也同樣可見於一些普通民眾。《湘娥怨》中，當林婉儂屢次身陷絕境，受到如阿珍、劉嫗、舟婦等人無私熱忱的幫助，這些普通人身上體現了濟危扶困的俠義之風。《弱女流浪記》中的婢女春花為成全主人的好姻緣，假扮賣花人，深入虎穴救人，更是一種膽略過人的行俠之舉了。而到了二十年代末，革命外史將革命、言情以及武俠熔於一爐已經相當成功了，如《紫蘭女俠》就敘紫蘭堡這個江湖奇地，聚合了一群武功超群的人物，他們支持革命，但不是革命黨。「我們一班男女同志，自行組織的一個革命同志會，抱著讚助革命，同排斥異族，監督官吏的宗旨。遇著革命志士，不是竭力幫助他的進行，就是隨處解除他的危險。同孫中山先生的革命同盟會，是殊途同歸的。不過他們做的事業是徹底解決的革命，我們的工作是隨時隨地，補助他們的不及，和剷除社會的不平。」當革命黨人遭遇困厄，或無辜百姓受到暴政欺凌時，他們常常從天而降，懲治惡人，聲張正義。無疑，奇詭的江湖世界，身懷絕技的俠客又給革命外史增添一份別樣的風采。

從這些革命外史奇、豔、俠的趣味追求中，我們可以看到：民族國家的獨立、自由民權的實現等宏大嚴肅的話題，往往都被推遠而成了傳奇的背景。這些鴛蝴作家熱衷表達的，依然是亂離時期的奇人軼事，革命征途的風花雪月，和江湖俠客的波譎雲詭。正如他們自己所表明的：這不過是酒後茶餘的消遣罷了！他們以一種邊緣的方式記下了正統革命歷史所遺落的悲歡、掙扎與困惑，也折射了他們自己獨特的書寫姿態。

二、遊戲的書寫姿態

鴛蝴群體以外史方式書寫革命，既表達了他們對自己的生活遭遇和周圍世界的體驗和理解，也是對自我身份想像性重建的策略訴求。革命外史「奇」、「豔」、「俠」的趣味傾向，很顯然與他們一貫的遊戲書寫姿態有關。

革命外史熔政治、歷史於一爐，以傳奇而涵納言情與武俠，總體上不脫遊戲筆墨的窠臼，與革命外史同時興盛的就是那些戲謔革命、諷刺政治的遊戲文章，二者之間存在著密切的關係，都是鴛蝴群體對革命、政治及歷史等

〔註11〕韓雲波：《俠的文化內涵與文化模式》，《西南師範大學學報》，1994 年第 2 期。

問題的理解與回應。自民初直至三四十年代，鴛鴦蝴蝶派的報刊一直不乏刊登遊戲筆墨的欄目，如《申報‧自由談》、《民權素‧諧藪》、《滑稽時報‧諧著》、《快活世界‧諧文》等等，這些捨莊言宏論而取詼諧戲謔的文字，有著笑罵一切的率性，最主要的還是對政治時局的冷嘲熱諷。鴛蝴群體除了為革命作外史，似乎還熱衷拿革命、共和開涮。如徐枕亞《水族革命記》一文，言水國為革命潮流所鼓蕩，鱗介各族，咸欲脫離龍王之專制。革命黨起義，得到成功，龍王下詔退位。公推鯨為大總統，以蟹為國務總理，以其無腸而能橫行；鯿以善於縮項而為外交總長等等。文末附「枕亞曰：哈哈世界，著名涼血動物，居然也要革命。革命居然成功，貪如鯨者，居然為水國大總統矣，所引用者，無非龍王之舊臣，龍族之餘孽。嗟爾水族，汝等脫離龍王之專制，不知又入於暴鯨之口矣。欲享共和幸福，豈非夢想。吾不禁望洋向若而歎耳。」〔註 12〕借水族而諷辛亥革命。類似的遊戲文章在鴛蝴雜誌中十分常見，其諷刺的鋒芒往往針對革命，批評革命枉流「千萬人黑鐵赤血」，這與革命外史中視革命為亂離動蕩完全一致。由此不滿，發而為文字，則多為遊戲筆墨，嬉笑怒罵，戲謔否定之意蘊含其間。如雙熱的《共和謠》「自治機關忽取消，地方未必一團糟。議員議長哀哀哭，運動本錢尚未撈」〔註 13〕一寒的《識別字》，借讀別字諷刺時局，「共和黨」為「共私黨」，因「彼共和黨中人，私心太重，攬權射利」。「自由」讀「白白」，因「自由自由，白費唇舌，命也白革，血也白流。白辛苦，白歡喜。」〔註 14〕署名笑的《國會訃文》笑「賞戴五色國旗，歷署前清資政院臨時參議院國會府君，痛於民國二年十一月某日某時，無疾而終。距生於民國二年三月十號，享年一歲。」〔註 15〕鴛鴦蝴蝶派群體這種對政治、時局嘲謔的姿態，自民初到四十年代一直不絕如縷，二十年代末的《申報‧自由談》，抗戰時期張恨水主持的重慶《新民報》副刊，都隨處可見這樣的遊戲文章。如周瘦鵑主持的《申報‧自由談》戲稱孫中山為「孫大炮」，對於軍閥混戰、二次革命、北伐等時政話題，往往以一種調侃的方式評說一番，雖無惡意，但也全無敬意與莊嚴之感。

　　遊戲文章以「遊戲」之名諷匡政治時事，事實上不少文字已流於淺薄無聊的一味滑稽了。正如革命外史託言為革命正史補闕，實則將革命演繹成英

〔註 12〕枕亞：《水族革命記》，《民權素》第一集。
〔註 13〕雙熱：《共和謠》，《民權素》第一集。
〔註 14〕一寒：《識別字》，《民權素》第一集。
〔註 15〕笑：《國會訃文》，《民權素》第六集。

雄、兒女、俠客的通俗故事。無論革命的趣味化，還是政治的娛樂化，其原因都在於鴛鴦蝴蝶派群體遊戲的書寫姿態。鴛鴦蝴蝶派的遊戲書寫姿態背後有複雜的文化、政治和社會等因素，這些因素既折射出鴛蝴群體生存的現實境況，也形塑了他們的想像性自我。

據考證，「遊戲」一詞在中國古代多指感性的取樂，是一種虛浮不實的，與道統的鄭重、嚴肅的存在相抵悟的生活處世態度。在嚴謹、正統的世界裏，遊戲一向是遭譴責與拒斥的。《晉書·王沈傳》：「將吏子弟，優閒家門，若不教之，必至遊戲，傷毀風俗矣。」遊戲作爲一種生活態度，是不務正業的玩樂，是毀人壯志的迷藥，是與正統倫理道德、規範制度相背馳的。〔註16〕但晚清以來，一批逸出傳統科舉之途的文人多以遊戲而自命，如李伯元等。鴛鴦蝴蝶派群體更是公然打出遊戲、消閒的大旗，他們堂而皇之的以「遊戲」命名雜誌：《遊戲雜誌》、《遊戲世界》、《遊戲新報》……並極力爲「遊戲」正名張目：不世之勳，一遊戲之事也。萬國來朝，一遊戲之場也。號霸稱王，一遊戲之局也。……遊戲豈細微事哉，顧遊戲不獨其理極玄，而其功亦偉。〔註17〕他們出入經典，爲「遊戲」一詞的正面意義找尋歷史依據，從遊戲三昧的佛家，到隱語的莊子，及滑稽詼諧的東方朔、淳于髡，都被作爲「遊戲」的祖師爺而一一被擡出，他們試圖重新界定「遊戲」的定義：由一種不務正業的生活態度變爲一種借戲諷之名匡刺世事的爲文姿態。也就是說，戲謔滑稽的表面之下是嚴肅熱切的諷世救世警世之心，實質上還是遵循著傳統的文學載道與教化立場。即是所謂「冀藉淳于微諷，呼醒當世」。〔註18〕這一點，與鴛鴦蝴蝶派群體歷來傾向以繼承傳統文化與道德的「舊派」自居是一致的。

當然，鴛鴦蝴蝶派群體遊戲姿態背後也有重要的社會政治原因，革命成功並未兌現先前許諾的自由、民主，一種失望的情緒普遍彌漫於民眾。言論不自由，只好以隱微諷刺的方式表達，正如《快活世界》《發刊辭》所言「千萬人黑鐵赤血換來之言論自由任被削奪，九州多難，萬馬齊喑。」〔註19〕而讀者同樣如此，這些諧謔文字易於引起他們的共鳴：

　　　自來滑稽諷世之文，其感人深於正論，正論一而已，滑稽之文，

〔註16〕蔣樹霞：《試論遊戲文章》，青島大學，2004年碩士論文，第2頁。
〔註17〕愛樓：《遊戲雜誌》序，芮和師、范伯群：《鴛鴦蝴蝶派文學資料》上。
〔註18〕愛樓：《遊戲雜誌》序，芮和師、范伯群：《鴛鴦蝴蝶派文學資料》上。
〔註19〕乘黃：《發刊辭》，《快活世界》第一期。

固多端也。蓋其吐詞也，雋而諧；其寓意也，隱而諷，能以諭言中
人之弊，妙語解人之頤，使世人皆聞而戒之。主文譎諫，往往託以
事物而發揮之，雖有忠言讜論載於報章，而作者以爲遇事直陳不若
冷嘲熱諷，嬉笑怒罵之文爲有效也。故民風吏孜日益壞，則遊戲文
章日益多，而報紙之價值日益高，則閱者之心日益切，而流行者日
益廣。〔註20〕

遊戲文字應言論壓制與禁錮而生，是以一種戲謔、調侃的姿態對政治環境予
以回應，表面上以娛樂化的面向疏離政治，實際上卻是以一種獨特的方式參
與政治。正如論者指出，令人悚目驚心的社會現象從另一角度看去便成爲可
笑，而變「可氣」爲「可笑」正是中國文人早就熟諳的處世本領。於是寫作
罵世詩文便成爲了這一時期文人百無聊賴中用以解悶遣愁的一種遊戲。中國
文學固有的遊戲性也正是在這一時期被擴張到極致。〔註21〕

　　另外，也不可否認鴛鴦蝴蝶派遊戲文學的現代意義，「遊戲」一詞就其本
質意義上而言，是指「感性的取樂」。這種「感性的取樂」是虛浮不實的，是
與某種鄭重的、嚴肅的存在相抵悟的，它因爲不能提供一個永恒的實在，因
此不可能是我們靈魂的眞正故鄉。現代經濟強調感觀物質欲滿足的同時似乎
因爲缺少某種更深刻的使命感而失去自身。前後兩者似乎是相悖的，但卻又
實實在在地存在於現代社會的經濟生活中。而這兩點恰恰與遊戲的兩大特徵
相符，一是感觀享樂，二是虛浮不實。〔註22〕鴛鴦蝴蝶派這種趣味化、娛樂
化的遊戲風格顯然與中國現代社會的形成有關，上海開埠後逐漸成爲一個現
代都市，「罪惡的淵藪」既提供了完全不同於傳統農業社會的生活方式，也刺
激著人們對欲望的追逐，而欲望征逐帶來的往往是無所歸依的虛浮感。但對
於現代人來說，對治這種虛浮的藥方不是棄絕欲望，而是沉浸於滿足欲望的
幻夢之中。鴛鴦蝴蝶派旨在消閒、娛樂的遊戲文學，恰恰就是編織了無數旖
旎、奇妙的幻夢，滿足了人們的白日夢，也撫慰了他們脆弱的心靈。

　　其實，無論是傳統的諷諫勸世文學觀，還是現實的社會政治原因，抑或
是現代虛浮的感性滿足，鴛鴦蝴蝶派遊戲的書寫姿態背後都有其對自我身份
定位的矛盾與困惑，尤其體現於革命外史這種文類。革命，意味著以摧枯拉

〔註20〕濟航：《遊戲文章（論仿歐陽修宦者傳論）》，《申報・自由談》，1917 年 10 月
　　　　6 日。
〔註21〕劉納：《嬗變》，中國社會科學出版社，1998 年，第 148 頁。
〔註22〕沈興漾：《現代性與遊戲》，《書屋》，2002 年第 8 期。

朽的方式而破舊立新，社會結構、生活方式、倫理道德都被重新建構。而二十世紀中國的革命又具有「高山滾石」效應，革命一旦啓動，越滾越急，越滾越猛，前一次的成功，會激勵後一次的繼續；前一次未能實現的目標，後一次會採取更激烈的手段去實現，革命的訴求指數不斷提升。〔註 23〕而對於鴛鴦蝴蝶派這樣的總體文化立場偏舊的知識群體而言，遭逢這樣革命再革命不斷革命的時代，其內心的焦慮、彷徨、困惑也就可想而知。於是，爲了應付不斷新變的環境，他們試圖回歸到一種歷史悠久的傳統：採取一種「遊戲」的態度。古代的文人學士若感到懷才不遇、對世界不滿但無力改變時，常常以這樣一副面目示人。因此，「遊戲」態度也成了一個容易被人認出的符號。對於鴛鴦蝴蝶派而言，遊戲是一種書寫姿態，更是一種展示身份的表演姿態。他們以這種姿態宣告他們對世界的不滿，也爲他們放下身段捲入市場尋找到藉口。〔註 24〕

通過這樣表演性的遊戲姿態，鴛鴦蝴蝶派群體不僅確立了自己在新的社會結構中的身份，還開創了一個混雜性的文化空間。表演性的遊戲必須要有腳本，通過一個腳本表明遊戲的性質、規則，並確立一種新的角色身份，以及他們的期待。角色模式能標誌其文化正統性，當鴛鴦蝴蝶派群體上演諸如勸世者、傳奇見證人、舊派才子、都市消閒娛樂引領者等各類角色時，其實也是對各種腳本的戲仿性挪用，而這種戲仿式書寫也造就一個混雜性的文化空間。

三、戲仿策略與混雜性文化空間

鴛鴦蝴蝶派表演性的遊戲姿態，需要對各種文化資源的挪用，而這種挪用往往不是刻意的誇張變形，就是改變語境的運用，這其實就是戲仿性策略。對於鴛鴦蝴蝶派而言，戲仿既是一種修辭策略，也是一種文化表意行爲，其背後有豐富的文化政治涵義，並由此開拓了一個多元曖昧的混雜性文化空間。

戲仿機制主要體現於對不同文化資源的跨語境運用，鴛鴦蝴蝶派處於中國傳統文學、西方文化、五四新文學等多重資源形成的文化網絡之中。對於

〔註 23〕 王奇生：《高山滾石：20 世紀中國革命的連續與遞進》，《華中師範大學學報》，2013 年第 5 期。

〔註 24〕 葉凱蒂：《上海‧愛——名妓、知識分子和娛樂文化 1850～1910》，生活‧讀書‧新知三聯書店，2012 年，第 18 頁。

這些資源的徵用，他們更多採取的是戲仿策略。也就是模擬性將這些文本的敘事風格、人物、環境、情節等，置放於自己的寫作語境中。這種「六經注我」式對多元資源的創造性運用，不僅造成了文本的跨界特徵，還使得他們的角色模式在「舊派」、「洋派」、「新派」之間的曖昧與遊移，因此造成風格的多元性與混雜性。

即如這些革命外史，其背後就有幾個敘述主調：捨家爲國、投筆從戎的英雄傳奇，才子佳人的相戀相悅，節婦烈女的至死靡它，行俠仗義的俠客縱橫……長期以來，通過小說、筆記、史傳文章等，這些敘述主調已深深烙刻在中國文化結構之中，成了被無數次重複彈奏的不朽的旋律。在革命外史寫作、刊載、出版的時刻，它們已經在大眾中廣爲流播，並作爲文化傳統的重要部分，爲讀者和作者所共享。這些敘述主調也因此成爲了一種文化編碼，指示著人們所熟悉的文學傳統。但是，革命外史中的敘事聲音始終是諷刺性與戲擬性的，而並非是完全懷古或嗜古的。例如《湘娥怨》中，陳次強棄家從軍後，在長沙頗爲已經起義的焦陳二人賞識，擔任參謀之職。漢陽起義時民軍失利，次強隨湘軍前去支持，還沒到湖北的時候，就收到焦氏的軍令，讓他回湘商議軍機要事。次強連忙趕回，正好遇見焦、陳二人被同僚（忌者）殺害，次強也一起被殺害了。後來，新都督上任後，逼於公議而追念首功，厚葬焦陳二人，次強等被害者也從優撫恤，他才有了烈士之名。如果說陳次強不顧一切的奔赴偉業讓讀者看到了熟悉的英雄傳奇，那麼他莫名其妙的死則又消解了這一傳奇。如果說，對文化遺產的利用往往可以讓刻意選擇的自我身份合法化，那麼在革命外史中，戲仿的不斷運用，便可以被稱爲一種徵用行爲，對一種不再可行的文化身份的剝奪。〔註 25〕因此，鴛鴦蝴蝶派雖然傾向於以繼承傳統的「舊派」自居，但他們的文本也確確實實在形態上繼承或認同中國古代的敘述方式。但是，他們所製造出來的傳統，已經不是那個「傳統」本身，所以他們所刻意標榜的「舊派」身份也成了可疑的了。

同樣，對於那些所謂標誌「新派」、「洋派」身份的話語資源，革命外史也是採取類似的戲仿策略。鴛鴦蝴蝶派並不拒絕一切新潮、西方的思想內容，譯介西方文學、科技知識，提倡現代化的生活方式是諸多鴛蝴報刊重要的內

〔註 25〕胡纓：《翻譯的傳說：中國新女性的形成》，江蘇人民出版社，2009 年，第 67
～69 頁。

容。五四新文化運動以後，鴛鴦蝴蝶派更是高調宣稱「無新舊界限」、「冶新舊於一爐」，對於新文化界的種種動向，都是亦步亦趨的緊跟其後。革命外史所傳的是「革命」，其實就是鴛蝴群體參與「新」話題的一種方式。但其關注時代熱點話題的方式又相當獨特。例如，對於個人參加革命的原因與理由，《紫蘭女俠》這樣交代的：汪麗云是官宦小姐，卻成為堅定的革命黨。原因就在於她父親汪星洲當了二十年的窮候補，窮得吃盡當光，時時要收緊腰帶挨餓。後來就一逼二逼的，把汪星洲逼到贊成革命的這一條路上去。汪麗雲因為天天聽著汪星洲的論調，自然也痛恨起滿清政府來，於是成為革命黨，後來汪星洲得了肥缺，就自然忘了自己當初的革命論調，但汪麗雲依然是堅定的革命黨，當然很大程度上是因為她已與革命同志柏民強私定終身了。通過這樣的敘述，革命與否僅僅是緣於個人的境遇，其正義性、神聖性自然也就蕩然無存了。另外，在革命外史還隨處可見外國成分的在場，那些傳奇的革命英雄英雌，滿腦激進思想，滿身外國習氣（如《美人心》、《崇拜英雄》等）。《紫蘭女俠》更是給紫蘭堡俏麗的女俠們「腰間紫綃帶上綴著兩枝銀色小手槍」，她們行俠仗義、輔助革命，除了獨門絕世武功，主要就是「舉起手槍便打」了。因此，革命外史關於革命、傳奇的話語就遊走於傳統、現代、西方等幾種語境的邊界上，中國經典的敘述主調與現代話題並肩而行，而傳統的文本又被西方的成分所增補、覆蓋。

戲仿作為一種顛覆性策略，還表明了鴛鴦蝴蝶派對文學功用的立場。戲仿代表了文學無法被視為現實的複製，而革命外史雖以「史」自稱，卻是用一種誇張、扭曲的方式呈現革命。尤其從中可以看到一種明顯的分裂與拼湊的痕跡，感傷與教誨、多愁善感的俗套與坦率直言的道德意圖構成了諸多矛盾叢生的革命外史文本。如《湘娥怨》國華書局單行本，前附教育部通俗教育會小說股的評語：「是書可作列女傳讀」。末有鬒紅女史評語：「湘娥淚，非小說也，革命史也，烈女傳也。」但小說大量篇幅描繪的是林婉儂革命期間的顛沛流離，屢次陷入絕境的悲哀，母喪夫亡子夭的傷心，顯然與這種公開的道德教誨意圖（「革命史」、「烈女傳」）形成了強烈的反諷。另外，戲仿也關涉鴛鴦蝴蝶派的書寫意識形態。新文學群體提出「寫實文學」、「為人生」、「文學革命」、「革命文學」等一系列高歌猛進的口號，無不視文學為社會人生的反映，其間往往洋溢著一種解放、自由、開化的樂觀主義情緒。文學可以擔任啟蒙、救亡的重任，小說即是「大說」。但鴛鴦蝴蝶派卻公然視自己的

作品為「遊戲文章」、「革命外史」，退縮回到正在崩塌卻仍延續的社會與政治世界的意識形態殘餘，以破碎的方式描寫人們生活的現實。作品功能上也缺乏與過往徹底斷裂的迫切感。正如周蕾所注意到的：透過鴛鴦蝴蝶派，我們看到另一種不同的顛覆性運作——這樣的顛覆是藉由重複、誇張與離奇來運作；這樣的顛覆本質是戲仿的，而非悲劇性的。〔註26〕正如革命外史將革命納入傳奇的框架，借革命的外殼販賣言情、武俠的俗套，其實就是將嚴肅、神聖的「革命」加以顛覆的運作方式。而這種所謂的庸俗趣味和低級品味恰恰顯示了現代中國社會的矛盾，說明了在傳統與新變、莊嚴與媚俗之間，不僅沒有絕對的隔閡，反而存在一種延續與演化的關聯性。

　　鴛鴦蝴蝶派跨語境挪用和顛覆性的戲仿策略，不僅造成了他們在各種角色模式之間的遊移與曖昧，還因此營構了一個豐富多元的混雜性文化空間。胡曉真認為著名的鴛蝴雜誌——王蘊章主編的《小說月報》雜誌，呈現「現代的知識與信息的消費化」與傳統的「道德與教化的娛樂化」兩種特質交錯的畫面，形塑了一個新舊並陳、中外合璧，又與日常世界貼近的知識範圍。〔註27〕其實，不僅是《小說月報》，其他鴛蝴報刊也大體如此。從民初的《小說叢報》、《民權素》、《娛閒錄》到二三十年代的《半月》、《紫羅蘭》、《珊瑚》等等，鴛鴦蝴蝶派的報刊雜誌都以混合政治諷刺、軼聞掌故、域外奇譚、名妓明星照片、都市生活描摹、江湖奇幻世界等等諸多內容，而獲得商業上的極大成功，其讀者受眾遍佈各個階層。這些內容龐雜的鴛蝴報刊和數量廣大的受眾，已經遠非簡單的新舊、雅俗可以區別概括的，其實構成了一個混雜性的文化空間。

〔註26〕周蕾：《婦女與中國現代性：西方與東方之間的閱讀政治》，蔡青松譯，上海三聯書店，2008年，第102頁。
〔註27〕胡曉真：《知識消費、教化娛樂與微物崇拜：論〈小說月報〉與王蘊章的雜誌編輯事業》。

國民革命與浪漫主義

胡昌平（新疆塔里木大學）

　　浪漫主義文學在 1920 年代前期的中國文壇掀起了一股潮流，然而，它還未充分展開便於 1920 年代中後期分化，甚至被冠以「反動」帽子，從此走向衰落乃至被宣告「壽終正寢」。究其原因，大都認爲浪漫主義難以適應急劇變化的中國社會現實。的確，這是浪漫主義未能在中國充分發展的根本原因，但是，如此簡單的概括，並未呈現浪漫主義文學發展的複雜形態，也沒有探討其與當時中國社會現實的關係。從「民國視野」來看浪漫主義文學，探討其與國民革命的關係，也許能呈現浪漫主義文學發展的複雜形態及其與社會現實的關係，進而較爲深入地挖掘浪漫主義文學衰落的原因。

一、國民革命的浪漫主義基礎

　　1924 年 1 月 20～30 日中國國民黨第一次全國代表大會在廣州召開，大會總結了過去革命鬥爭的經驗，指出進行國民革命是中國的唯一出路。大會闡釋了「新三民主義」，確立了「聯俄，聯共，扶助農工」的三大政策，實現了國共合作。國民黨第一次全國代表大會的召開，標誌著國民革命的開始。經過工農運動、反帝反封建運動和北伐戰爭等一系列革命活動，到 1928 年東北易幟，國民政府基本統一全國，國民革命結束。從打倒軍閥統一全國來看，國民革命在形式上是成功的。但是，1927 年的一系列政治事件導致了國共合作的破裂，國民革命並未完全完成其任務，因而也是失敗的。

　　一切革命都有其經濟、政治、軍事和文化基礎。國民革命的政治基礎是國共合作，文化基礎是「五四」新文化。啓蒙主義是「五四」新文化運動的主潮，其目的在於喚醒國民，建設新文化，進而構建現代民族國家。浪漫主

義則借啓蒙主義的東風而掀起文學潮流，積極地參與了現代民族國家的想像與構建。浪漫主義的精神不僅體現在文學創作中，也體現政治活動之中。國民革命的政治基礎和文化基礎都含有浪漫主義因子，因而可以說，浪漫主義是國民革命的一個基礎。

作爲文學藝術潮流的浪漫主義，起源於十八世紀末的西歐，後來影響全球。關於浪漫主義的定義，是一件非常困難的事情，但從浪漫主義自西歐興起以來的發展狀況及對其進行闡釋的各種理論來看，可以大致地概括其基本特徵。浪漫主義文學具有鮮明的主觀性和情緒化的特點，這「也是自由精神貫穿於知、情、意相統一的完整人格的產物。不僅如此，浪漫主義的奇特幻想，追求無限的事物，嚮往中世紀，喜歡妖魔和精靈，傾心大自然，偏愛原始和荒蕪，要求形式的絕對自由，乃至浪漫主義者的裝瘋賣傻，招搖過市的種種滑稽舉動，都是與建立在個性主義基礎上的自由精神密切相關的。」〔註1〕中國的浪漫主義文學沒有對中世紀的嚮往，但具有個性主義、自由精神、奇特想像、主觀性、情緒化等特徵，同時，它又糅合了新浪漫主義和唯美主義。

創造社於 1921 年「異軍突起」，主張爲藝術而藝術，提倡浪漫主義的創作方法。郭沫若曾說：「我們這個小社，並沒有固定的組織，我們沒有章程，沒有機關，也沒有劃一的主義，我們是由幾個朋友隨意合攏來的。我們的主義，我們的思想，並不相同，也並不必強求相同。我們所同的，只是本著我們內心的要求，從事於文藝的活動罷了。」〔註2〕「隨意合攏來」而保持不同，是強調個性與獨立性；「本著內心的要求」從事文藝活動，則突出自由精神注重自我表現：這都是浪漫主義的體現。前期創造社成員的文學創作，如郭沫若的詩歌和小說、郁達夫的小說、田漢的戲劇都帶有浪漫主義色彩。1920 年代前期，除創造社外，「湖畔」四詩人、王以仁、林如稷、陳翔鶴等的文學創作也彙入了浪漫主義潮流之中。本文不贅述浪漫主義文學潮流在藝術上的特徵、成就及其影響，而主要分析其對現代民族國家的想像與構建，及其與國民革命的關係。

國民革命的基本任務是對內推翻軍閥，對外反對帝國主義。辛亥革命是

〔註1〕陳國恩：《浪漫主義與 20 世紀中國文學》，合肥：安徽教育出版社，2000 年版，第 13 頁。
〔註2〕郭沫若：《編輯餘談》，《創造》季刊第 1 卷第 2 期，1922 年 8 月。

一場脫離民眾的革命，雖然終結了封建帝制，建立了中華民國，但中國長期處於軍閥割據狀態之中。各地軍閥都依靠某些帝國主義勢力實行封建主義的軍事統治，國民整體上仍未覺醒，因此，進行國民革命的一個前提是喚醒國民。浪漫主義文學作為新文學運動的重要一翼，通過自身獨特的方式積極參與了反帝反封建的喚醒國民的思想啓蒙運動之中，並力圖為現代民族國家描繪藍圖。

浪漫主義文學喚醒國民的一個策略就是敘述主人公或抒情主體受到傳統文化和社會現實的種種束縛而失去了自由、壓抑了個性、喪失了戀愛，遭遇了挫折，因而或自傷自悼或作悲憤的控訴，以警醒國民反叛傳統反抗現實。陳翔鶴的《西風吹到了枕邊》與林如稷的《流霰》、滕固的《壁畫》等小說都描寫了舊式婚姻對主人公的折磨猶如酷刑；田漢的話劇《獲虎之夜》則敘述了一箇舊式婚姻釀成悲劇的故事，表達了愛與美幻滅的悲哀。陶晶孫的《木犀》寫一個初中生與女教師相親相戀而流言四起，最終導致女教師的逝世與男學生的哀傷，封建禮教不能容忍這樣的師生戀，超世俗的純潔愛情被扼殺。倪貽德的《玄武湖之秋》則描繪了一位美術教師與三個女學生的愛戀遭到禮教觀念支配的社會的仇視，小說通過「我」的困苦境遇控訴了封建禮教。這些作品中的主人公受封建禮教或舊式婚姻的羈絆，得不到戀愛的自由和真摯的愛情，只能在感傷的情調中悲歎愛與美的幻滅。封建禮教、舊式婚姻成為自由戀愛、純潔愛情的枷鎖，黑暗的現實則壓抑個性、限制自由，給人帶來更多的挫折感和失敗感。郁達夫的小說《茫茫夜》中的於質夫追求個性解放和真摯的愛情，追求失敗後又自甘沉淪，沉入煙酒女色的泥潭，只能慨歎：「將亡未亡的中國，將滅未滅的人類，茫茫的長夜，耿耿秋星，都是傷心的種子。」在《還鄉記》中，郁達夫借主人公自稱是「人生戰場上的慘敗者」而對金錢充滿復仇的心思。王以仁的小說《孤雁》寫一個青年教師因失業而流浪他鄉，返回故鄉又飽受冷眼，在舊家族制度和社會制度的束縛與壓迫下，他消沉而病逝；小說揭示了「金錢制度是萬惡的根源」。郭沫若的《漂流三部曲》也描繪了知識分子的貧窮而對金錢制度發出了反抗：「永不讓你在我頭上作威作福了！」在這些小說中，挫折、失敗、貧窮、苦悶等人生體驗都指向了黑暗的現實，並表達了反抗現實的強烈願望。

敘述弱國子民的遭際，反對帝國主義的壓迫，表達愛國主義情感，是浪漫主義文學喚醒國民的又一策略。自鴉片戰爭以來，帝國主義不斷加強對中國

的侵略，外國人在中國的領土上飛揚跋扈，欺凌和壓迫中國人；中國人到了外國也深受弱子國民的拖累而屢遭淩辱。郁達夫在《懺餘獨白》中說：「眼看到故國的陸沉，身受到異鄉的屈辱，與夫所感所思，所經歷的一切，剔括起來沒有一點不是失望，沒有一處不是憂傷，同初喪了夫主的少婦一般，毫無氣力，毫無勇毅，哀哀切切，悲鳴出來的，就是那一卷當時很惹起了許多非難的《沉淪》。」〔註3〕這部小說敘述留日學生「他」追求眞摯的友情與純潔的愛情，但「他」見到日本女學生就逃避、臉紅，皆因弱國子民身份的拖累。「他」不甘沉淪而又不可自拔地沉淪，最後跳海自殺。在自殺前，「他」自傷自悼、斷斷續續呼號：「祖國呀祖國！我的死是你害我的！你快富起來！強起來罷！你還有許多兒女在那裡受苦呢！」在《南遷》、《銀灰色之死》等小說中，郁達夫將主人公生活上的貧窮、愛情上失敗乃至肉體的消亡等都與弱國子民身份聯繫在一起，揭示了帝國主義對中國人的壓迫與歧視。郭沫若的《喀爾美蘿姑娘》中的留日學生單戀日本姑娘，卻連自己中國人的身份都不敢告訴對方。小說儘管沒有鋒芒畢露，但也批判了帝國主義的民族歧視。

在上述兩種喚醒策略中，有兩個突出的方面，其一是蔑視傳統倫理道德，大膽描寫愛欲，肯定人的自然欲望的合理性，充滿了反封建、反傳統的精神，張揚了個性主義與自由主義。其二是彌漫感傷情緒，敘寫在封建傳統束縛下或帝國主義壓迫下愛與美幻滅的悲劇故事，以發出控訴之聲。就第二個方面來說，它是消極的、沉淪的，似乎與喚醒國民沒有多大關係，但事實上，它更能警醒國民。費約翰認爲：「中國現代故事的覺醒，也是種種關於向下沉淪的故事：它們爲讀者預告的不是即將到來的輝煌，而是即將面臨的恥辱，如果他們不在當前立即覺醒，而要延遲到未來的某個時候的話。」〔註4〕只有國民認識到自身的悲慘境遇時，反抗、革命的情緒或意識才可能萌芽。感傷的浪漫主義文學敏銳地抓住了這一點，促進了喚醒國民的啓蒙運動，從對負面的否定來描繪現代民族國家的未來，即沒有壓迫、沒有束縛、沒有貧窮、沒有民族歧視等。

浪漫主義文學喚醒國民的再一個策略是以積極向上的姿態直接宣揚革命精神，或通過浪漫之愛的描繪將愛人共同體與民族共同體的想像融合起來，

〔註3〕郁達夫：《郁達夫全集》第5卷，浙江文藝出版社，1992年版，第542頁。
〔註4〕〔美〕費約翰：《喚醒中國：國民革命中的政治、文化與階級》，李霞等譯，
　　　北京：三聯書店，2004年版，第93頁。

從而爲現代民族國家勾畫美好藍圖。郭沫若的劇本《王昭君》、《聶嫈》和《卓文君》塑造了三個叛逆的女性，女性在家不必從父、出嫁不必從夫等觀念對封建倫理道德造成了巨大的衝擊。湖畔詩人汪靜之「敢於反對封建禮教，敢於否定聖人孔夫子，敢於破壞一切陳規陋習，標新立異」〔註5〕，故在詩歌《過伊家門外》不怕「冒犯了人們的指謫，一步一回頭地瞟我意中人」，儘管「膽寒」然而「欣慰」。這是對封建禮教的直接反抗，對人的正常情感與個性的肯定。郭沫若的詩歌《天狗》、《立在地球邊上放號》等在充分表現了自我力量、張揚了個性，更傳達出破壞和創造的時代精神。在《鳳凰涅槃》中，郭沫若借鳳凰集香木自焚，復從死灰中更生的傳說，以象徵舊我、舊中國的滅亡及新我、新中國的誕生，全詩昂揚著激烈的反抗、破壞和創造精神，並以最美的言辭來想像中國的未來：新鮮、淨朗、華美、芬芳、熱誠、摯愛、歡樂、和諧、生動、自由、雄渾、悠久。而在《爐中煤》一詩中，郭沫若更是將對祖國的眷戀之情比爲對年青女郎的愛戀之情，將愛人共同體與民族共同體的想像融合起來，以浪漫之愛來激發國民的愛國熱情。

　　前述浪漫主義文學作品大多具有強烈的個性解放思想、自由精神和反抗意識，且往往將戀愛與婚姻的自由看作是個性解放的主要內容，並由此上昇到反帝反封建的主題。「五四新文學也通過直面自我意識和疏離問題，通過探索束縛、解放和浪漫之愛等主題，幫助塑造了覺醒的民族。」〔註6〕而「當愛的對象從戀人轉向民族，虛構的浪漫幫助發動了一場仇恨、羞恥和難忘的冤屈的戰爭。」〔註7〕浪漫主義文學的氣質，使其在喚醒國民的啓蒙運動中表現出激進的姿態而具有革命的傾向，因而爲國民革命打下了基礎。國民革命結束之際，時人就清醒地意識到了革命與文學的關係：「文學是革命的先鋒，革命是文學的後盾。革命若不用文學去廣爲傳播，喚醒人民，革命是永無成功的希望；但有文學的宣傳，不能見諸事實，這種叫做空言，毫無價值。」〔註8〕正因爲如此，浪漫主義文學的理想需要通過革命去實現，而在革命中，政治家或革命家同樣具有浪漫主義氣質。

〔註5〕汪靜之：《愛情詩集〈蕙的風〉的由來》，《文匯報》，1984年5月4日。
〔註6〕〔美〕費約翰：《喚醒中國：國民革命中的政治、文化與階級》，李霞等譯，北京：三聯書店，2004年版，第140頁。
〔註7〕〔美〕費約翰：《喚醒中國：國民革命中的政治、文化與階級》，李霞等譯，北京：三聯書店，2004年版，第144頁。
〔註8〕張天化：《文學與革命》，上海：民智書局，1928年版，第1頁。

中國革命的先行者孫中山就是一位浪漫主義革命家。孫中山領導的一批夢想家在推翻封建帝制的辛亥革命中帶有明顯的個人主義和英雄主義色彩。他們脫離民眾，脫離實際，以浪漫主義的方式革命，但隨之而來的是妥協、退讓，最終葬送了革命勝利的果實。經過二次革命、護法運動、早期的北伐戰爭等，孫中山似乎走出了浪漫主義，這在國民黨第一次全國代表大會對過去革命的總結中有所體現。然而，在國民黨第一次全國代表大會的閉幕式上，孫中山以充滿浪漫主義的激情說道：「我們從前革命因為沒有好辦法，所以成功與失敗各有一半；從今以後拿了好辦法去革命，便可一往直前，有勝無敗，天天成功，把三民主義、五權憲法宣佈到全國的民眾。在今年之內，一定可把革命事業做到徹底的大成功！」〔註9〕浪漫主義的方式具有很強的鼓動力，有利於調動民眾的革命積極性，因此，隨後的幾個月裏，孫中山在一系列的演講中也以浪漫主義的方式來闡釋新三民主義。

勃蘭兌斯曾指出：「浪漫主義運動不僅通向民族感情，而且幾乎同樣強烈地產生世界大同的感情。」〔註10〕新三民主義就是如此。孫中山將民族主義解釋為國族主義，他認為：「如果再不留心提倡民族主義，結合四萬萬人成一個堅固的民族，中國便有亡國滅種之憂。我們要挽救這種危亡，便要提倡民族主義，用民族精神來救國。」〔註11〕救國和強國是民族主義的第一步和首要任務，這是現實主義的。孫中山進而構想了民族主義的理想願景：「我們要將來能夠治國平天下，便先要恢復民族主義和民族地位。用固有的道德和平做基礎，去統一世界，成一個大同之治，這便是我們四萬萬人的大責任。」〔註12〕對於民權主義，孫中山認為就是由人民來管理國家政事；這是一個美麗的諾言。而「民生主義就是社會主義，又名共產主義，即是大同主義。」〔註13〕不必由此責備孫中山對社會主義、共產主義認識的模糊，他以浪漫主義的方式糅合了各種主義與學說：「我們要解決中國的社會問題，和外國是有相同的目標。這個目標，就是全國人民都可以得安樂，都不致受財產分配不均的痛苦。要不受這種痛苦的意思，就是要共產。所以我們不能說共產主義

〔註 9〕 孫中山：《孫中山全集》第 9 卷，北京：中華書局，2011 年版，第 180 頁。
〔註10〕 勃蘭兌斯：《十九世紀文學主流》第二分冊，劉半九譯，北京：人民文學出版社，第 317～318 頁。
〔註11〕 孫中山：《孫中山全集》第 9 卷，北京：中華書局，2011 年版，第 189 頁。
〔註12〕 孫中山：《孫中山全集》第 9 卷，北京：中華書局，2011 年版，第 253 頁。
〔註13〕 孫中山：《孫中山全集》第 9 卷，北京：中華書局，2011 年版，第 355 頁。

與民生主義不同。我們三民主義的意思，就是民有、民治、民享。這個民有、民治、民享的意思，就是國家是人民所共有，政治是人民所共管，利益是人民所共享。照這樣的說法，人民對於國家不只是共產，一切事權都是要共的。這才是真正的民生主義，這就是孔子所希望之大同世界。」〔註14〕孫中山爲中國描繪了烏托邦理想，他的浪漫主義在對新三民主義的闡釋中表現得淋漓盡致。這些浪漫主義的革命觀點，被整合進了國民黨的政治宣傳之中，「國民黨的宣傳和新文化運動時期的文學創新，都持浪漫主義的姿態」〔註15〕，這對喚醒國民、推進國民革命起了重要作用。

　　中國共產黨的早期領導人陳獨秀同樣具有浪漫主義氣質。陳獨秀是新文化運動的前驅、啓蒙思想家、充滿浪漫悲情的革命家。陳獨秀自幼便具有叛逆性，雖然參加了科舉考試，但大膽地反封建反傳統而從書齋走向革命。陳獨秀受「父母之命，媒妁之言」與高曉嵐結婚，二人性情不和，陳又與妻妹高君曼「自由戀愛」而結爲夫妻，以浪漫的行動向傳統禮教「宣戰」。陳獨秀早年曾與浪漫主義文學家、「情僧」蘇曼殊合作翻譯過雨果的浪漫主義小說《悲慘世界》，爲中國現代文學撒播浪漫主義的種子。陳獨秀是一個「性情中人」，書卷味濃，他在反清革命中雖然積極，卻保持政治的自由與獨立而未加入同盟會。在「五四」啓蒙運動、傳播共產主義和組建共產黨之中，陳獨秀搖旗吶喊時都滿懷理想主義或浪漫主義的革命激情。在《談政治》（1920年）中，陳獨秀「不承認行政及做官、爭地盤、攘奪私的權利這等勾當可以冒充政治」〔註16〕，他否認權力與利益之爭是政治和革命的目的而將政治理想化了。1923年，陳獨秀將暗殺、暴動和不合作都貼上浪漫主義的標籤而加以反對，他認爲：「在每個革命運動中，浪漫的左傾觀念和妥協的右傾觀念都能妨礙革命進行。中國國民黨目前的使命及進行的正軌應該是：統率革命的資產階級，聯合革命的無產階級，實現資產階級的民主革命。」〔註17〕反對浪漫主義的陳獨秀自身卻是浪漫主義者，他「似乎更適合於做政治理想的憧憬者，國家藍圖的描繪者和政治主體的催生者」〔註18〕，而不適合於做革命的

〔註14〕孫中山：《孫中山全集》第9卷，北京：中華書局，2011年版，第394頁。
〔註15〕〔美〕費約翰：《喚醒中國：國民革命中的政治、文化與階級》，李霞等譯，北京：三聯書店，2004年版，第483頁。
〔註16〕陳獨秀：《陳獨秀文章選編（中）》，北京：三聯書店，1984年版，第9頁。
〔註17〕陳獨秀：《陳獨秀文章選編（中）》，北京：三聯書店，1984年版，第259頁。
〔註18〕張寶明、劉雲飛：《飛揚與落寞──陳獨秀的曠代悲情》，北京：東方出版

實踐者。

孫中山和陳獨秀是國民黨和共產黨的領導人，他們身上的浪漫主義氣質、浪漫主義言行，爲國民革命確立了理想、描繪了藍圖，也促進了國共合作。浪漫主義文學在反封建反傳統的啓蒙運動中憧憬現代民族國家的未來，革命的傾向使其自然而然地彙入了革命的潮流之中。如果沒有文學上和政治中的浪漫主義，國民革命的目標必然缺少美麗的色彩而難以吸引更多的國民加入，如果沒有革命的浪漫許諾，革命的激情、意志和力量必然大打折扣，因此，浪漫主義爲國民革命奠定了基礎。

二、國民革命與革命浪漫諦克

現代民族國家的理想、藍圖，若僅是浪漫主義在文學上的想像或政治上的鼓吹而無社會實踐或革命實踐，它只能是一種烏托邦。國民革命爲浪漫主義提供了實踐的機會，然而，在實踐過程，它又逐漸被拋棄，乃至從革命走向了「反動」。

國民黨和共產黨建立革命統一戰線後，國民革命運動蓬勃展開，經過工農運動、五卅運動、兩次東征、北伐戰爭，國民革命逐漸達到高潮。國民革命並非一帆風順，國共合作中的鬥爭持續不斷。在國民黨第一次全國代表大會上，國民黨右派就反對共產黨員加入國民黨，但因爲孫中山極力維護「聯俄、聯共、扶助農工」的三大政策而從中調節，國民黨右派陰謀未得逞。對此，陳獨秀如此回答：「凡是一個眞革命黨都不會想到取消別個革命黨；凡是一個眞革命黨人，都沒有自己退出一個革命黨的權利；中國國民黨，是中國各階級革命份子集合起來進行國民革命的團體，這個團體應該是各份子所公有，誰也不配叫誰退出，除若是反革命非革命份子或違背黨綱的人！」〔註 19〕陳獨秀的政治浪漫主義使他對國共合作抱有幻想。此後國民黨右翼一直叫囂排共，對擔任國民政府要職的共產黨員毛澤東、周恩來、沈雁冰、郭沫若等深表不滿。蔣介石原本反對三大政策，但也因孫中山而持中立態度。1925 年孫中山逝世後，國民黨右派排共、反共情緒更加激烈，蔣介石則表現出鮮明的左派姿態及親蘇、容共的立場，即使在中山艦事件後也是如此，這有利於國民革命的進行；此時的陳獨秀已被指責爲浪漫主義者。但當北伐戰爭節節

社，2007 年版，第 39 頁。
〔註 19〕陳獨秀：《陳獨秀文章選編（中）》，北京：三聯書店，1984 年版，第 584 頁。

勝利之際，蔣介石暴露出其反動本質，陳獨秀以中共中央總書記的名義發表
《中國共產黨致中國國民黨書——關於政局的公開的信》，仍然對汪精衛國民
政府所有幻想：

> 當大資產階級、封建反動勢力和他們的軍閥代表向國民革命反
> 抗時，領導國民革命的國民黨，一定要和民權主義的群眾結成更密
> 切的關係，促醒他們革命的覺悟，並領導著他們大膽的向反革命進
> 攻。當反動分子以公開的反叛行動集合他們的力量時，國民黨和國
> 民政府倘不果決的領導勞苦群眾向反革命勢力作殊死的革命戰鬥，
> 則一切反革命勢力得有更多機會放膽集合發展其勢力向革命進攻，
> 革命前途將陷於危險！〔註20〕

浪漫的書生革命家在革命的生死關頭對現實缺乏清醒的認識，不能採取有效
的措施防止悲劇的再演。至「寧漢合流」時，國共合作完全破裂，共產黨損
失慘重，國民革命只在形式上完成了，沒有兌現浪漫主義政治家爲革命許下
的諾言。

　　浪漫主義文學家描繪的現代民族國家藍圖同樣未能在國民革命中實現。
「浪漫故事的作者很容易、也很頻繁地轉而服務於革命。浪漫之愛和革命的
愛國主義成爲一對孿生子。」〔註21〕浪漫主義的創造社在國民革命風起雲湧
之際宣佈「轉向」而提倡革命文學。郭沫若宣稱：「我們所要求的革命文學，
其內容與形式是很明瞭的。凡是表同情於無產階級而且同時是反抗浪漫主義
的便是革命文學」，並號召青年「應該到兵間去，民間去，工廠間去，革命的
漩渦中去，你們要曉得我們所要求的文學是表同情於無產階級的社會主義的
寫實主義的文學，我們的要求已經和世界的要求是一致，我們昭告著我們，
我們努力著向前猛進！」〔註22〕郭沫若在宣佈拋棄浪漫主義時仍然帶有浪漫
主義的激情與激進姿態。1926年成仿吾、郭沫若、郁達夫、王獨清、鄭伯奇、
穆木天等先後到國民革命中心廣州，他們在廣東大學「一方面當『紅教授』，
教書育人；一方面寫文章，辦刊物，倡導革命文學。」〔註23〕創造社的新成
員周全平、倪貽德、潘漢年、蔣光慈等都積極投身於革命文學之中，他們與

〔註20〕陳獨秀：《陳獨秀文章選編（下）》，北京：三聯書店，1984年版，第417頁。
〔註21〕〔美〕費約翰：《喚醒中國：國民革命中的政治、文化與階級》，李霞等譯，
　　　　北京：三聯書店，2004年版，第141頁。
〔註22〕郭沫若：《文學與革命》，《創造月刊》第1卷第3期，1926年5月16日。
〔註23〕黃淳浩：《創造社通觀》，武漢：崇文書局，2004年版，第23頁。

創造社的元老們一起以各種方式參加革命活動。郁達夫在廣州所呆時間不長即離開，並於 1927 年宣佈退出創造社，他的感傷情調使其並沒有真正地融入革命實踐之中，但浪漫主義的革命趨向使他在抗日戰爭中最終走上革命道路並犧牲了自己的生命。成仿吾、鄭伯奇在黃埔軍校任教，實際上擔任了革命工作。潘漢年曾任國民革命軍政治部宣傳科科長、《革命軍日報》總編輯。郭沫若的積極浪漫主義使其成為創造社成員中最具革命性的一個，1926 年 7 月，他投筆從戎參加北伐戰爭，並擔任國民革命軍政治部副主任，1927 年又參加了南昌起義，在血與火的洗禮下成為一位忠誠的革命家。在北伐途中，郭沫若寫了討蔣檄文《請看今日之蔣介石》和《脫離蔣介石以後》，以大無畏的精神將反革命的猙獰面目公之於眾，表現出堅毅的革命決心。郭沫若在實際的革命鬥爭中從革命的浪漫主義轉向了革命的現實主義，但也丟掉他的藝術個性，此後的文學創作成就與影響也沒有《女神》時期大。

在創造社的新成員中，蔣光慈是革命文學活動中最為耀眼的一顆流星，如此說一是因為他後來另立創造社，二是因為他過早逝世。受國民革命的鼓舞，蔣光慈於 1924 年夏天從蘇聯回國，他在上海大學任教，還參加工人運動與學生運動，1925 年加入創造社。蔣光慈回國後，與宋若瑜相戀同居，演繹自身的浪漫故事，也創作浪漫小說。「浪漫派」在當時已經受到指責和「圍罵」而含有貶義色彩，轉向後的郭沫若即反對浪漫主義，但蔣光慈卻對他說：「我自己便是浪漫派，凡是革命家也都是浪漫派，不浪漫誰個來革命呢？」「有理想，有情熱，不滿足現狀而企圖創造出些更好的什麼的，這種精神便是浪漫主義。具有這種精神的便是浪漫派。」〔註 24〕蔣光慈以「浪漫派」自居而不畏懼其貶義色彩，足見其是一個徹底的浪漫主義文學家與浪漫主義革命者。事實上，浪漫主義既是革命的基礎，也是革命的動力，如果沒有浪漫精神，革命將在很大程度上難以進行。

蔣光慈在理論上主張革命文學，在創作上則採用浪漫主義的方法，並形成了「革命＋戀愛」的敘述模式。蔣光慈於 1926 年 1 月出版了中篇小說《少年漂泊者》，1927 年 1 月又出版了短篇小說集《鴨綠江上》，「革命＋戀愛」模式初見端倪；在此後的中篇小說《野祭》（1927 年 11 月）和《菊芬》（1928 年 4 月）及長篇小說《衝出雲圍的月亮》（1930 年 1 月）中，這種模式成熟定型。《野祭》中，章淑君無微不至的照顧租住在家中的革命文人陳季俠，並向

〔註24〕郭沫若：《創造十年續編》，北新書局，1946 年版，第 145 頁。

他表露了愛慕之情。淑君因相貌平平求愛失敗，她發憤閱讀革命書籍，積極從事工人運動，希望以此來獲得陳季俠的愛戀。陳季俠則與外表不失天眞的處女美的小學教員鄭玉弦一見鍾情。然而，當革命形勢發生逆轉之際，鄭玉弦怕受牽連而與陳季俠斷絕關係。陳季俠因此鄙視鄭玉弦而唾棄了她，卻在心理上趨向於從事革命活動的章淑君；淑君被秘密殺害後，陳季俠爲她舉行深情的野祭。陳季俠和章淑君雖然沒有達到肉體的融合，但達到了精神的融合，他們「在革命這一最高的能指上實現了最終的共同的結合。」〔註25〕《野祭》從愛情的角度來觀察革命，又從革命的角度來審視愛情，既反映了國民革命的現實如淸黨反共、屠殺革命者等，又表現了革命靑年苦悶、彷徨和憤激的感傷心理。《衝出雲圍的月亮》敘述了女主公王曼英參加革命、在革命低潮中走向墮落及再度踏上革命征程的故事。王曼英與柳遇秋相戀，柳是她的革命引路人，也是理想的革命者和愛人。但 1927 年的政治事變後，柳遇秋變節；王曼英則在迷茫中墮落，憑姿色玩弄富家子弟、傲慢政客，以畸形的方式報復社會。她抱定「與其要改造這世界，不如破毀這世界，與其振興這人類，不如消滅這人類」的觀念而陷入了身份認同的危機之中。後來，王曼英遇到一直追求自己的革命者李尙志，她決定拋棄放蕩的生活方式而進了工廠，經過群眾的奮鬥生活把她身心完全改造了，以健全的身體和靈魂對李尙志說「哥哥，我現在可以愛你了」。王曼英重新獲得了戀人和革命者的雙重身份，就如衝出雲圍的月亮般仍然明亮。蔣光慈在他的以浪漫主義的方法來創作革命文學，形成遭人詬病的「革命＋戀愛」的模式和革命浪漫諦克的文風。

然而，受蔣光慈的影響，丁玲、胡也頻、洪靈菲、孟超等左翼作家也創作了大量「革命＋戀愛」小說，使其形成了波瀾壯闊之勢，幾乎「執了中國文壇的牛耳」。〔註26〕茅盾的《蝕》，巴金的《滅亡》、《新生》和《愛情的三部曲》都敘述了靑年革命者在愛情與革命之間的苦悶、徘徊和艱難選擇，也可歸爲「革命＋戀愛」小說。丁玲在《韋護》和《一九三○年春上海（二）》兩篇小說中將戀愛與革命置於矛盾對立的關係中，最終，男女主人公爲了革命而拋棄愛情。「敘述人所格外關心的並不是革命最終戰勝愛情，而是革命戰勝愛情的艱難程度，即在革命與愛情之間作出非此即彼選擇的艱苦過程。」

〔註25〕曠新年：《1928 革命文學》，濟南：山東教育出版社，1998 年版，第 97 頁。
〔註26〕曠新年：《1928 革命文學》，濟南：山東教育出版社，1998 年版，第 95 頁。

〔註 27〕《韋護》敘述了革命者韋護與麗嘉的戀愛，最後又因革命而分手的過程。這個過程，是韋護內心不斷產生焦慮，不得不在革命與戀愛間擇其一的艱苦過程。整個文本著重敘述的不是革命最終戰勝戀愛，而著重於戰勝過程的艱難程度。在與麗嘉的戀愛中，韋護的焦慮、痛苦和煩躁被多次敘述，其原因是韋護認識到革命與戀愛不可兼得：他在幹革命時想念著麗嘉，則覺得是對革命信仰的不忠實，而當他在與麗嘉戀愛時又牽掛著革命工作，則感到是對麗嘉的不忠實。如果他繼續在革命與戀愛之間徘徊，就有雙重犯罪的感覺。但不管革命戰勝戀愛的程度如何艱難，最終是戰勝了。丁玲在陷入「光赤式的陷阱」中卻又努力地掙扎，希望通過革命戰勝愛情來喻示現實主義戰勝浪漫主義。

「革命＋戀愛」小說通過對浪漫之愛的描寫來傳達對民族對國家的愛，通過對革命的敘述來表現革命中的苦悶、彷徨及繼續革命的堅定信念。「革命＋戀愛」小說在 1920 年代末和 1930 年代初流行一個重要原因就在於它對浪漫之愛的描寫具有吸引力。葉紫的中篇小說《星》描繪了梅春姐與黃第一次相遇時無心地驟然地視線接觸，讓梅春姐發現了那「星一般的眼睛」的美麗和力量，正是這力量無窮的眼睛把梅春姐推向了情慾的深淵。如果沒有黃「星一般的眼睛」作為性的誘餌，梅春姐不會從眾口稱讚卻異常痛苦的「賢德的媳婦」去追求個人的幸福和快樂，她也不會參加革命。「浪漫小說的吸引力部分在於一種期望，即任何人都有可能被挑選為愛人。全部的要求就是心臟的一跳。」〔註 28〕「革命＋戀愛」小說大多描繪了「心臟的一跳」，並由此從戀愛走向革命，無論是由戀愛而革命還是戀愛失敗而革命，亦或戀愛阻礙革命，最終都指向革命。郁達夫曾說：「一種革命職業的出現，可能只是因為微不足道的情慾，它的培育與一位溫柔純潔女子的愛無法分開。那種情慾如果擴展開來，其熱情足以燒毀暴君的宮殿，其強烈足以摧毀巴士底獄。」〔註 29〕浪漫的戀愛或情慾成為革命的一個出發點，這是符合人類的心理，也符合時代的特點。「戀愛也可以轉化為友情，將性慾所象徵的蓬勃生命力集

〔註 27〕王一川：《「革命加戀愛」與再生焦慮——論 20 年代末幾位革命知識分子典型》，《戲劇》，1993 年第 2 期。

〔註 28〕〔美〕費約翰：《喚醒中國：國民革命中的政治、文化與階級》，李霞等譯，北京：三聯書店，2004 年版，第 140 頁。

〔註 29〕轉引自〔美〕費約翰：《喚醒中國：國民革命中的政治、文化與階級》，李霞等譯，北京：三聯書店，2004 年版，第 143 頁。

中轉換為知識欲、宗教熱情、表現欲、對祖國的愛、出人頭地的野心等。」
〔註30〕在 1920 年代末 1930 年代初，革命成為一種「時尚」，戀愛的轉化與
「時尚」緊密相連，也就是對革命的嚮往和追隨。葉永蓁《小小十年》的主
人公葉餘在革命失敗後痛苦地說：「父親欺騙我作他兒子，而他自己又不盡他
作父親的責任，就死掉了！祖父同母親欺騙我替我訂婚，而把人一生幸福葬
送。讀書欺騙我多認識幾個字，而使我更知道社會上一切的冷酷。革命則竟
欺騙我做了『革命領袖』的走狗，現在茵茵又欺騙了我！」這種幻滅、感傷
的情緒是「革命＋戀愛」小說的一個重要方面，也是時代的普遍心理。《小小
十年》出版後，傎然認為主人公因婚姻問題而走向革命，是「消極的辦法」，
「不是民族意識的積極行動」，是動機不純。〔註31〕沈端先也認為主人公的入
伍，出發，戰爭，革命失敗，流浪到上海的故事沒有什麼社會意義，因為
小說「只是對於男女主人公戀愛的關心，而絕對不是主人公對於革命的關
係。」〔註32〕對此，魯迅則認為：「書中的主角，究竟上過前線，當過哨兵（雖
然連放槍的方法也未曾被教），比起單是抱膝哀歌，握筆憤歎的文豪們來，實
在也切實得遠了。倘若要現在的戰士都是意識正確，而且堅於鋼鐵之戰士，
不但是烏托邦的空想，也是出於情理之外的苛求。」〔註33〕傎然、沈端先以
一種理想的狀態和觀念來批評《小小十年》，其本身是非現實主義的；魯迅以
現實主義的精神來審視《小小十年》卻表現出了對革命羅曼蒂克的某種包
容。儘管革命的動機千差萬別，但不滿現狀，憧憬未來，追求自由和解放，
是所有革命動機的共同之處，這與浪漫主義的自由精神、想像性、主觀性等
特性是一致的。

　　1927 年 4 月 12 日和 7 月 15 日，蔣介石、汪精衛先後發動政變，大肆屠
殺共產黨人，全國籠罩在腥風血雨之中，國民革命遭受嚴重挫折。「革命＋戀
愛」小說大多出現於國民革命失敗前後，是有其原因的。藝術上，「革命＋戀
愛」小說承繼了 1920 年代前期浪漫主義文學的衣缽，沿用了敘述浪漫之愛來

〔註30〕今道友信：《關於愛》，北京：三聯書店，1987 年版，第 47 頁。
〔註31〕轉引自倪墨炎：《現代文壇內外》，上海：漢語大詞典出版社，1998 年版，第
　　　　33 頁。
〔註32〕轉引自倪墨炎：《現代文壇內外》，上海：漢語大詞典出版社，1998 年版，第
　　　　34 頁。
〔註33〕魯迅：《魯迅全集》第四卷，北京：人民文學出版社，2005 年版，第 231～232
　　　　頁。

傳達反帝反封建的革命題旨，是浪漫主義文學「分化」後的堅持與調整。時代因素上，國民革命失敗，幻滅、迷惘和痛苦的情緒適宜於借用浪漫感傷的藝術形式來表達；同時，國民革命的失敗只是暫時的革命低谷，為迎接新的革命高潮，需要浪漫主義的搖旗吶喊，需要將浪漫主義納入革命宣傳之中。然而，「革命＋戀愛」小說描寫戀愛細膩生動，敘述革命則粗糙枯燥，且以浪漫主義的方式簡單地處理現實的革命，故被貼上了「革命浪漫諦克」的標籤而受到批判。

三、國民革命與浪漫主義的衰落

　　浪漫主義有兩種傾向，一種傾向於革命，另一種則傾向於「反動」；當其走在時代的前面，為未來描繪美好藍圖時，傾向於革命，當其留戀過去或感傷現實而走在時代後面時，則傾向於「反動」。1920 年代前期的浪漫主義傾向於革命，後期則傾向於「反動」。1920 年代前期的浪漫主義文學以自由精神、個性解放和浪漫之愛的許諾來推動思想啟蒙運動，它喚醒民眾為國民革命打下了基礎。1920 年代後期的浪漫主義文學繼續了前期的自敘傳抒情小說和心理小說的一些技巧，如洪靈菲的《流亡》三部曲、葉永蓁的《小小十年》等帶有自敘傳特點，一些革命浪漫諦克小說對人物心理的細膩描繪帶有心理小說的特點。這些技巧的承續，使得革命浪漫諦克文學仍然具有很大的吸引力和較強的藝術性。1920 年代前期的浪漫主義在喚醒民眾時關注的是個體，但隨著國國民革命的發展，政治、軍事和文化領域關注、宣傳和鼓動的對象從個體轉向了集團和階級，個性解放、自由主義等啟蒙話語逐漸被拋棄，政黨、集團主義、新三民主義、階級鬥爭、打倒軍閥、打倒帝國主義等成為革命宣傳中的主流話語。國民革命的主流話語雖然進入了 1920 年代後期的革命浪漫諦克小說中，但並未成為小說的主要話語，集團和階級也不是其敘述的重要對象。儘管 1920 年代後期的革命浪漫諦克小說多以走向革命結束故事，但它的革命是浪漫主義的，並非現實的，故容易被看作是「反動」的。

　　革命浪漫諦克小說的作者大多並未投入到轟轟烈烈的國民革命鬥爭之中，他們是想像者而不是行動者，對正在進行或剛剛過去的國民革命的體驗是破碎的、不完整的，故對革命的描繪以想像為主。洪靈菲《流亡》中的沈之菲在流亡途中無法開展具體的革命工作，革命只能是其難以忘卻的理想；小說在異國情調和對戀人的思念中給革命披上了浪漫和理想化的外衣。葉靈

鳳的《神跡》將革命描繪為冒險的羅曼司，刺激、驚險、浪漫、新奇，但離革命本身相去甚遠而失去了藝術的真實感。革命浪漫諦克小說把革命當作觀念，革命者就是擁有「普羅列塔利亞意識」的人，而且從「布爾喬亞意識」向「普羅列塔利亞意識」的轉變也是輕而易舉的。正因為將革命當作觀念，故其對革命的描繪就只能是間接的、虛擬的，這種間接和虛擬化的處理不是藝術技巧上的錘鍊，而是作者對革命認識的局限。陳季俠（蔣光慈《野祭》）、李尚志（蔣光慈《衝出雲圍的月亮》）、韋護（丁玲《韋護》）、施洵白（胡也頻《到莫斯科去》）、雲生（陽翰笙《兩個女性》）等革命者的革命活動就是開會、散傳單、寫文章、出版進步刊物等，雖然這也是對革命的一種反映，但它無疑把革命簡單化了，如果將其納入國民革命的宣傳中，顯然也是有害的，因為它對革命缺乏正確而全面的認識。當然，在剝離浪漫的、做作的情感後，革命浪漫諦克小說對革命信念和愛國主義等的探索也可能被編織進革命的宣傳之中，不過其宣傳、鼓動的效果不及 1920 年代前期的浪漫主義小說對國民的喚醒。

從啟蒙話語到革命話語、從喚醒個體到喚醒集團、階級和民族，浪漫主義文學調整了敘事策略，將「戀愛」與「革命」結合起來，以一種新的姿態參與現代民族國家的構建。但這種策略並不成功，它以浪漫主義的方式來審視革命現實，既未真實地反映現實的革命，又未對下一次革命高潮的到來勾畫令人信服的藍圖，只能在幻滅、感傷情調中以「走向革命」的模式化敘述許諾一個虛幻的未來。「戀愛」與「革命」相結合的敘述策略在當時不成功是必然的，「從浪漫主義這方面看，革命的浪漫諦克所表達的是一種集團的激情和意識，裏面還摻雜了不少『拉普』、『納普』以及當時黨內存在的左傾教條主義的影響，這遠遠超出了表現自我的浪漫主義所能承擔的限度。……使他們的浪漫抒情難以充沛暢達，理性常常干擾乃至壓抑了情感，使藝術感染力大打折扣。而站在現實主義的立場上，革命浪漫諦克的作品，那種缺乏可信性的人物性格的突變，主觀化、概念化的毛病，同樣表明它是失敗的。無論從哪個方面看，革命的浪漫諦克都會受到責難。」〔註34〕革命浪漫諦克小說隨國民革命而起，也隨國民革命而落。

1927 年，一系列的政治事變導致國共合作徹底破裂，國民革命事實上的

〔註34〕陳國恩：《浪漫主義與 20 世紀中國文學》，合肥：安徽教育出版社，2000 年版，第 155 頁。

失敗，反而促成了文壇對革命文學的大力倡導與持續的論爭。1927 年秋天，蔣光慈、錢杏邨、孟超、楊邨人等發起成立太陽社，成員還有洪靈菲、戴平萬等。同年底，從革命前線退下來的李一氓、陽翰笙和從日本留學歸國的馮乃超、李初梨、朱鏡我、彭康等參加了後期創造社的工作。太陽社和後期創造社成員在倡導革命文學時，一方面創作革命浪漫諦克文學，一方面又對其進行批判。

馮乃超認爲：「Rmoausique 或許是孤獨的巡禮者，或許是情熱的異端者，雖然，他們的寂寞和悲憤——也許是崇高的心情——是深刻不過的，然而，他不追求它的社會的根據，卻在頭腦中製造最高的審判官。他們也有發見民眾的，然而，只發見他們的厭世精神，不能發見他們的歷史的責任。」「浪漫主義以奔狂的革命的熱情要拖歷史『向後走』這就是它在歷史上盡的責任。浪漫文學家可以讚美革命的熱情，然而，不能理解革命的現實。」〔註 35〕面對殘酷的革命現實，浪漫主義無法清醒地認識和理解，容易「向後走」而趨向「反動」，但馮乃超對浪漫主義的批判誇大了一端而忽略了另一端，即它的革命性。浪漫主義文學即使在革命的低潮期也可以爲革命服務而不是必然的「反動」。錢杏邨在馬查評論歐洲普羅列塔利亞作家的浪漫主義的基礎上指出：「中國的作品，雖不是像歐洲那樣，以產業工人爲描寫的唯一對象，然而，馬查所謂『前代剩下來的要素』，『傷感的和浪漫的心情』，『傷感主義與革命的浪漫主義』等等不健全的心理與情緒的描寫，卻完全是在復演著了。」〔註 36〕錢杏邨的口吻似乎比馮乃超溫和，但他同樣將浪漫主義視爲「不健全」的，是需要批判和清算的。

張天化的《文學與革命》則明確召喚現實主義文學：「在現代的中國，比較起來寫實文學依舊是很需要的，因社會裏一切的黑暗和罪惡，總還未十分完全發現，如帝國主義的陰謀，軍閥的強暴，被壓迫階級的苦痛，皆須一一地描寫出來，使得大家看得清清楚楚，作惡的無所逃遁。所以寫實主義是依舊很需要的。」〔註 37〕對革命浪漫諦克文學和革命文學有著清醒而深刻認識的莫過於魯迅。在「左聯」成立大會上，魯迅作了《對於左翼作家聯盟的意

〔註 35〕馮乃超：《冷靜的頭腦——評駁梁實秋的〈文學與革命〉》，《創造月刊》第 2 卷第 1 期。

〔註 36〕錢杏邨：《中國新興文學中的幾個具體的問題》，1930 年 1 月 10 日《拓荒者》創刊號。

〔註 37〕張天化：《文學與革命》，上海：民智書局，1928 年版，第 191～192 頁。

見》的演講，他說：

> 革命是痛苦，其中也必然混有污穢和血，決不是如詩人所想像
> 的那般有趣，那般完美；革命尤其是現實的事，需要各種卑賤的，
> 麻煩的工作，決不如詩人所想像的那般浪漫；革命當然有破壞，然
> 而更需要建設，破壞是痛快的，但建設卻是麻煩的事。所以對於革
> 命抱著浪漫諦克的幻想的人，一和革命接近，一到革命進行，便容
> 易失望。〔註38〕

魯迅指出了革命浪漫諦克文學的弱點，即不符合革命的現實，經不起革命現
實的考驗，因而他呼喚現實主義的革命文學，呼喚從事實際革命工作的革命
文學家。這與此前不久魯迅對葉永蓁《小小十年》的辯護是一致的。

國民革命失敗後，共產黨領導了南昌起義和秋收起義，國共兩黨的鬥爭
成為抗日戰爭前最主要的政治鬥爭。國民政府再形式上統一了中國，但新軍
閥的出現及各地事實上的割據，使得全國人民仍處在各種壓迫之下，階級鬥
爭成為左翼文學的主流話語。無論是國民革命，還是此後共產黨領導的革命，
都要求集團行動，要求嚴明的紀律，自由主義和個性主義是革命的阻礙，浪
漫主義文學也成為新興革命文學的阻礙，因此，對其清算成為左翼革命文學
的重要任務。丁玲創作的《韋護》、《一九三〇年春上海（二）》等步入了「光
赤式的陷阱」，但她1931年秋天發表的中篇小說《水》，終結了她的革命浪漫
諦克而走上了現實主義道路。1932 年，華漢（陽翰笙）的長篇小說《地泉》
再版時瞿秋白（署名易嘉）、鄭伯奇、茅盾、錢杏邨等四人的序言集中從理論
上清算了革命浪漫諦克的影響。

國共合作中，共產黨放棄了領導權，這很大程度上是受共產國際的影響，
作為共產黨的領導人，陳獨秀雖然多次表示不同意見，但無法控制局面。國
民革命失敗後，陳獨秀進行了深刻的反思，但對他的政治生涯毫無補益。
「1927 年 7 月 23 日共產國際派代表羅明那茲與紐曼來華接替羅易與鮑羅廷指
導中國革命。羅明那茲與張國燾、瞿秋白談話，宣佈中共中央犯了嚴重的右
傾機會主義錯誤，違反了國際指示，決定改組中共中央，反對機會主義，懲
罰陳獨秀，不再讓他擔任總書記。」〔註39〕「1929 年 11 月 15 日，中共中央

〔註38〕魯迅：《魯迅全集》第四卷，北京：人民文學出版社，2005 年版，第 238～239
頁。

〔註39〕張寶明、劉雲飛：《飛揚與落寞——陳獨秀的曠代悲情》，北京：東方出版社，

政治局通過了《關於開除陳獨秀黨籍並批准江蘇省委開除彭述之、汪澤凱、馬玉夫、蔡振德四人決議案》，並於 27 日在《紅旗》（第 57 期）公佈了此決議案。陳獨秀被清除出了共產黨。」〔註 40〕陳獨秀被開除黨籍，是政治上現實主義對浪漫主義勝利的標誌。

　　蔣光慈是「革命＋戀愛」小說的始作俑者，他的理論主張與創作互有矛盾，他說：「革命文學是反個人主義的文學！革命文學是要認識現代的生活，而指示出一條改造社會的新路徑！」〔註 41〕「革命＋戀愛」小說或革命浪漫諦克小說仍然是個人主義的文學，儘管它努力獲得集團意識並表現革命。蔣光慈也欲突破「革命＋戀愛」的模式，創作了長篇小說《咆哮了的土地》，並於 1930 年 3 月起連載，這比丁玲的《水》早，但「只刊出十三節，未及全豹的四分之一，便因刊物遭禁而中輟，全書出版遲在他逝世之後，因此清算文壇上『革命＋戀愛』公式的光榮，也就由茅盾贈給丁玲的《水》了。」〔註 42〕蔣光慈雖然是中國最早一批的共產黨員，但他本質上是一位浪漫主義作家，在個人情感上的表現則在宋若瑜亡故後又與吳似鴻過著浪漫的生活；在革命工作上的表現則不服從紀律，個人主義思想較為嚴重，甚至還寫了「退黨書」。1930 年 10 月 20 日，《中共中央委員會關於開除蔣光慈黨籍的通知》稱蔣光慈「在階級鬥爭尖銳的時候，他不能堅決站在黨的路線之下積極的為黨工作，反放棄了他所負擔的社聯工作，自動的向黨要求脫離黨的緩緩，去過他小資產階級浪漫的生活，布爾什維克的黨，是不能容許這樣分子留在黨內的，故決議開除他的黨籍」〔註 43〕。蔣光慈被開除黨籍，可以看作是革命浪漫諦克文學衰落的標誌，是現實主義文學對浪漫主義文學的勝利。自此，無論是政治上還是文學上，浪漫主義都走向了衰落。

　　文學浪漫主義與政治浪漫主義構成了國民革命的一個重要基礎；國民革命則催生了革命浪漫諦克文學，並為政治家和革命者演繹浪漫悲情故事提供了機會。隨著國民革命的推進及最後的失敗，現實主義得到不斷的召喚，最

　　　2007 年版，第 140 頁。

〔註 40〕張寶明、劉雲飛：《飛揚與落寞——陳獨秀的曠代悲情》，北京：東方出版社，2007 年版，第 149 頁。

〔註 41〕蔣光慈：《關於革命文學》，《太陽月刊》，1928 年 2 月號。

〔註 42〕楊義：《中國現代小說史》第二卷，北京：人民文學出版社，2001 年版，第 76 頁。

〔註 43〕吳騰凰、徐航：《蔣光慈評傳》，北京：團結出版社，2000 年版，第 463 頁。

終戰勝浪漫主義而成爲文學與革命的主流。浪漫主義雖然衰落了，但它並未「壽終正寢」。毛澤東等共產黨人在國民革命失敗後對中國革命的規劃、對中國未來的構想，仍然帶有浪漫主義的革命豪情；國民革命後的中國文學在現實主義主流之外，仍然有浪漫主義的支流。

知識分子、共產國際與非基督教運動

李燕（西南大學）

　　二十世紀二十年代中國發生了一場聲勢浩大的非基督教運動。1922 年 4 月 4 日世界基督教學生同盟在清華大學召開第 11 屆大會成為運動的導火繩。這場運動斷斷續續進行了六年，大致分為三個階段：第一階段，從 1922 年 3 月起，僅持續了 3 個月，這一階段的運動缺乏明確目標；第二階段 1924 年 4 月至次年 5 月，運動重心在反對教會教育，收回教育權上；第三階段「五卅」慘案後至 1927 年國民黨上臺。〔註1〕本文以第一階段為分析的主要時間段，主要研究以下三方面的內容：其一，各類知識分子在非基督教運動中的表現；其二，共產國際與非基督教運動發起之間的關係；其三，將發生在同一時段的前兩部分內容進行疊加關聯時發現一些有意思的現象和結論。

一、知識分子與非基督教運動

　　發生於 1922 年的非基督教運動，有大量文化先鋒介入。按照各自對非基督教運動所持態度分為批判、維護和中立三類知識分子。

（一）批判態度的知識分子

　　非基督教運動的浪潮首先在上海掀起。世界基督教學生同盟大會在北京召開前夕，上海各大中學校學生發起組織了「非基督教學生同盟」。1922 年 3 月 9 日，同盟發表了措詞嚴厲的《宣言》，認為基督教是幫助有產階級掠奪無產階級的「惡魔」，是經濟侵略的「先鋒隊」，因此非與這個「仇敵」決一死戰不可。〔註2〕

〔註 1〕 楊天宏：《中國非基督教運動（1922～1927）》〔J〕，《歷史研究》，1993 年第 6
　　　　 期，第 83～96 頁。
〔註 2〕 《非基督教同盟宣言》〔N〕，《先驅（第四號）》，1922 年 3 月 15 日。

　　上海「非基督教學生同盟」的通電，得到了全國知識界的積極響應，北京知識界隨之組織了「非宗教大同盟」。1922 年 3 月 21 日，由李石曾、蕭子升、李大釗、繆伯英等 79 名師生以該同盟的名義通電全國，發表了氣勢磅礡的《宣言》，全面否定一切宗教：「我們自誓要為人類社會掃除宗教的毒害。我們深惡痛絕宗教之流毒於人類社會，十百千倍於洪水猛獸。有宗教可無人類，有人類應無宗教。宗教與人類，不能兩立。」〔註3〕

　　陳獨秀雖未正式加入非宗教大同盟，但他在非基督教運動發起和推進中明顯有著重要地位和作用。1922 年 3 月 15 日，陳獨秀在中國社會主義青年團的機關刊物《先驅》出版的「非基督教學生同盟號」上發表《基督教與基督教會》，批判現代基督教會與資本主義、帝國主義勾結壓迫無產者和弱小民族的行徑。〔註4〕4 月 2 日，陳獨秀針對周作人等北大五教授聯名發表的《主張信教自由宣言》，致函周作人等，指出「無論何種主義學說皆應許人有贊成反對之自由；公等宣言頗尊重信教自由，但對於反宗教者的自由何以不加以容許？宗教果神聖不可侵犯嗎？青年人常發點狂思想狂議論算不得什麼，像這樣指斥宗教的舉動，在歐洲是時常有的，在中國還是萌芽，或者中青年界去迷信而趨理性的好現象。」他強調非基督教運動只是「私人」表示的「言論反對」，與政府的法律制裁有別，談不上破壞「信教自由」。現在非基督教青年開會，「已被捕房禁止」，說明基督教自有「強有力的後盾」，用不著他人去為之要求自由。如果五教授真的尊重自由，就應該「尊重弱者的自由，勿拿自由人道主義許多禮物向強者獻媚」。〔註5〕4 月中旬以後，當非基督教運動在全國的聲勢逐漸減弱的時候，陳獨秀卻以更加飽滿的熱情投身於運動，對宗教和基督教進行激烈批判。

　　反觀陳獨秀等為代表的反宗教、非基督教知識分子，其言論多限於政治定性，充滿正義義憤和聲討斥責，以崇高理想和恢弘文風感召學子和民眾。〔註6〕而對於他們激烈反對的對象——基督教和宗教，其言說傳達出的更多是一種碎片化的模糊的感性認識和體驗，缺乏思想、文化論爭應有的思辨深度

〔註3〕《北京非宗教大同盟宣言》〔A〕，張欽士輯：《國內近十年來之宗教思潮》〔M〕，燕京華文學校，1927 年版，第 193～195 頁。
〔註4〕陳獨秀：《基督教與基督教會》〔N〕，《先驅（第四號）》，1922 年 3 月 15 日。
〔註5〕陳獨秀：《信教自由之討論》〔N〕，《晨報》，1922 年 4 月 11 日。
〔註6〕吳小龍：《理性追求與非理性心態——20 年代中國非基督教運動平議》〔J〕，《浙江社會科學》，2003 年第 3 期，第 154～160、172 頁。

與嚴謹邏輯。因此被護教人士詬病爲：並不具備「立言斷定宗教的命運」的資格，但卻偏要「侵入他人的研究範圍，武斷立論」也就不足爲奇。

（二）維護態度的知識分子

信教或親教知識分子發表了大量回應非基督教運動的文字，其中最具有代表性的有 1922 年 4 月 10 日，簡又文、楊益惠、應元道、范子美、鄔志堅 5 人聯名發表的《對於非基督教宣言》，可歸納爲四方面的內容：

第一，非基督教同盟的言論行動違反了科學的精神。簡又文等人認爲，非基督教同盟人士對於宗教所作的種種結論，「既非依歸納的程序，用科學的方法，自己尋究事實以爲立論之根據，又非援引世界操宗教學學權的學者 Authority 所立之學理爲依據」。由其立論可知，他們對於宗教哲學、宗教心理學、宗教比較學、宗教歷史學等學科「並無研究的工夫」，因而不具備「立言斷定宗教的命運」的資格，但卻偏要「侵入他人的研究範圍，武斷立論」。他們用用凝固的看待中世紀教會的眼光看待 20 世紀的基督教與教會，「以基督教爲一成不變固定的死宗教」。他們對於基督教的攻擊，都是「先入人罪，以快一時的意氣」。這些都不符合「科學的精神和程序」，不是「眞正科學家的行動」。

第二，非基督教運動破壞了信仰自由的原則。簡又文等人認爲，非宗教同盟「專以攻擊和掃滅與己不同的信仰爲宗旨，不許異己者各信其所信」。他們不是採取「自由宣傳的手段」來傳播自己的主張，而是採取「向萬萬信教的人毒罵詛咒，公然挑戰」的方式來推進運動。「所有這些態度和行動不是二十世紀自由信仰、自由思想的中國所能容忍的」。

第三，非基督教人士徒尙空言，於社會改選毫無建樹。簡又文等人指出，基督教傳教事業雖然不無可以指責之處，但基督教畢竟在中國幹了許多實事，「基督教在教育上、慈善上、社會上、道德上的成績，斑斑可考，不能一筆抹殺」。而目前從事反教運動的人，「自己沒有建設計劃，徒尙空言，急其不急，而不以這些精神、才力、光陰，以作更大更要的社會服務，反欲並教會裏建設事業而推倒之」，「這是破壞和消極的舉動，正見他們需要良好的宗教，以重其精神生命」。

第四，非基督教運動攻擊世界基督教學生同盟大會，名爲愛國，實則辱國。簡又文等人指出，世界基督教學生同盟在中國召開，使「各國學界領袖人物薈萃我國」，此實「將我國優秀的文化、好學的特性，表示外人」的大好

機會。非基督教人士非但不從正面表現自己，反而以「不合理的議論」加以攻訐，「暴露我國學術界、思想界頹澆的現象，恐怕外國人士竊笑這是我國學界不智和辱國舉動了」。〔註7〕

（三）中間態度的知識分子

非基督教運動中，一些在新文化運動中享有盛名的知識分子以維護憲法「信教自由」爲由，公開站在運動的對立面，批判非宗教大同盟一方的言行。

1922年3月29日，周作人在《晨報》副刊上發表文章，批評非宗教大同盟《宣言》採用的是一種陳舊而威嚴的「聲討的口氣」，讀後使人「感到一種壓迫與恐怖」。〔註8〕3月31日，北大五教授周作人、錢玄同、沈兼士、沈士遠、馬裕藻聯名公開發表《主張信教自由宣言》，全文如下：

> 我們不是任何宗教的信徒，我們不擁護任何宗教，也不贊成挑戰地反對任何宗教。我們認爲人們的信仰，應當有絕對的自由，不受任何人的干涉，除去法律制裁的以外。信教自由，載在約法，知識階級的人，應當首先遵守，至少亦不應首先破壞。我們因此對現在於非基督教、非宗教同盟的運動，表示反對。特此宣言。〔註9〕

4月6日，周作人針對陳獨秀的「獻媚」責難進行還擊，「先生對於我們正當的私人言論反對，不特不蒙『加以容許』，反以惡聲見報，即明如先生者，尚不免痛罵我們爲『獻媚』，其餘的更不必說。我相信這不能不說是對於個人思想自由的壓迫的起頭了。」〔註10〕周作人在隨後發表《思想壓迫的黎明》，再次重申反對非基督教運動的理由，認爲對於個人信仰，只能靠啓發人的知識，使「他自主的轉移」，但現在的非宗教運動卻「偏重社會勢力的制裁」，他認爲，「這干涉信仰的事情爲日後取締思想的第一步」，「中國思想界的壓迫要起頭了」。〔註11〕

一直冷眼旁觀未發表任何意見的梁啓超4月16日應哲學社之請發表了措

〔註7〕 簡又文等：《對於非宗教運動宣言》〔A〕，張士欽輯：《國內近十年來之宗教思潮》〔A〕，第207～212頁。轉引自楊天宏：《基督教與知識分子》〔M〕，2005年7月，第160～161頁。

〔註8〕 周作人：《報應》〔N〕，《晨報副鐫》，1922年3月29日。

〔註9〕 周作人等：《主張信教自由宣言》〔N〕，《晨報》，1922年3月31日。

〔註10〕 周作人：《復陳仲甫先生》〔N〕，《晨報》，1922年4月11日。

〔註11〕 周作人：《思想壓迫的黎明》〔N〕，《晨報》，1922年4月23日。

施委婉的《評非宗教同盟》的演講。他自稱是「非非宗教者」，雖然他承認非基督教運動的興起「是國民思想活躍的表徵」，「是國民氣力昂進的表徵」，但其基調卻是反對「非宗教」的。他明確指出，「在我所下的宗教定義之下，認宗教是神聖的，認宗教為人類社會有益且必要的事物」。因為大千世界紛繁複雜，科學理性並不能包羅一切。人除了理性之外，尚有情感，宗教乃情感的產物，「要用理性來解剖他，是不可能的」。梁啟超表示，除非非宗教大同盟發起的運動是一場追求信仰目的本身的宗教運動而不是實現「別的目的的一種手段」，否則他不將不會對之表示敬重。梁啟超評論各地非宗教同盟發表的電文「客氣太盛」，掩蓋了「懇切嚴正的精神」，讀後容易使人把它們與《驅鱷文》、《討武檄》一類文字產生聯想。電文中許多「滅此朝食」、「剷除惡魔」之類的話，「無益於事實，徒暴露國民虛驕的弱點，失天下人的同情。至於對那些主張信教自由的人加以嚴酷的責備，越發可以不必了。」他希望非宗教同盟人士對此「有一番切實的反省」。〔註12〕梁啟超的這篇演講稿於 1922 年 6 月刊登在《哲學》雜誌第 6 期上，文章刊出後，非宗教大同盟言沒有再作申辯，歷經數月的筆墨交鋒終於落下帷幕。

如果研究眼光只看到知識分子之間的論爭，分析視角只停留在知識分子身上尋找運動的起源和動機，很容易得出這是知識分子個人或小群體之間的思想論爭與文化博弈。但當研究視野擴展到當時的世界政治格局，也許會有新的發現和結論。

二、共產國際與非基督教運動

非基督教運動初期，從現象上看是由學生發動，主要由學生與知識分子參與的集體行動。這是一場隨機觸發的學生運動，還是精心策劃的政治行動？儘管當時基督教教會、西方在華報紙以及隨後偶獲的俄方資料都把運動發動者指向共產黨，但在沒有更充分證據的情況下，這一論斷並沒有引起多少重視。直到 1993 年以來俄聯邦開放的關於聯共（布）及共產國際與中國國民革命的有關檔案，逐漸被譯介到中國，中國非基督教運動與共產國際的關係才開始漸漸明朗。

1922 年 4 月 6 日，時任蘇俄駐遠東全權代表的維連斯基——西比時亞科夫致信俄共（布）中央委員拉狄克，信中說：「現在我們組織了廣泛的反基督

〔註12〕梁啟超：《評非宗教同盟》〔J〕，《哲學》，1922 年第 6 期。

教運動，它起因於在中國舉行的世界基督教代表大會，是一種抗議行動，爾後變成了廣泛的運動，面在在號召爲國家的統一而聯合起來，已在更廣闊的基礎上進行。目前要把這場運動納入政治運動軌道，我們打算建立一個僞裝的合法組織。」〔註13〕

　　1922 年 5 月 20 日，共產國際在華全權代表利金就在華工作情況給共產國際執委會遠東部的長篇報告中說：共產主義小組「搞一些宣傳運動，其中最有意思的是所謂反基督教運動」。「在北京、天津、漢口、長沙和廣州存在著與上海中央局有聯繫的小組。這些地方有青年團。上海小組具有領導作用，不僅因爲它是中心組，而且也因爲陳獨秀同志參加。青年團根據共產主義小組的指示做工作，而所有的運動都是根據遠東書記處總的指示和我的指示共同開展的。」〔註 14〕利金還在報告中指出，英國人的報紙斷定「整個非基督教運動只不過是一個隱蔽布爾什維克的屛幕，它們的這種看法是完全正確的。運動的基本力量確實是我們的共產主義小組和社會主義青年團。非基督教同盟只不過是一個合法的擋箭牌，使我們能夠公開地和廣泛地進行宣傳活動。上海中央局建立了由 7 人組成的專門委員會，來對這場運動進行實際領導，它制定了詳細的運動計劃」。〔註15〕

　　從以上材料大致可以得出如下結論，1922 年在全國迅速引起巨大反響的非基督教運動，不是一次自發的運動，而是在俄共（布）與共產國際遠東局、青年國際的直接指導下，由中國共產黨發起並領導的政治鬥爭，也正是由於正常有組織的發動，才能形成在全國許多城市一呼百應的聲勢。〔註16〕

三、幾個有意思的探討

　　中國非基督教運動發生在二十世紀二十年代，同一時期的國際社會也並非風平浪靜，始於 1914 年的第一次世界大戰暴露了資本主義的種種弊端，1917 年俄國十月革命勝利將社會主義作爲一種新的社會制度與意識形態展現

〔註13〕中共中央黨史研究室第一研究部譯：《聯共（布）、共產國際與中國國民革命運動》（1）〔M〕，北京圖書館出版社，1997 年版，第 80～81 頁。

〔註14〕中共中央黨史研究室第一研究部譯：《聯共（布）、共產國際與中國國民革命運動》（1）〔M〕，北京圖書館出版社，1997 年版，第 88 頁。

〔註15〕中共中央黨史研究室第一研究部譯：《聯共（布）、共產國際與中國國民革命運動》（1）〔M〕，北京圖書館出版社，1997 年版，第 91～92 頁。

〔註16〕陶飛亞：《共產國際代表與中國非基督教運動》〔J〕，《近代史研究》，2003 年第 5 期，第 114～136、316～317 頁。

在世人面前。如果把一段歷史作爲時間洪流中的一場戲劇表演來觀看，國內和國外猶如一個舞臺的臺前與幕後，只看顯性的前臺表演或只看隱性的後臺操縱都會使一些重要歷史因素出現缺漏，最終導致分析結果出現偏差。

（一）全景式分析框架有助於更準確地解讀非基督教運動

歷史是對個人對文獻記載材料片斷進行合乎邏輯的拼接與闡釋，鏡頭的遠近與角度的差異會影響歷史事件的還原，因此全景式分析框架對歷史研究眞實性、準確性提供保障的重要作用不容忽視。從以非基督教運動中知識分子爲對象的研究資料來看，採取就事論事、就人論人的「窄鏡頭」所得結論容易出現偏頗和缺漏。只有將二十年代世界歷史和政治環境作爲整體分析框架和研究背景，對歷史事件、人物以及細節的關照才顯得既豐富又更具說服力，也才有可能做到對已經過去的史實進行最大限度的還原。

非基督教運動研究成果中，有學者在對比反宗教宣言與北大五教授宣言、簡又文等人宣言後，得出結論：「前者雖義詞嚴，欲倡科學進步，但確實違背科學、理性、自由的基本原則。非基督教、反宗教運動有其激勵起民族主義思想的時代需要，但從思想史角度上看，卻開創了一種思想文化批判中『正義的專橫』的思路和文風」，非基督教運動「在客觀上是以宗教精神反宗教，用宗教態度、宗教方式反宗教，這很不可取。中國知識分子和思想界中的這種思想和心態，思維模式和邏輯，雖然似乎一直表現著一種對歷史正義的追求，但目標的高尚卻使其偏激、蠻橫和專斷的態度一直沒有得到理性精神的制約，其後幾十年政治批判的套路，已於此時形成。」〔註17〕從以上引文可以看出論者把非基督運動認定爲思想運動，把陳獨秀等非基督教知識分子不合常態的言論僅當作爲了「追求歷史正義」而產生的極端思想和心態，思維模式和邏輯。但如果對此在時間縱深和空間拓展上能更進一步，或許能找到更合理的解釋。陳獨秀在非基督教運動前，對基督教不但不排斥，甚至可以說有好感，1917 年他答覆《新青年》讀者說：「宗教之價值，自當以其利益社會之量爲正比例。吾之社會，倘必需宗教，余雖非耶教徒，由良心判斷之，敢曰推行耶教勝於崇奉孔子多矣，以其利益社會之量，視孔教爲廣也。」〔註18〕，這與他在非基督教運動中對基督教或宗教的激烈態度判若兩人。如

〔註17〕吳小龍：《理性追求與非理性心態——20 年代中國非基督教運動平議》〔J〕，《浙江社會科學》，2003 年第 3 期，第 154～160、172 頁。
〔註18〕任建樹：《陳獨秀著作選》〔M〕，上海人民出版社，1993 年，第 306 頁。

果將其言行的突轉放入當時世界歷史大背景中，因果邏輯將更爲合理與明晰。20世紀20年代，俄共（布）和共產國際看到基督教及其事業在中國發展方興未艾，教會學校的快速增長促使青年中親美、英思想日益擴張，勢必成爲中國走俄國革命的嚴重障礙，因此策劃者和指導了非基督教運動來打擊西方在華勢力，擴大共產黨的影響。當時中共尚屬幼年，俄共代表的意見非常重要。陳獨秀等人是早期中共的主要創立者和領導人，受共產國際的指導和影響。這就爲陳獨秀等人在對科學和基督教並不熟悉的情況寧願冒著被人詬病爲「籠統空泛」、「先入人罪」、「言論謬誤」、「武斷立論」、「攻滅異己」等罪狀的情況下，仍以絕決的態度義無反顧投身反基督教潮流中找到了合理的解釋。

（二）非基督教運動中隱性的主線與顯性的副線

在顯性的歷史呈現出的看似偶然發生的重大社會歷史變革或轉折，其隱藏在背後的常常是由政黨或社會團體發動、主導的有目的有計劃的集體行動。

基督教運動中，共產國際和國內獨立知識分子是運動中的兩條重要線索（作者注：這裡把陳獨秀等國內非基知識分子即持批判態度知識分子劃入共產國際這條線），其中，共產國際是主線，一手策劃並通過中共及其領導的社會主義青年團主導和推動運動向著預定方向發展，但這條線在國內是隱藏、不易察覺的；另一條線索是國內知識分子，包括中間態度和維護態度的知識分子，他們對運動背後「看不見的手」即俄共與共產國際的活動一無所知，但在運動中從表面看起來他們是站在前臺的積極的活躍分子，其言行代表著知識分子的良知、批判意識和社會責任。由於各自的目標使命不同，共產國際和知識分子使用的話語系統和運作方式完全不同，前者使用的是「政治」的話語和方式，後者使用的是「學術」的話語和方式。

研究大眾心理的古斯塔夫·勒龐認爲社會運動中的群體領袖具有如下特徵：「最初也不過是組織中的成員，他本人也沉迷於一些觀念，然後逐漸成了它的奴隸。他十分沉迷於這些觀念，以至於除此之外的一切事情都不關注。在他眼裏，一切與觀念相反的主張都是錯誤的或荒誕的」，「大多數情況下，他們努力追求的就是獻身。他們的瘋狂信仰使他們的講話極具煽動性和感染力。群體總是願意聽從激情四射的人所作的振奮人心演說，而這些人非常清楚怎樣吸引群眾，極力迫使群眾接受他們的觀點」，「他們有著強烈的信仰，能夠迷醉大眾的靈魂。但前提是，他們自己先被某種信念搞得神魂顛倒和模

棱兩可，之後開始迷惑別人。」領袖們怎樣去說服別人跟隨他們呢？勒龐指出「領袖在用詞語和套語去影響人民大眾時，如利用現代的各種社會學說，他們會採取不同的手段。這些手段中，有三種手段最為重要最為有效，即斷言、重複和感染。它們發揮的作用雖然有些緩饅，然而一旦產生效力就會持續很久。不考慮任何理性的推理和證據的簡短斷言，最能讓某種觀念進入群體的頭腦。一個斷言越是言簡意賅，同時證據和推理看上去越是荒唐蒼白，斷言就越有力量。但是，如果只有斷言，而不去不斷地用措辭不變的詞語來重複它，那麼它仍然不會產生根大的影響。我堅信拿破侖曾經說過的一句話。最有效的修辭憶只有一個——那就是不斷地重複。斷言的事情，只有通過不斷重複才能在頭腦中累積成深刻的印象，並且這種手段最終能夠使人把斷言當作真理接受下來。最理智清醒的頭腦也會受到重複力量的影響。由此可見它對群體的影響會有多深」，「在一個斷言被有效、無爭議地重複之後，所謂的流行觀點就會形成。與此同時，強大的感染過程也開始發生。這就像在一些金融投資項目中，大富豪足以平穩地收購其他投資者一樣。各種觀念、感情、信仰和行為，像流行感冒一樣在群眾中迅速傳播開來」，「傳染具有極大的威力，完全可以控制一個人接受什麼意見，讓他產生某種感情表現」，「群體的意見和信念得以推廣和普及、感染的作用極大，而推理反而起不到什麼作用。目前，一些在工人階級中流傳極廣的認識，就是斷言、重複和感染在公共場所發揮了作用」。〔註19〕

這些闡釋所描述的對象和內容與 20 年代發生在中國的非基督教運動在某種程度上具有巨大相似性，不管是獨立知識分子還是護教人士對反宗教一方所提出的責問也主要是：過於情緒化、非理性，在對科學和宗教不熟悉的情況下以宗教方式反宗教，以非科學的方式提倡科學。

（三）獨立知識分子在非基督教運動中的作用十分有限

何懷宏在《獨立知識分子》一書中提出「獨立」應該是知識分子的「優先義」或「第一義」，即知識分子一旦從事這種觀念性工作，就要盡可能地在人格、精神和觀念上獨立，包括經濟上的自食其力，有自己內在和外在的尊嚴，不為個人或集團和利益或立場而扭曲這些觀念和知識。〔註20〕獨立知識

〔註19〕〔法〕古斯塔夫・勒龐：《烏合之眾》〔M〕，江西人民出版社，2010 年 9 月，第 98～107 頁。
〔註20〕何懷宏：《獨立知識分子》〔M〕，重慶出版社，2013 年 8 月，序言第 5～6 頁。

分子代表社會良知對社會進行反向批判與正向建設，但他們在社會變革尤其是在政黨或其它社會團體主導、推動的社會變革中，他們的地位如何，又能起到什麼功用？對這個問題的回答無疑顯得沉重而複雜。

在非基督教運動中，獨立知識分子指持中立態度的知識分子，他們在運動中所起的作用十分有限。原因是在言說立場不同，信息極不對稱、政治勢力殊異的博弈條件，知識分子按照純粹的思想邏輯、學術邏輯和歷史邏輯與強大的政治邏輯及其領導下的群眾運動論爭和反抗，其結果是顯而易見的。運動中的獨立知識分子不但未能達到他們所倡導的理念和目標，甚至在客觀上因著言論交鋒變得越來越激烈，使更多的人捲入其中，反而在運動中起了推波助瀾作用，成為他人棋盤上的一枚卒子。以北大五教授為代表的獨立知識分子高舉捍衛思想自由、信仰自由為宗旨目標反對非基督教運動的確體現出知識分子的批判意識和社會擔當，但在當時反帝反封建、內有憂患外有國難的歷史背景下，這一主題對絕大多數群眾來說顯得過於超前和理想化、小眾化。何懷宏認為獨立知識分子作為「觀念的人」，他們的工作主要是處理觀念的，是通過處理觀念的工作來體現人的特性和影響社會。但這種觀念性質的工作是「直接無力」的，一定要通過某種中介來對社會發揮作用。他認為知識分子要處理兩種基本關係，第一就是和行動精英即經濟精英和政治精英，尤其是和政治精英的關係，這個關係是少數對另一個少數，也就是觀念精英對政治精英的關係；第二種就是和民眾的關係，這是精英與非精英的關係，是少數與多數的關係。行動精英可能利用大眾來壓制觀念精英。〔註 21〕獨立知識分子的社會功用和影響力依賴於社會政治形態，可以用「皮之不存，毛之焉附」中的皮和毛關係來形容。在相對開明的社會中，由於精英尤其是政治精英們的權力受到法律等因素的制約較大，知識分子的意見能夠被更為充分地表達、傾聽與執行；但如果社會氛圍的約束和壓力較大，知識分子的社會功用只能是「直接無力」。

何懷宏還指出，觀念精英與政治精英的關係古往今來一直突出地存在，但與民眾的關係在現代社會才真正凸顯，並且民眾主要是通過輿論和市場來起作用。〔註 22〕在當前信息社會環境中，理論上每個人通過互聯網都可以零距離接觸，人人手裏都握有「自媒體」，似乎大眾輿論真的被還原成為大眾所

〔註21〕何懷宏：《獨立知識分子》〔M〕，重慶出版社，2013 年 8 月，第 13～14 頁。
〔註22〕何懷宏：《獨立知識分子》〔M〕，重慶出版社，2013 年 8 月，第 14 頁。

有，表達人民心聲。但現實情況又如何呢？每個人的確可以自由發佈消息，信息自由了爆炸了，但同時，信息也更快地成爲垃圾成爲泡沫消失了，大眾仍舊處於失聲狀態。只要階級或群體利益還存在，在引導輿論走向的話語權爭奪戰中，處於社會金字塔底端如散沙式的民眾永遠處於劣勢地位。與前信息時代相比，由技術進步所帶來的最大區別和好處可能在於：在信息的確變得更爲透明和易得的情況下，精英們的權力有被一步分散的傾向，民眾在選擇意見領袖時有更大的主動性和選擇範圍。換句話說，政治領袖的話語權被削弱，獨立知識分子的話語權被加強，但「觀念人」與行動精英的地位和作用並未從根本上改變。

書生與大兵：跨界中的離合

錢曉宇（華北科技學院）

　　常言說秀才遇到兵有理說不清，放到中國國民革命與中國現代文學的語境下，其實不然。與其說他們之間有口頭、拳腳之爭，倒不如說在特殊年代，兩者之間發生了全方位接觸，在互爲表達中實現了跨界互動，有時候兩種身份甚至可以互換。離合聚散之間，使跨界變得意味非凡。

　　全方位接觸，何解？一來，所謂秀才專指民國知識分子，他們與中國近現代以來的革命鬥爭淵源頗深，包括他們投筆從戎，他們與地方軍政人士的鬥爭和聯合等各種個人選擇；二來，所謂大兵專指貫穿近半個世紀之久的國民革命歷史上，出現的軍閥、高級將領、普通士兵。他們與學界、文界究竟發生過怎樣的接觸，很值得展開；三來，秀才們親歷革命鬥爭後的文學抒寫情況和作品中塑造的大兵形象，均與現實的大兵世界相互交叉，其中有重合也有出入，更增添了這一話題的有趣性。

　　當然，不排除像張恨水等一輩子與政界、軍界保持距離的作家與文人。不過就算書生們有意排斥，或是參政無門，議政卻從未停止過。名望高如嚴復者就曾精闢地評價過老牌軍閥的事業得失，他認爲袁世凱「練兵數十年而軍實不充、紀律不嚴，徒養成許多驕兵悍將，『不獨不能以之對外，即對內亦外強中乾』……」繼任總統黎元洪在他眼裏則「德有餘而才不足」，至於有人說張勳是恢復清廷的眞命天子時，嚴復反駁：「張勳何人？康有爲何人？徒以愛清室者害清室。」〔註1〕其見識都是頗爲精到的，而且後來證明，他們如嚴復評價那樣，確實都沒有成爲拯救華夏大地的眞命天子。

〔註 1〕 顧曉綠編著：《一言難盡 1912～1949 民國映畫》，團結出版社，2010 年，第11 頁。

中國現代文學經典作家雖然第一身份是詩人、小說家……但他們同樣是書生。中國的書生既有書齋案牘功力，還有經世治國情結，所以貫穿了整個國民革命歷程，無論是推翻帝制、復辟與反復辟、軍閥混戰還是國共爭雄，他們個人創作實踐和社會活動都不可避免地常常跨界。

上述兩種身份的跨界不是單向的，秀才可以跨界，大兵也能反跨，被稱為軍閥老祖的袁世凱，雖然早年科考落榜，只好選擇武行出世，但並不妨礙其與文人聚會唱和。他年輕時就頗喜詩文，還曾自己出資，在家中辦過「兩個文社，一曰『麗澤山房』，一曰『勿欺山房』並供給前來入社的秀才文人食用。」〔註2〕這也就出現了一道道諸如書生行刺，軍閥以文抒情，秀才與大兵合力倡導某一革命理念的奇景。

一、「革命」當前的跨界熱身

從清室覆滅、倒袁反孔到討論「聯省自治」……，中國近現代歷史中一系列重大事件的震盪強力和餘震效應毋庸置疑。在此，不是要詆毀或貶低前輩們的經世之業，也不是要將這一系列重大事件降低為熱身一樣的小打小鬧，而是與之後掀起的全國性國民革命戰爭相對照，從規模而言，從雙方力量對比而言，只能算是文弱書生們選擇跨界的一次熱身。

「革命」在華夏大地上其實並不是什麼新鮮概念。不過，舊式中國的民間革命活動，總被冠以暴動、叛亂的字眼，稍微正面一點叫起義。革命常與軍事鬥爭、暴力爭奪捆綁在一起。最近美國漢學家羅威廉就出版了一部《紅雨：一個中國縣域七個世紀的暴力史》，選擇湖北麻城作為研究對象，從元末農民大起義一直到 20 世紀 30 年代的第一次國內革命戰爭，對當地的暴力鬥爭及民間革命史進行了長達七百年的梳理。

國內不少學者也更願意從暴力革命角度，研究中國近現代以來的國民革命史。他們從興中會、同盟會的成立開始，在中華民國框架下，追溯「中華革命黨」〔註3〕、「中國國民黨」的淵源，記錄北伐戰爭和工農革命的細節，繼而延伸至歷次國共合作的成功與失敗。

書生中暴力革命的忠實追隨者確實不在少數。1904～1905 年間，「許多地區都建立起革命小團體，他們的革命目標是一致的，但組織是分散的，……

〔註 2〕陳風編著：《八大軍閥秘聞》，團結出版社，2005 年，第 41 頁。
〔註 3〕參見丁雍年著：《國民革命史》，中國文史出版社，1991 年。

客觀形勢的發展，需要把許多小團體聯合起來組成一個全國性的革命大團體」〔註4〕這裡稍微整理了一下現代文學史風雲人物中參加革命團體，身體力行進行革命活動的不完整名單就能發現其中涉及到的人員，果真是大兵和書生的混合團隊。

像 1904 年在東京留日學生楊篤生、何海樵、蔡元培、章士釗、劉廣漢等就組織了暗殺團。黃興、宋教仁就是 1904 年成立的華興會靈魂人物。楊篤生、章士釗為響應長沙起義組成的愛國協會就吸納了蔡元培、蔡鍔、陳獨秀等人。至於 1905 年成立的岳王會則成為陳獨秀早期革命運動的重要一頁。陳獨秀作為中國新文化運動的重要成員，可以說參加了諸多革命團體，他直接組建的岳王會以暴力推翻清王朝，發動起義而著稱。

當然，中國近現代知識分子面對「革命」也並不都入前述那般崇尚武力。在暴力和非暴力選擇前，書生們出現了一次分流。同樣是一些留日、旅日的中國知識分子，他們接觸了那裡的「革命」理念後，一部分人支持日式「剔除了西方文明 revolution 中應有的暴力、激進的一翼」〔註5〕，崇尚頗有改革、改良氣質的「革命」。像梁啟超先生還將其運用至文壇的「三界革命」理念中。

還比如湖南教育界知名人士徐特立和彭國鈞在暴力革命面前演繹了現實版分流。1906 年初，法國教士殺害了南昌知縣，引發南昌教案。全國民眾憤怒聲討之時，徐特立在長沙激昂陳詞，並取刀自斷一指，以示報仇雪恨的決心。在場的彭國鈞取徐特立斷指寫下血書「請開國會，斷指送行」。手刃仇人和召開國會，一邊是血淋淋的暴力自殘，一邊是文縐縐的呼喚制度建設，兩種截然不同的訴求模式，排除徐特立和彭國鈞個性差異，還隱現了革命理念的分歧。果然，這一細節被捕捉到了，建國後就有學者對彭國鈞的舉動頗不以為然，甚至斥其「竟以革命者的鮮血去作改良主義者陞官發財的工具。」〔註6〕改良和暴力革命雖然有著千絲萬縷的內在聯繫，但在文武之間，已經埋下離合的伏筆。

除了方式、理念上的離合，書生與大兵在身份和氣質上的差異也注定了分分合合在偶然必然間的擺動。在研究陳獨秀和岳王會關係時，有學者推

〔註4〕任建樹著：《陳獨秀大傳》，上海人民出版社，2012 年，第 57 頁。
〔註5〕李怡：《「民族」與「革命」：日本之於中國的關鍵詞》，收錄於陶東風主編：《中國革命與中國文學》，黑龍江人民出版社，2009 年，第 7 頁。
〔註6〕吳玉章著：《辛亥革命》，人民出版社，1961 年，第 81～82 頁。

測：「在岳王會的全部活動中，有關陳獨秀和蕪湖岳王會總會的資料，現在見到的實在是太少了。這大概是由於陳獨秀行蹤不定，四方飄泊，致使總會的活動無形中處於停頓狀態，而且，陳獨秀的德才和氣質也不善於在軍界中進行活動。持槍率隊，衝鋒陷陣，尤非他之所長。……只能論定陳獨秀是岳王會的產婆，但沒有親自哺育它發育成長」〔註7〕。雖然不能依此段話推斷跨界的不可能性，但必須承認書生與兵士的身份、功能很不一樣，本身具備的氣質也不一樣。這也就是為什麼當事人就算無意而為，在跨界過程中也很容易走向從合到離的道路。

當然，陳獨秀不能代表所有書生與大兵結合的模式，但至少說明，殺伐之器與筆墨紙硯原本各據一角，相安無事，在特定歷史時期卻很有走到一起的可能。就像組建了中國同盟會（1905）的孫中山，他在五四運動爆發後，還曾致信時任北大校長的蔣夢麟，希望他組織學生們參與到革命隊伍中去。

很明顯，一腔赤誠的學子和思想成熟的知識分子無疑是中國國民革命的重要力量，不論在外圍還是內部，他們提供的智力支持都不容小覷。不僅如此，教育一直就是統治階層重視的領域。從清末「忠君尊孔，尚公，尚武，尚實」的教育方針，到1912年蔡元培任教育部長時的「注重道德教育，以實利教育，軍國民教育輔之，更以美感教育完成其道德」教育宗旨，再到袁世凱1915年公佈的「愛國，尚武，崇實，法孔孟，重自治，戒貪爭，戒躁進」〔註8〕的教育方針，不論在細節上，有何種變動，都不約而同關注著國民素質養成，尚武精神的培養。

清廷覆滅之後，民國時期的政治形態頗為怪異，中央集權的運行機制依然有效，諸侯割據般的鬆散地方勢力也同時存在。其實這都到封建帝制終結後，新秩序沒有取得絕對統治力的表現。何去何從的問題成為民國知識分子們關注的焦點。他們在這個問題上也有著各自獨立的選擇。一方面有學英日傳統，主張「君主立憲」者，一方面有學美國，主張「共和制」者，當然，還有像袁世凱等掙扎恢復舊制的復辟者。可以說，共和制和君主立憲一直成為各路人馬較勁、表達個人理念或集團利益的焦點。國學大師劉師培，「籌安

〔註7〕任建樹著：《陳獨秀大傳》，上海人民出版社，2012年，第58頁。
〔註8〕宋仲福等主編：《中國現代史》（上冊），中國檔案出版社，1995年，第132頁。

會」六君子之一，就曾從之前的激進革命人士突然轉向，擁戴袁世凱稱帝。至於袁世凱本人，他還曾迎回當時的文壇領袖王闓運，以示尊重。故而，在思考和選擇國家體制之際，民國知識分子避無可避地又跟政界、軍界糾纏在了一起。

以反復辟來說，倒袁反孔就是當時新文化運動倡導者們積極參與的思想活動。有學者梳理了袁世凱尊孔時間表之後，發現了一個誤區：之前大部分人認爲袁世凱尊孔是後來爲復辟帝制掃清道路的舉動。其實，他在就任臨時大總統的宣言書裏就引用了孔子的忠信理念。用現在的話來說，無論他之後稱帝與否，他的價值取向還是親孔孟之道的。只不過，他後來從制度上希望確認孔教地位時確實在統一思想上，有爲稱帝鋪平道路的意圖。現代進步知識分子面對北洋系軍閥老祖袁世凱的反應其實存在著幾年的滯後。

根據袁氏尊孔進程——「1912 年 7 月召開的教育會議上決議『祀孔』……9 月，袁世凱發表《通令講明孝悌忠信禮義廉恥》……1913 年 6 月，袁世凱發佈《通令尊崇孔聖文》……1914 年，袁世凱親率文武百官演出了一場祭孔……」〔註9〕，《新青年》從 1916 年初開始，是在「連續發表文章，猛烈抨擊儒家的君爲臣綱、父爲子綱、夫爲妻綱的三綱教義以後，才引起輿論界的關注」〔註10〕。滯後的原因錯綜複雜，其中一個客觀原因就是新生代知識分子無論在政界還是學界還沒有獲得話語權，他們的力量在當時也沒有真正聚集起來。《新青年》諸君的反孔，一定程度上，即是對自上而下尊孔氣氛的突圍。圍繞在《新青年》周圍的先進青年、文學創作者、清華國學院的學者，或跨界、或合作、或對抗，紛紛加入到這樣一場理念與行動的革命風暴中。被稱爲「革命元勳，國學泰斗」的章太炎，他的得意門生錢玄同、劉文典等，除了在學術上的建樹之外，面對革命和革新也出現了分流。錢玄同積極響應《新青年》胡適、陳獨秀的號召，而劉文典直至避難西南聯大時期，還接受不了同僚——現代小說家沈從文，經常對其諷刺挖苦。

聯省自治是從共和制衍生出來的一個概念。這也是書生們參與國家民族大事的重要議題。「聯省自治」體現著地方高度獨立性的追求，軍閥混戰時期，還出現了聯省自保，如從四省聯防小試牛刀，發展到七省聯防。陳獨秀

〔註 9〕《中國近代史稿》，武漢大學歷史系中國近代史稿編寫組，1975 年，第 491 頁。

〔註10〕任建樹著：《陳獨秀大傳》，上海人民出版社，2012 年，第 92 頁。

在《新青年》第一卷第六號《吾人最後之覺悟》中明確提出國民政治覺悟體現在關心政治。

二、虛構與現實世界中遊走的軍閥

談到民國期間，國民革命進程時，有這麼一群人是繞不過的，那就是含貶義的俗稱「軍閥」實則即「武人」、「大兵」這麼一群地方武裝勢力。眾所周知，中國現代文學人物長廊中有底層民眾、地主、革命者⋯⋯還有軍閥。軍閥們包括圍繞在他們身邊聽命的小兵都是文學虛構世界中負面形象的典型代表。洪深的一部名為《趙閻王》的話劇，主人公就是「舊中國軍閥隊伍中一個普通士兵的形象。」〔註11〕趙閻王在軍閥部隊裏混了二十年後，殺人放火、姦淫擄掠，劣跡斑斑，甚至還向上司告密出賣過戰友，活埋過朋友、傷兵。區區一個勤務兵都這樣了，何況他們背後的軍閥大佬們呢？要知道，洪深可是洪述祖之子。洪述祖則是「宋教仁被刺」的重要聯絡人，是北洋軍閥鼻祖袁世凱的內務部秘書。倒不是說洪深在拆老父的臺，只是想說明除了專門研究軍閥的史料，現代文學史上不少評論和創作都將軍閥形象典型化、臉譜化、變形化了。

可以說軍閥跟地主一起，成為中國現代文學形象中當仁不讓的反面角色。只要涉及軍閥，無外乎老奸巨猾者彼此混戰、如匪類一般搶地盤、占資源的情景。像淺草社成員創作的不少反應西南軍閥形象的文學作品。陳煒謨的長詩《甜水歌》裏諷刺軍閥們「為陶朱而戰！／為西施而戰⋯⋯流不盡的眼淚！／鏟不完的災難⋯⋯」〔註12〕而真正從歷史角度進入這個群體，他們跟國民革命的關係，跟民國知識分子發生的接觸都遠非整齊劃一、寥寥幾筆可以勾勒清楚的。

先說中國近代軍閥形成後，就分為新舊兩大陣營。「中國近代軍閥的形成是從北洋軍閥開始的，北洋軍閥的源頭應是曾國藩的『湘軍』和李鴻章的『淮軍』，它們均屬地方武裝「團練」。〔註13〕後來的袁世凱，在天津「小站練兵」時，採取的練兵方法，有一部分就是向曾國藩和李鴻章治軍之法的致

〔註11〕王才路編：《中國現代文學人物畫廊》，遼寧大學出版社，1988 年，第 214 頁。
〔註12〕轉引自秦林芳著：《淺草——沉鐘社研究》，中國社會科學出版社，2002 年，第 260 頁。
〔註13〕陳賢慶著：《民國軍閥派系》，團結出版社，2009 年，第 2 頁。

敬，不過袁世凱還引入了德國軍制，延請了德國軍事教習培養軍士，實現了清朝末年向軍事現代化邁出的第一步。

從這個意義上來說，從地方「團練」到清廷新式武裝部隊發展而來的北洋軍閥集團，最初不是以負面形象出現在世人面前的。也正因為它的強軍強國理念，不但獲得了當時朝廷的重視，也逐漸走入平常百姓的視野，就連現代文學界的翹楚魯迅先生早年也是進了水師學堂學習。當洋務運動、北洋集團，先後隨著清廷覆滅、袁世凱去世歸於沉寂，但是這樣一支軍事力量埋下的種子卻發芽了，至少，舊軍閥旗下的各類英才也好，姦佞也罷，為後世軍閥混戰儲備了動力，他們不約而同地為持不同政見的政治投機客、民國各類知識分子提供了角力場。同時，還在之後國民黨執政時期分裂出國民黨新軍閥。就連陳獨秀在 1923 年 6 月中國共產黨第三次全國代表大會的報告中也曾承認，要完全與軍閥絕緣，絕無合作共存機會，在彼時彼地也是不可能的，並解釋說：「我們始終是反對軍閥的。有一個時期，我們忙於組織京漢鐵路罷工，要與『交通系』作鬥爭，而吳佩孚也反對『交通系』，那時我們才沒有反對吳佩孚。」〔註14〕

嚴格地說，新舊軍閥不論從來源，還是他們彼此對於地方資源、國家政權的爭奪，呈現著文學世界沒有充分展開的千姿百態。這也就是文學批評有必要聯繫歷史現實，才能更加接近客觀真實的原因。

直系軍閥首領孫傳芳的幕僚中就有大名鼎鼎的章太炎。世人皆知章太炎有「章瘋子」的綽號，「既有桀驁不馴的一面，但行事風格動輒又走極端……他唯對孫傳芳青眼所待，於是乎，一個一流學者，一個『五省連帥』，走到了一起」。〔註15〕黎元洪、曹錕、閻錫山等軍閥都很重視教育，還出資辦教育，為教育界人士爭取資源。

以曾任中華民國總統的黎元洪為例，他不但重視自己的子女教育，在家中設私塾，聘請天津書法家、天津八大家之一的華鳳閣、南開中學數理化老師們在家中教子弟書畫藝術、漢語、英語、數理化各科，而且，民國三年，到河北北塘為父親修造墓地時，在當地捐資助學，辦起了「北塘貧民小學」，「每年僅向學生收 2 元學費。」培養目標和課程設計全部符合辛亥革命後，

〔註14〕周繼強編：《從勝利走向新的勝利：中國共產黨重大會議紀實第三卷》，光明日報出版社，2002 年，第 975 頁。
〔註15〕錢進編：《孫傳芳幕府與幕僚》，浙江文藝出版社，2011 年，第 92 頁。

辦新學堂，傳播新學的風潮。「學堂算學課程的設置，使阿拉伯數碼傳入北塘。……在珠算之外又出現了筆算，促進了當地經濟的發展。國文課本算選編的課文，大部分是白話文體」，1919 年，連續在武昌捐資籌辦私立江漢大學，因爲感佩張伯苓的辦學精神，向南開大學捐款，之後，還讚助梁啓超鉅款，「在上海籌建松坡圖書館，以紀念蔡鍔護國之功。」〔註16〕

像蔡鍔與蔣百里同爲秀才出身，還是是同期的秀才和同窗。尤其是蔣百里，他以第一名從日本軍校畢業回國後，袁世凱非常欣賞其才華，甚至願意按照他的建議組建中國新式陸軍，並推廣到全國。雖然此計劃因爲袁世凱下野倒臺而擱置，但還是進行了局部建設，據說之後以其理念組建的第九旅就是參加一戰，出兵海參崴的那支紀律嚴明、戰鬥力極強的精銳陸軍。爲了共和理想，蔣百里和蔡鍔等結成聯盟，沒有因爲袁世凱的賞識而做出私人報德行爲。

不僅如此，被譽爲「現代兵學之父」蔣百里本身就是書生和大兵跨界的典型人物。蔣百里既是兵學家，又極富才學。他「洋洋灑灑書成十數萬言」〔註17〕的「觀風卷」〔註18〕讓當地父母官視其爲天才。他還與中國現當代文學史上不少作家、學者結成親密關係：鄭振鐸等都接受過他的幫助；同爲親族的徐志摩曾與其攜手共同組織新月社。在徐志摩經濟困難之際，蔣百里甚至將自己在北京的房子出售，助其度過難關。三十年代，蔣百里受牽連入獄，徐志摩打包了自己的行李，去南京陪蔣百里坐牢，新月社諸君也紛紛傚仿南下，「隨百里先生坐牢」像極了當下很時髦的行爲藝術。

梁啓超與蔣百里輾轉有些師生名分，雖然政治理念上有很大的分歧，但並不影響他們之間的互動。蔣百里還曾引用亞里士多德的話「吾愛吾師，吾更愛眞理」來表述他們之間的特殊關係。蔣百里的《歐洲文藝復興史》就是梁啓超作的序。期間有一個已成佳話的插曲。據說梁啓超太欣賞這部作品，寫序的時候刹不住車，在字數上反超了原作。後來成了他自己的另一部著作，重新爲蔣寫了一個篇幅正常的序，而那本意外產出的著作之序就交由蔣百里完成了。

顯然，眞要展開這一跨界的話題，並將其中的人事物一一加以梳理、評

〔註16〕葛培林著：《黎元洪家族》，金城出版社，2000 年，第 192～194 頁。
〔註17〕李娟麗著：《軍學奇才——蔣百里》，蘭州大學出版，1998 年，第 6 頁。
〔註18〕「觀風卷」是新官上任出的作文題，命當地學子士人作答，爲了發現地方人才的清朝習俗。

述，將會是一個浩大的工程。一個世紀以來，中國現代文學史上所涉人物、事件與文學以外的世界須臾不離，尤其與波瀾壯闊的中國國民革命史交織在一起，這也注定了中國現代文學史的立體性和複雜性特質。

三重妥協
——試論大革命時期女作家的女性立場與革命理性之間的博弈

譚梅（成都大學）

　　毫無疑問，新女性在大革命前後的表現是十分出色的。但是，女作家處理這一題材的手法是以逐步犧牲新女性剛剛在五四時期建立起來的主體性爲代價來烘托她們所謂的革命激情的。因此，與五四女作家高揚女性主體性不同的是，這一時期的女作家在左翼意識形態的推動與控制下，當遇到革命話語與女性立場發生矛盾衝突時，她們逐漸倒向前者。有的甚至不惜以抹殺女性的性別特點爲代價來廁身於恢宏政治領域和歷史主流的話語之中。

一、女性革命與性別體驗

　　盧隱是五四時代傑出的女作家，不過，盧隱並未像茅盾在《盧隱論》一文所指出的那樣，終究是五四的產兒，其創作也未跨出五四。事實上，在上世紀 20 年代末 30 年代初，盧隱的寫作也涉及到女性與革命這一話題。其中最受關注的莫過於《象牙戒指》，這篇小說是根據革命情侶石評梅與高君宇的愛情故事寫成。在現實生活中，按照官方的說法，高君宇是中共早期著名的政治活動家，也是中共北方黨團組織的主要負責人，由於積勞成疾，死於1925 年。他的愛人石評梅有「北京著名女詩人」之譽，生前創作過許多進步文學作品，1928 年去世後與高君宇合葬在北京陶然亭公園。他們的經歷成爲革命與愛情和諧共生在現實中的典範。所以，《象牙戒指》出爐之後，一些學者認爲它扭曲了原型人物的眞實性和遮蔽了事件的重大意義。「石評梅決不是沉溺在痛苦中無力自拔的悲劇人物，而是努力從失去戀人的打擊下振作起

來，不斷追求不斷進步的知識女性。……盧隱把一個原本光彩照人的動人故事改造得黯然失色。她無視石評梅思想中積極的因素，而只把她作爲一個愛情悲劇的扮演者來刻畫。」〔註1〕然而，石評梅本人在給盧隱的信中卻這樣寫道，「《靈海潮汐致梅姊》和《寄燕北諸故人》我都讀過了，讀過後感覺到你就是我自己，多少難以描畫筆述的心境你都替我說了，我不能再說什麼了。」〔註2〕一個認爲把一個原本光彩照人的動人故事改造得黯然失色；一個卻認爲認爲盧隱就是自己，能表達自己難以言說的心境。爲什麼會有如此大的認識差異呢？問題在於盧隱的《象牙戒指》不僅僅是一個愛情文本，在愛情悲劇的外衣下，書寫的是上世紀20年代知識女性對風起雲湧革命的疏離感。這種疏離感既表現在文本的敘事策略上，也表現在對「革命加戀愛」公式的偏離上。在文本中，曹長空（高君宇）的革命背景並不是敘述的焦點，讀者模糊的知道他從事著某種革命事業。隱含作者重點敘述的是他爲愛情生與死的情感經歷。以至於沁珠（石評梅）替他深深的懊惱，「哎，長空你爲什麼不流血沙場而死，而偏要含笑陳屍在玫瑰叢中，使站在你屍前哀悼的，不是全國的民眾，卻是一個別有懷抱負你深愛的人？」〔註3〕曹長空不是積勞成疾爲偉大的革命事業而死，他的生死都是爲了愛情。對於革命者曹（高君宇）拋出的愛情橄欖枝，沁珠（石評梅）卻始終拒絕。這一方面是由於沁珠爲初戀所傷，然而更重要的是沁珠（石評梅）認爲她身處的知識女性的困境不是革命者曹長空（高君宇）所能理解與解決的。「不幸，天辛死了，他死了成全了我，我可以有了永遠的愛來安慰我佔領我，同時可以自然貫徹我孤獨一生的主張，……我從前不敢說這樣大話，我怕感情有時不聽我支配，自從辛死後我才認識了自己，我知道我是可以達到我素志的。」〔註4〕這裡的「素志」、「一貫的主張」是何含義呢？「在1920年代末和1930年代初新的政治環境下，愛情看來已成爲奢侈而不負責任的昔日的殘餘痕跡了。」〔註5〕盧隱的「革命加愛情」敘述卻要逆時代而動，這只能說明女性價值立場暫時壓制住

〔註1〕鄒午蓉：《兩部描寫早期共產黨人愛情生活的小說——〈韋護〉與〈象牙戒指〉比較》，載《江淮月刊》，1994年第2期。

〔註2〕楊楊編：《石評梅作品集》，北京書目文獻出版社，1983年，第41頁。

〔註3〕盧隱：《象牙戒指》，人民文學出版社，2009年，第140頁。

〔註4〕楊楊編：《石評梅作品集》，北京書目文獻出版社，1983年，第273～275頁。

〔註5〕李歐梵：《中國現代作家的浪漫一代》，王志宏等譯，新星出版社，2005年，第275頁。

了革命意識形態，表達出作者，還包括沁珠（石評梅）、蘇文（陸晶清）等等知識女性對革命召喚的疏離，對女性通過革命來獲得自身解放道路的質疑，她們不惜以孤老終身乃至死亡來堅定個人的信念。

但是，在政治化的語境中，這份疏離是難以爲繼的。以尖銳而聞名的白薇也不得不讓自己與她筆下的女主人公投入到火熱的革命鬥爭中。長篇小說《炸彈與征鳥》寫了一對姐妹花，余玥和余彬，渴望自由與革命，並先後投奔革命陣營的故事。妹妹彬先在漢口婦女協會交際部找到了工作。但是她的女性意識很快讓她察覺到男權社會徵召女性革命的目的，「我也是想到南方來革命，想做戰場上的秘密偵探，有時爲振作軍心，爲慰勞戰士，或登臺唱幾曲清歌，或當眾跳跳舞：可是不進步的黨化中，支配我做了一塊交際的招牌，痛心不？」〔註6〕也就是說，除非上戰場打仗，社會爲女性預備的新角色就是交際花的功能。於是，彬內心感到很不安，她「感到自己底一點靈光，將在陰霾的黑夜會被暴雨打滅，她驚懼，她懷疑了。她懷疑革命是如此的不進步嗎？革命時婦女底工作領域，是如此狹小而卑下嗎？革命時婦女在社會的地位，如此不自由，如此盡做男子的傀儡嗎？哼！革命！……把女權安放在馬蹄血踐下的革命！……女權是這樣渺小麼？我彬是這樣渺小麼？哦，我知道了，我彬簡直是極渺小的動物！要闊步闊步而只在蠕行蠕行的笨蟲！……她無聊地越想越歎息：啊，這樣的革命！這樣的革命！把我底奮鬥去點綴男子犧牲在街心！我炸彈一般的力和心呦，這樣將漸滅殆盡。」〔註7〕這種虛無的想法漸漸讓彬滑向了另一種極端的生活。她開始喜歡與男人周旋，也依靠男人生活，沉溺於激情、安逸和輕佻無聊的生活中。她借助革命擺脫了家庭的專制，獲得了性的自由，但卻沒有走向眞正的獨立自由，最後彬在頹廢的生活中感到精疲力竭。相對而言，姐姐玥是一個對自身角色更有反思、更有行動力的女性。當困於家長包辦的可怕婚姻的時候，她自身有一種衝破家庭束縛的勇氣；當遭遇到愛情與革命不可兼得的艱難選擇的時候，她堅定選擇革命，因爲當愛情失去反傳統的能力，甚至漸漸爲社會所詬病的時候，革命才是女性反抗社會化角色的可選擇的主要途徑；當余玥置身於遊街的長隊裏的時候，她頓生困惑，「啊，這是民眾底精神？！這所謂革命的表現麼？……看他們拖拖拉拉的不是提不起腳勁，便是喘息的樣子，頭低低而垂下，無神的

〔註6〕白薇：《白薇作品選》，湖南人民出版社，1985年，第46頁。
〔註7〕白薇：《白薇作品選》，湖南人民出版社，1985年，第38〜39頁。

眼皮。……中華民族的革命是什麼？我不知道！」〔註8〕而革命到底是什麼？
在文本中，隱含作者已經借吳詩苹的心理活動道出，「從軍六個月，戰爭給他
看破了，那是新興軍閥的地盤主義的戰爭；……身體毀壞了，目前唯有忍著
痛呻吟，看這殘酷的人心世道；老父死亡於戰亂，兄妹飲了流彈。」〔註9〕即
便疑竇叢生，玥並沒有像妹妹彬那樣輕言放棄最初的目標，她依然孜孜不倦
的在革命隊伍中找尋可以安身立命的位置，直至捲入黨派的政治鬥爭。當
革命同志馬騰遊說她以身體為革命的工具色誘 G 部長獲取情報時，她雖神色
突變慘淡，但也接受了這點。小說的上半部就在「她將開始過異常刺激的生
活」的暗示中結束。由於小說的下半部丟失，我們也無法看到人物的最終結
局。但是，白薇想要警示的問題已表達得十分清楚，即當一個公民投身於革
命，革命以怎樣的面目在他面前展開呢？當女性選擇投身革命，革命又會給
女性解放帶來怎樣的前景呢？顯然，無論彬和玥以何種方式掙扎，在男性化
的社會框架中她們很難跳出預先設置好的位置。女作家白薇對革命的疑懼不
言而喻。

二、女性自我向革命理性妥協

　　隨著革命形勢的推進，女作家剛剛顯露的種種疏離與質疑很快被碾平。
丁玲的《韋護》就是一個絕佳的信號。《韋護》是以其好友王劍虹和中共領導
人瞿秋白的愛情故事為原型創作的。在現實生活中，王劍虹與瞿秋白先是朋
友，後成為師生，兩人由相知到深深的相愛，很快就住在一起。但是，不久
之後，王劍虹死於瞿秋白傳染給她的肺結核，而在王劍虹死前瞿秋白卻因為
革命的原因離開了她。好友的死一直讓丁玲耿耿於懷，無法原諒瞿秋白。更
讓丁玲無法接受的是，她後來發現瞿秋白離開王劍虹還有一個更為重要的原
因，那就是他還有一個跟他志同道合的共產黨員妻子楊之華。這樣一個有著
豐富細節的情感故事被丁玲加工成「革命加戀愛」機械公式的準範本。在《韋
護》中，麗嘉是一個不瞭解革命也未加入革命更不會妨礙革命的人，與韋護
在一起後，她並不願意韋護因為愛情而棄置工作，反而提醒韋護不要無事請
假曠工。但是同志陣營並不會因此而容納他們的愛情。在同志們看來，韋護
有禮貌的風度是令人反感的，他們的愛情是資本主義腐化生活方式的表現，

〔註 8〕 白薇：《白薇作品選》，湖南人民出版社，1985 年，第 118 頁。
〔註 9〕 白薇：《白薇作品選》，湖南人民出版社，1985 年，第 181 頁。

是應該受到輕蔑與侮辱的，而麗嘉也被看作是資產階級陣營裏的風騷女人。因此，革命者韋護和城市自由女性麗嘉不能長久在一起的原因是很簡單清晰的，那就是作爲小資產階級代表的麗嘉與革命大眾的格格不入。顯然，同志們不理解這種自由的都市生活方式是五四進步青年用血和淚拼命換來的。在小說《一九三〇年春上海》中，男主人公革命者望微甚至想，他的愛人瑪麗不是都市自由女性，而是女工、女學生、或者鄉下女人該多好！他也因此羨慕他的同志有一個公共汽車售票員職業的女朋友。可見，在隱含作者看來，愛情與革命的矛盾不是男女主人公之間一個要革命與一個不革命的矛盾，而是城市自由女性與革命大眾之間的矛盾。階級成爲愛情最大的阻力。麗嘉對於同志們這種機械的狹隘的態度也表示了自己的不滿，「我固然有過一點莫名其妙的反感，那只是我那時受了一點別的影響。還有，也因爲你們那些同志太不使人愛了。你不知道，他們彷彿懂了一點社會的學問，能說幾個異樣的名詞，他們就越變成只有名詞了；而且那麼糊塗的自大著。」〔註10〕這種對自大而膚淺的共產黨員的批評遍及整部小說，這是在強大的意識形態規訓下丁玲的女性視角在文本中殘存的痕跡。也就是說，對於革命者韋護與城市自由女性麗嘉的戀愛衝突，丁玲至少用了兩種視點來看待這個問題。從革命理性的角度上看，在意識形態上，作爲資產階級代表的麗嘉與無產階級大眾是水火不容的，韋護和麗嘉的戀愛悲劇在階級衝突劇烈的時代注定是一個悲劇。從五四奮戰過來的城市自由女性視角來看，同志們的敵意與怨憎多半出於小農意識中的帶有封建色彩的偏狹陰暗的嫉妒心理。丁玲並沒有沿著後一種思維深挖下去，從而揭示出大眾崇拜這種新的意識形態的弱點，而是讓革命理性生硬的將從女性視角生發出來的洞見壓制下去。在這種邏輯構思下，小說被迫倉促收尾，還深愛著麗嘉的韋護痛苦的不告而別，僅僅留下一封蒼白無力的信。而還癡戀著韋護的麗嘉也突然頓悟，「哎，什麼愛情！一切都過去了！好，我現在一切都聽憑你。我們好好做點事業出來吧！」〔註11〕隱含作者彷彿在暗示，麗嘉似乎也要追隨韋護的道路而去，好好幹一番革命事業。這樣的結尾說明，丁玲掙扎之後，最終選擇順應革命的時代大潮，她對意識形態的認同以及由此生發出來的革命理想明顯的壓過了她對女性立場的認同。

〔註10〕 丁玲：《韋護》，人民文學出版社，2009年，第154頁。
〔註11〕 丁玲：《韋護》，人民文學出版社，2009年，第162頁。

三、知識自我向工農大眾妥協

　　如果說在《韋護》中，我們還能聽到微弱的女性聲音，還能看到一個知識女性在女性與大眾、個人與革命之間的掙扎，到了《一九三〇年春上海》（之一之二）、《一天》、《田家沖》、《水》等作品中，這些猶豫與徘徊都銷聲匿跡了。《一九三〇年春上海》（之一之二）是由兩個獨立的故事構成，每一個故事都是以從五四成長起來的城市自由女性為女主人公。在《一九三〇年春上海》（之一）中，美琳喜歡讀子彬的小說，因崇拜而產生愛情，子彬也喜歡美琳，兩人便住在一起。同居之後，美琳漸漸卻感到「她不能只關在一間房子裏，為一個人工作後之娛樂，雖然他們是相愛的！……但是她彷彿覺得他無形的處處在壓制她。他不准有一點自由，比一箇舊式的家庭還厲害。」〔註12〕最後，美琳在革命者若泉的鼓勵幫助下，走出了小資產階級家庭，加入了無產階級的革命陣營。《一九三〇年春上海》（之二）有著與《韋護》相似的情節模式，革命者望微與小資產階級女性瑪麗的愛情與革命事業水火不容。與麗嘉不同的是，瑪麗是一個典型的物質女，對革命缺乏興趣，拒絕追隨革命潮流，並要求望微在革命與愛情中只能選擇其一，最後兩人因為信仰不同只能分道揚鑣。很顯然，在這兩個姊妹篇中，丁玲是肯定美琳而否定瑪麗的。美琳通過對大眾的擁抱完成了對帶有資產階級色彩的知識女性的自我改造，而瑪麗對大眾的拒絕則代表與美琳相反的一套話語。但是，需要指出的是，丁玲對瑪麗從五四承襲而來的女性主體性是肯定的。在小說的結尾，望微看見了選擇離開大眾離開他的瑪麗，「他忽然看見大百貨商店門口出現了一個嬌豔的女性。唉，那是瑪麗！她還是那樣耀目，那樣聘婷，恍如皇后。她還顯得那麼歡樂，然而卻不輕浮的容儀。」〔註13〕需要進一步指出的是，如果說，在《韋護》中，丁玲對麗嘉是同情的，在革命理性與女性主義立場之間猶豫之後選擇了前者；那麼，在《一九三〇年春上海》（之二）中，她雖然肯定了女性自我的主體性，但是其革命立場是十分堅定的，以至於不惜將掙脫家庭束縛的瑪麗朝著頹廢的貴婦方向上塑造。《田家沖》是丁玲左轉後，成功擺脫革命加戀愛公式窠臼的一部作品。小說通過麼妹等下層人物的眼睛敘述了一位背叛自己地主階級出身，與下層農民打成一片，並喚起他們覺醒的知識女性。在麼妹等人的眼中，這位三小姐沒有一點小姐的架子和嬌弱的

〔註12〕丁玲：《丁玲全集》第 3 卷，河北人民出版社，2001 年，第 281 頁。
〔註13〕丁玲：《丁玲全集》第 3 卷，河北人民出版社，2001 年，第 338 頁。

氣質。她留著短髮、「穿著男人的衣服」、跟佃農們一起幹活，在鄉間發動革命。她告訴麼妹地主階級都是虎狼，「他們不僅搶走了你們的糧食，替我們家種田的多著呢。別人還是大塊大塊的包著呢。他們四處都搶米，我們兩排倉屋都塞滿了，後來又大批的賣出去，那是米價漲到三倍了呢」〔註14〕在三小姐看來，這些底層農民並沒有魯迅致力於批判的國民劣根性，他們實在是「太好了」、「太馴良了」與「太善良了」，只要曉之以理，他們的醒悟是指日可待的。如果說從《韋護》與《一九三○年春上海》（之一之二）等文本中，我們看到了丁玲作為知識女性視點的逐漸撤退，那麼，在《田家沖》中，通過敘述權從知識分子向底層大眾的下移，我們又看到了一個知識自我有意識的撤退。在文本中，底層勞動者與知識女性的摩擦天然的消失了，我們再也聽不到異己者批判的聲音，不管是來自性別的批判，還是來自知識分子的批評。《水》就是丁玲左轉後的第一個創作高峰，這個代表作就是性別敘述與個性敘述消失的結果。在小說中，丁玲大筆甩落出一個勞動大眾的群像，他們在洪水的威脅下擰成一股繩與天災進行殊死搏鬥，爆發出驚人的力量。「隔壁家裏又跟著跑去一些人，隔壁的隔壁家裏也跑去許多⋯⋯於是堤上響著男人們的喊叫和命令，鋤鍬在碎石上碰著，鑼不住的敲著。曠野裏那些田埂邊，全是女人的影子在動，一些無人管的小孩在後面拖著。她們都向堤邊奔去，有的帶上短耙和短鋤，吼叫著，歇斯底里的向堤邊滾去。」〔註15〕當得知統治者不僅不開倉放糧救濟，反而調兵鎮壓時，他們怒不可遏，自發的團結在一起形成一股強大的反抗力量，「蠢東西！真是孬種！你們要搶些什麼！老子是不搶的，老子們不是叫化，不是流氓，是老老實實安分的農民。現在被水沖了，留在這裡挨餓，等了他媽的這末久的救濟，一批一批的死去了，明兒我們都會死去，比狗不如！告訴你，起來是要起來的，可是不是搶，是拿回我們的心血。告訴你，只要是穀子，都是我們的血汗換來的。我們只要我們自己的東西，那是我們自己的呀！⋯⋯於是天將朦朦亮的時候，這隊人，這隊飢餓的奴隸，男人走在前面，女人也跟著跑，咆哮著，比水還兇猛的，朝鎮上撲過去。」〔註16〕這篇小說得到了馮雪峰、茅盾等人的盛讚，彷彿這在生死面前團結在一起的「大的群」就是革命的希望，民族的拯救者。過於強

〔註14〕丁玲：《丁玲全集》第 3 卷，河北人民出版社，2001 年，第 387 頁。
〔註15〕丁玲：《丁玲全集》第 3 卷，河北人民出版社，2001 年，第 411 頁。
〔註16〕丁玲：《丁玲全集》第 3 卷，河北人民出版社，2001 年，第 433～434 頁。

烈的大眾崇拜意識讓作者失去了反思這「大的群」的局限，比如團結的臨時性、鬆散性，潛在的封建意識、小農意識等等。因此，從《韋護》始，經過《一九三〇年春上海》（之一之二）、再到《田家沖》，最後至《水》，「丁玲的創作通過壓抑或拋棄女性自我，進而拋棄知識分子自我而終於稱臣於那個在想像中無比高大的群體，我們歷史的一貫勝利者群」。〔註17〕

在中國第二代女作家中，丁玲是最具承前啟後意義的。在她的創作經歷中，我們還能看到這種從女性立場到工農大眾立場轉變的痕跡。對於草明、白朗、羅淑、關露、馮鏗、謝冰瑩、葛琴等等女作家而言，她們的創作是自覺站在政治革命和階級鬥爭的角度，把女性解放不加區分的彙入民族解放與階級解放之中。草明的成名作《傾跌》描寫了三個女工因工廠倒閉而流落到城市討生活，她們以為憑藉一雙勤勞的手就能掙一口飯吃，結果掙扎了很久，其中兩個女工走投無路被迫淪為暗娼，並因此性格變得暴戾乖張。「從前活跳跳的蘇七」現在抑鬱而焦躁，不是「整天嚷著、叫囂著」，好像是要尋找什麼來吞噬的樣子，便是深夜偷偷哭泣。而以前率真樂觀的阿屈現在也嚴肅得可怕。這本是一個與女性性別身份有密切關係的生存際遇的故事，卻被作者處理成外國資本入侵下的民族矛盾與階級矛盾等等因素交互作用下勞動人民無以生存的慘劇。在小說的最後，隱含作者通過一個女工之口，說出鄉間工廠裏女工正在與廠主鬥爭的消息。似乎在暗示女性的解放沒有特別之處，只要人民大眾得到了解放，千年積累的女性問題自然會迎刃而解。草明隨後發表的《倦》、《水鬼》、《大湧圍的農婦》等等作品幾乎都沒有超出《傾跌》的模式，只不過是用不同的角度與方式構建同一個敘述模式，即工農大眾苦難深重的生存境況與他們最後的覺醒與反抗。《水鬼》敘述了一個勞碌終生最後死於田間的老農民；《大湧圍的農婦》描寫了一個被高利貸剝削最後奮起反抗的農婦；《沒有了牙齒的》講述了一個被工廠主害得家破人亡的青年女工的故事。這種性別特點中性化、無個性特色的敘述即便在表現革命夫妻情分的小說中也不例外。在白朗的《一吻》中，一對被押往刑場的革命夫妻，在生離死別之際，丈夫掛念的不是自己的親人與身旁的妻子，而是自己未竟的事業。「誰都愛惜自己的生命，誰都留念著自己的生命，這一點，他並不異於常人，而異於常人的，是他在將死的時候，更加地愛惜著、留戀著另外一件東西，什麼呢？那就是他的工作——事業。人總是有同樣的心理。一個人，無論是

〔註17〕孟悦、戴錦華：《浮出歷史地表》，人民大學出版社，2010年，第126頁。

爲金錢，爲女色，或爲其他欲求而死的時候，當他臨死之前，假如有充裕的反想，他一定不留餘情的詛咒，誹謗，痛悔他所追求的目的的。然而，這一切心理的通性，這一切死時的反思，卻不是姚行謙所有的，可是，有誰知道，他在讚美著，謳歌著他的事業呢！」而妻子與丈夫訣別時也說，「我死了，無論誰也不要爲我流淚，當我瞑目之前，我看見一個爲我愛的人，正向爲民族而犧牲的大路走去，我彷彿也看見了他的血花，我是快慰地死了！」〔註18〕白朗以革命的名義不僅抹殺了兩性之間的性別意味，而且抹殺了人之爲人的人情與人味。1939年，周恩來在重慶組織了「作家戰地訪問團」，當時白朗已夭折了四個幼子，此時有一子不滿周歲正嗷嗷待哺，婆母已經年邁，重慶又處於隨時被轟炸之中，這對白朗來說是個極其殘酷的考驗。但是白朗最後毅然選擇了加入戰地訪問團。可見，在現實生活中，白朗的革命邏輯與文本中是如出一轍。的確，「在不可調解的社會危機和滯重的歷史面前形成的主流意識形態，或許必須以一種充滿政治神話意味的概念體系來簡化複雜的社會矛盾，在這個體系中，除了神話所認可的主人公、正面角色與反面角色之外，其餘的群體及個人都無關緊要」，〔註19〕這便框定了草明、白朗們的想像力、體驗方式與思維方式。

特別要提醒的是，在大革命時期前後，在文壇上引起相當反響的莫過於幾位以女兵、女戰士姿態嶄露頭角的女作家。從北伐戰士謝冰瑩的《從軍日記》、左聯五烈士之一馮鏗的《紅的日記》到職業革命家葛琴的《總退卻》，她們以自己的經歷與文字讓女性形象在中國文學史和中國歷史上第一次與非常男性化的革命、槍炮、戰地等等聯繫在一起。從歷史與女性的角度來講，一方面確實是歷史變革時代的社會鬆動給女性提供了一個千載難遇的可以參與到自古以來都是男性獨佔的軍事領域來證明自己的機會。女性第一次從客體變成了主體，第一次有了參與對歷史抉擇的權利，第一次有了引以爲傲的大事業。謝冰瑩不止一次的感歎到，「『兵』這一個多麼有力的字！眞想不到數千年來，處在舊禮教壓迫之下的中國婦女，也有來當兵的一天，我們要怎樣努力，才能負擔起改造社會的責任，才能根本剷除封建勢力呢？」〔註20〕另一方面，也是自五四新女性走出家門之後，歷史爲要求繼續完成自身解

〔註18〕白朗：《白朗文集——短篇小說集》，春風文藝出版社，1984年，第96～97、105頁。

〔註19〕孟悅、戴錦華：《浮出歷史地表》，人民大學出版社，2010年，第140頁。

〔註20〕謝冰瑩：《從軍日記》，江蘇文藝出版社，2010年，第57、44頁。

放的女性提供的新角色。對此，謝冰瑩也有十分清楚的認識「我想這次如果當兵不成，真找不到第二條出路了！學校縱然不開除我，母親也會逼著我出嫁的，不但求學的前途從此斷絕，生命也許會被封建社會的惡魔吞噬了。」〔註21〕因此，「我們想要做『人』，就要拼命地自己起來奮鬥，打到壓迫我們的敵人，推翻一切束縛我們陷害我們的一切制度，所以我們此去第二個責任便是做解放農工及婦女的工作！」〔註22〕我們必須要追問的是，現代女兵與古代的花木蘭有何異同呢？她們是以何種姿態參與到這個大事業中去的呢？雖然都是女子從軍，但是花木蘭從軍的目的是為父盡孝，為國盡忠，她的性別身份是不能說的秘密，只能通過女扮男裝來隱藏真實的性別身份，其結果是鞏固了男權社會的秩序；而現代的「花木蘭」們是以新國民的身份進入到戰場的，她們的目的不是為了盡孝，更不是盡忠，而是要與男性一樣承擔同等的國民責任，完成國民革命，建立富強的中國。歷史雖然給了女性莫大的際遇，但是，在那個還沒有給女性參加革命提供相應保障條件的時代，女性無法以獨立的性別群體進入戰場，廁身歷史，她們只能以顯示出自身性別優勢的男性的言行標準作為自身立身處世的標準，通過模仿男性抹殺自身性別特點來達到也能跟男人一樣的目的。因此，不管是在現實生活中還是在文本，女兵自己表現出強烈的去女子性的傾向。謝冰瑩在《從軍日記》中告誡女兵們一定要「去女子性，……我們所受的教育，所受的待遇與男生平等，我們的工作也應該與他們平等，我們自己千萬不要表示我自己是一個女子，……我們要做和男生一樣多的工作，我們要忍苦耐勞，要除去男女界限」。〔註23〕馮鏗在《紅的日記》中借女戰士馬英的口說道，「我簡直忘掉了我自己是個女人，我跟同志們一道過著這項有意義的紅軍生活已經快一年零五個月了！我是一個完完全全的頂天立地的紅軍兵士！」〔註24〕可以這樣說，在女兵系列的文本中，隱含作者與作者無縫銜接在一起。她們共同要求通過抹殺性別特點來想像女性、表現女性。如果說草明們是忽略了性別意識，自覺站在工農大眾的立場上創作，那麼謝冰瑩們則是有意識的去除女性意識，模仿男性意識，以期將追求與男性有著同樣能力的女性嵌入歷史與文學史中。

綜述所述，在大革命時期，當女作家的女性立場與革命話語發生矛盾衝

〔註21〕謝冰瑩：《從軍日記》，江蘇文藝出版社，2010年，第51頁。
〔註22〕謝冰瑩：《從軍日記》，江蘇文藝出版社，2010年，第168頁。
〔註23〕謝冰瑩：《從軍日記》，江蘇文藝出版社，2010年，第173頁。
〔註24〕馮鏗：《紅的日記》，中國社會出版社，1998年，第15頁。

突時，在客觀上經歷了女性自我向性別體驗妥協、繼而向革命理性妥協、最後知識自我向工農大眾妥協等等三重妥協。浮出歷史地表不久的女作家由於急於得到主流意識形態的認可而忽略了對革命洪流中革命女性複雜的生存狀況的書寫，錯失了深挖大眾崇拜這種新型意識形態弱點的機會，最終讓革命理性生硬的將可能從女性視角生發出來的洞見壓制下去。

鄉愁的脈絡
——1930年代南洋華僑作家黑嬰的「新感覺」

楊慧（廈門大學）

　　在當下中國文學史的敘述中，1998年出版的《中國現代文學三十年》將黑嬰命名爲「新感覺派後續作家」〔註1〕，而這樣的評定及相關敘述均脫胎於這本著作的作者之一——吳福輝先生的另外一部更早一些的海派文學研究專著，但稍有不同的是，在這本書中，黑嬰被稱作是「新感覺派的後起之秀」〔註2〕。而從「後起之秀」到「後續作家」，這大概是吳先生爲適應文學史公允嚴正的特有文風而做的修辭調整，但其共同而關鍵的意指都在於：黑嬰是新感覺派代表作家穆時英最爲優秀的模仿者和繼承人。而追溯起來，作爲備受矚目的「一九三三文壇新人」，〔註3〕黑嬰成名伊始即「被稱爲新感覺派作家，追隨穆時英而來」，〔註4〕茅盾在評論其小說《五月的支那》時更是具體

〔註1〕　參見錢理群、溫儒敏、吳福輝著：《中國現代文學三十年》（修訂本），北京：
　　　　　北京大學出版社，1998年，第329頁。另按，根據該書「後記」介紹，包括
　　　　　「海派小說」等内容的第十四章由吳福輝撰寫。參見該書「後記」，第666
　　　　　頁。

〔註2〕　吳福輝：《都市漩流中的海派小說》，長沙：湖南教育出版社，1995年，第80
　　　　　頁。

〔註3〕　侍桁認爲1933年前後文壇上湧現出的六位「可以當作新起的作家而無愧
　　　　　色」，即臧克家、徐轉蓬、沙汀、艾蕪、金丁、黑嬰。他原計劃在《現代》依
　　　　　次專文介紹這六位作家，但後來僅連載了三期，寫到沙汀爲止。參見侍桁：
　　　　　《文壇上的新人》，《現代》第4卷第4期，1934年2月。此外，《矛盾月刊》
　　　　　曾編發題爲「一九三三年文壇新人」的一組照片，分別爲徐轉蓬、黑嬰和萬
　　　　　國安。參見《一九三三年文壇新人》，《矛盾月刊》第2卷第4期，1933年12
　　　　　月。

〔註4〕　鄭康伯：《「帝國的女兒」》，《現代出版界》，1934年第26、27、28期合刊。

指出，「新作家」黑嬰「此篇的作風同穆時英非常相像」。〔註5〕甚至有評論者
在梳理了追隨者的譜系——橫光利一、劉吶鷗、穆時英、黑嬰——之後，不
無調侃地稱黑嬰爲「橫光利一第四」。〔註6〕不過，也有評論者對這一標籤持
有異議，認爲黑嬰「像頑皮的小孩子一樣的天眞活波可愛」，自有區別於穆時
英的獨特性。〔註7〕

值得注意的是，近些年隨著「新感覺派」研究的不斷推進，越來越多的
學者開始注意到黑嬰文學的獨特性。張英進認爲，黑嬰通過「漫步街頭」和
「文本交織」的特殊方式表達了對於「都市夢幻情景」的新感覺。他還特別
指出，黑嬰小說文本中的主人公往往不具備特定的職業身份，而是在都市生
活中不斷冒險的「審美主體」。不過他們並非本雅明筆下那類隱姓埋名、冷眼
旁觀的十九世紀巴黎浪蕩子，而是既「願意被人瞭解」卻又迷戀於與街頭偶
然邂逅的摩登女郎「一別鍾情」的上海漫遊者。〔註8〕張英進的分析引發我們
如下追問：一、黑嬰小說中的主人公爲何具有不斷冒險的漂泊者特性；二、
這些享受冒險的主人公爲何又「願意被人瞭解」。而吳福輝對黑嬰「新感覺
性」建構過程的分析在邏輯上回應了上述問題：「黑嬰是南洋華僑學生，創作
一直帶著這個南洋背景」，因而黑嬰文本中那與眾不同的「新感覺性」正是來
源並變形於其「海外遊子」的「流離感」。〔註9〕還有學者進一步指出，「黑嬰
的小說裏凸顯了種族和國籍的問題，都市流離感中揉進了異國飄零的遊子情
懷。」〔註10〕

行文至此，或許我們有必要重溫「新感覺派」作家黑嬰的簡介：

　　黑嬰，原名張炳文，又名張又君，1915 年出生於印度尼西亞棉
蘭市，祖籍廣東省梅縣，客家人，……七歲時回故鄉讀書，十三歲
又回棉蘭，讀英文學校，同時在一家華僑報館《新中華報》半工半

〔註5〕茅盾：《新作家與「處女作」》，《茅盾全集》第 19 卷，北京：人民文學出版社，
　　　1991 年，第 451 頁。首發於《文學》第 1 卷第 1 號，1933 年 7 月 1 日。

〔註6〕鄭康伯：《「橫光利一」在中國》，《社會周報》（上海）第 1 卷第 28 期，1934
　　　年 10 月 16 日。

〔註7〕錦楓：《記黑嬰》，《十日談》第 46 期，1934 年 12 月 10 日。

〔註8〕參見張英進：《都市的線條——三十年代中國現代派筆下的上海》，《中國現代
　　　文學研究叢刊》，1997 年第 3 期。

〔註9〕參見吳福輝：《都市漩流中的海派小說》，第 80～81 頁。

〔註10〕許紀霖、羅崗等：《城市的記憶——上海文化的多元歷史傳統》，上海：上海
　　　書店出版社，2011 年，第 144 頁。

讀：1932 年再隻身到上海求學，考入暨南大學外語系，並開始文學
創作，1933 年結集爲短篇小說集《帝國的女兒》，1933 年出版散文
集《異邦與故國》。抗日戰爭爆發後自上海重返棉蘭，任《新中華
報》總編輯。〔註11〕

的確，作爲一位生長在印度尼西亞棉蘭的華僑作家，黑嬰的海外遊子身份絕
不僅僅是——像目前很多研究者所做的那樣——可以被一筆帶過的作家背景
介紹或文本主題描述，恰恰相反，華僑身份理應成爲追問黑嬰文學獨特性的
起點。然而稍顯遺憾的是，限於題旨所在，上述學者均未對黑嬰的獨特身份
帶來的創作特徵展開追問，因而這也無疑成爲我們現在需要接續思考的問
題：作爲唯一一位被 1930 年代的中國主流文壇接受的南洋華僑作家，黑嬰的
華僑身份與南洋經歷在何種程度上影響乃至參與他的文學書寫？他的那些始
終扭結在文本中的「鄉愁」書寫又有著怎樣的歷史脈絡，並帶給 1930 年代的
中國文壇哪些新鮮的變化？通過上述追問，我們或許可以再次突破海派文學
研究的「臨界點」，即在「『現代』的追認和『摩登』的禮贊」之外，〔註12〕
探尋黑嬰文本的內在結構與歷史經緯。

一、滬上文壇新來的南僑青年

1932 年的某一天，黑嬰在荷屬印度蘇門答臘棉蘭第一次讀到了穆時英的
小說《公墓》，馬上就被「那抒情的，帶著淡淡哀愁的情調」所吸引，並由此
喜歡上刊發這篇小說的《現代》雜誌。也是在這一年，黑嬰漂洋過海回到祖
國，成爲暨南大學「外國語文學系」的一名僑生，並在此後的一個中午登門
拜訪了穆時英，從這個「聲名日噪」的作家那裡獲得了「最初的友好」：穆時
英「聽我作了自我介紹，知道我來自南洋，顯得高興起來，問了一些南洋情
況，然後站起身說：我們出去走走吧。原來已經到了午飯時刻，穆時英帶我
到北四川路一家俄國人餐館吃西餐，這是我第一次吃到上海人叫的『羅宋
湯』，加上牛油、麵包，穆時英付了錢。」〔註13〕

在這次「一個作家同一個愛讀他的作品的讀者的會面」中，有一個細節

〔註11〕 千仞：《黑嬰生平簡介》，《生活報的回憶》，廣州：世界圖書出版廣東有限公
司，2013 年，第 196 頁。
〔註12〕 參見張勇：《摩登主義：1927～1937 上海文化與文學研究》，解志熙「序」，臺
北：人間出版社，2010 年，「序」第 2 頁。
〔註13〕 黑嬰：《我見到的穆時英》，《新文學史料》，1989 年第 3 期。

值得注意，那就是穆時英對黑嬰的南洋華僑身份很高興，對南洋情況也很感興趣。由此我們或許可以得出一個並不牽強的推斷，穆時英對南洋和華僑的關注促成了他和黑嬰「最初的友好」。無獨有偶，一年後的一個夏日，正在籌劃出版《無名文藝月刊》的葉紫和陳企霞如約來到黑嬰在暨南大學的宿舍。在這初次見面的交談中，葉陳二人同樣被黑嬰的南洋華僑身份和經歷深深打動：「他們聽了我的情況：千里迢迢從南洋回國求學，有一些殖民地生活經歷，身受殖民主義的壓迫，就鼓勵我寫這方面的小說，並約好寫完以後送到『無名文藝社』去」。〔註14〕

重溫黑嬰的這兩次文壇交往，我們不難讀出隱喻的味道：在穆時英那裡，黑嬰靠近了「新感覺派」的文學技術和都市態度；從葉紫那裡，黑嬰體會了左翼的文學擔當和革命關切，而這些秉承著不同文學氣質的作家卻不約而同地聚焦於黑嬰的南洋華僑（南僑）身份。那麼，他們爲什麼會聚焦於此？這一聚焦行爲隱藏著國人怎樣的南洋認知或南洋想像？

所謂「南洋」，按照李長傅先生的考證，「南者指方向，洋者指海外，與東洋、西洋成對立之情勢，其慣用爲地理名詞，不過數十年事耳」。〔註15〕而「南洋這個南字，在歐洲人的載籍中，無論是音譯還是意識，都是沒有的」。〔註16〕作爲中國特有的地理名詞，「南洋」始見於清人的《海國見聞錄》等文獻，清末通行於官牘報章，但因晚清有南北洋大臣之官職，故此南洋詞義尚在雜糅之中。直到「民國成立，國內南北洋之名詞，漸不慣用，而南洋群島簡稱爲南洋，遂成地理學上慣用之名詞矣。」李長傅依據「地理上與我國陸地相連，或隔海相望；在歷史上或爲我屬邦，或爲我勢力範圍；在現勢上以上之地爲華僑之集中點，而經濟上與我國關係最密」之三標準，釐定「南洋」之地理區劃如下：一、南洋半島，又稱爲印度支那半島，包括法屬印度支那（今越南、緬甸、老撾、柬埔寨）、暹羅王國（今泰國）、英屬馬來半島（今馬來西亞、新加坡）；二、南洋群島，簡稱南島，又稱馬來半島或東印度半島，包括英屬北婆羅洲（今文萊）、荷屬印度（今印度尼西亞），葡屬帝汶島東部（今東帝汶）、美屬菲律賓群島（今菲律賓）。

〔註14〕黑嬰：《葉紫與無名文藝》，《新文學史料》，1979 年第 4 輯。
〔註15〕李長傅：《地理學上所見之南洋》，《南洋研究》第 3 卷第 6 期，1931 年 6 月 1 日。
〔註16〕佐新：《南洋華僑的分析》，《南華評論》第 3 卷第 9 期，1932 年。

〔註 17〕而上述區域在中華人民共和國成立後在官書中稱爲「東南亞」,「南洋」
遂成歷史陳跡。

由此可見,南洋不僅是一個地理專名,而且還銘記著「民國時態」〔註 18〕
下獨特的國家認同與歷史記憶。進而言之,在朝貢體系的破碎之處,五百餘
萬南洋華僑〔註 19〕拖住了中華帝國遠去的背影。〔註 20〕誠如時人所論,「外
人以貨品,往國外換金錢,而我國則以人命往海外換金錢」。〔註 21〕這些中華
民國國籍法和中華文化認同雙重意義上的中國國民,〔註 22〕前仆後繼,胼手

〔註 17〕參見李長傅:《地理學上所見之南洋》;李長傅編:《南洋地理志略》,《南洋研
究》第 2 卷第 1 期,1928 年 1 月 1 日;李長傅編:《南洋地理志略》(續),《南
洋研究》第 2 卷第 4 期,1928 年 4 月 1 日。按,紐幾尼亞／巴布亞島(今巴
布亞新幾內亞)西部雖在地理上不屬南洋,但因政治上與南洋殖民地主要宗
主國荷蘭和英國關係密切,故亦屬於南洋範圍。參見李長傅:《地理學上所見
之南洋》。

〔註 18〕「民國時態」提法受到了李怡「民國機制」概念的啟發,即注重在民國政府
內政外交的國家層面思考南洋問題。參見李怡:《民國機制──中國現代文學
的一種闡釋框架》,《廣東社會科學》,2010 年第 6 期。

〔註 19〕李長傅統計 1929 年南洋華僑總數爲 5,608,000 人,位居海外各地之首。參見李
長傅:《海外華僑人數之統計》,《南洋研究》第 2 卷第 5 期,1928 年 5 月 1 日。

〔註 20〕濱下武志認爲,朝貢與移民在中華帝國對外關係方面,特別在與南洋關係方
面,「表裏一體」,互爲促進。明清兩代,福建、廣東兩省擁有朝貢貿易的主
要口岸,且「朝貢貿易實際上是由定居各地的中國商人所準備,由中國人的
帆船來實行的」,因而朝貢體系雖在 20 世紀初告終,但卻爲形成一個橫跨福
建、廣東和南洋的華人商業經濟圈打下了堅實的基礎。參見〔日〕濱下武志:
《朝貢與移民──中國的對外關係和日本》,高士華摘譯,《清史譯叢》第三
輯,北京:中國人民大學出版社,2005 年,第 10～19 頁。

〔註 21〕陳嘉庚:《南僑回憶錄》,新加坡:印刷社,1946 年,集美陳嘉庚研究會翻印,
1993 年,第 162 頁。

〔註 22〕晚清政府雖迭次與南洋諸邦在華僑國籍歸屬問題上產生爭議,並曾與荷印殖
民政府訂約放棄「土生華僑」的中國國籍,但在國內法律層面卻一直堅持華
僑的中國國籍。參見彭勝天:《南洋華僑的國籍問題》,《南洋研究》,1940 年
第 9 卷第 1 期。南京國民政府 1929 年頒佈的《國籍法》採取血統主義認定原
則,明確規定海外華僑屬於中國國籍,而上述原則和條款完全承襲自晚清宣
統元年頒佈的《國籍條例》。參見董霖:《中國國籍法》,重慶:國民圖書出版
社,1943 年,第 24、92 頁。然而中華人民共和國在 1955 年宣佈,南洋華僑
從此必須在中華人民共和國和居留國之間選擇唯一的國籍歸屬。參見《中華
人民共和國和印度尼西亞共和國關於雙重國籍問題的條約》(1955 年 4 月 22
日),僑務報社編:《僑務政策文集》,北京:人民出版社,1957 年,第 20 頁。
而 1980 年 9 月 1 日頒佈的《中華人民共和國國籍法》則以立法形式確立上述
國籍認定原則,從此加入居留國國籍之「華僑」正式變成「華人」。參見《中

胝足，不僅在西方殖民主義者的刀俎之上艱難圖存，且在幾無國家保護狀態下成長爲中華民族至關重要的海外存在。「從革命方面說，華僑是革命之母。中國革命，華僑出了最大的力量。」〔註23〕從經濟方面說，華僑通過浸滿血汗的「僑匯」，源源不斷地爲瀕臨崩潰的祖國接續命脈，且「每逢一次外患，華僑莫不踴躍輸將，以舒國難」。〔註24〕1927年末，赴德遊學的張治中途經新加坡，面對此地心繫祖國的千萬僑胞以及觸目可見的中國文化，他非但毫無身在異國的疏離之感，反而生發出「中國眞偉大啊！」的由衷讚歎。〔註25〕然而，比之於華僑對於祖國的巨大貢獻，祖國回饋華僑的保育與扶助卻非常微弱。正如有學者指出，由於國內分裂內戰，南京國民政府的僑務政策熱心有餘而實效不足，其眞正的功效僅在於「華僑民族意識的宣傳和建構。」〔註26〕

　　綜上所述，「南洋」這一地理專名負載著「民國時態」重要的思想意涵：(1)中華帝國的歷史遺產；(2)華僑的中國認同與民族意識；(3)國家的孱弱與護僑的無力；(4)帝國主義的壓迫與華僑的苦難。而在此獨特的歷史脈絡和時代語境之中，「南洋這個名詞，大概在國內知識分子的腦海裏都有這個印象的存在」。〔註27〕二十世紀二三十年代，很多內地作家都有過「下南洋」的經歷，他們或逃亡，如洪靈菲；或遊歷，如老舍；或工作，如汪馥泉。特別是通過時任蘇門答臘棉蘭《南洋日報》編輯的汪馥泉〔註28〕與國內諸友的通信，我們發現陳子展、葉鼎洛、鍾敬文等人都曾有過具體的南洋工作打算。〔註29〕而作爲諸如此類的南洋經歷或南洋想像的文學表達，中國現代文學中出現了

華人民共和國國籍法》(1980年9月1日)，金默生、柴發邦：《中華人民共和國國籍法講話》，北京：群眾出版社，1983年，第48頁。

〔註23〕邱漢平：《救濟華僑方案之討論》，《南洋研究》第5卷第1期，1934年9月1日。

〔註24〕近者如「九一八」事變和「一二八」滬戰，南洋僑胞捐款「均在數百萬」。參見李宗黃：《華僑對黨國之貢獻及今後之新使命》，《海外月刊》第1卷第2期，1932年10月。

〔註25〕參見張治中：《張治中回憶錄》，北京：華文出版社，2007年，第41頁。

〔註26〕參見楊建成主編：《華僑史》，臺北：文史哲出版社，1995年，第141頁。

〔註27〕許道齡：《南洋華僑沒落的原因》，《禹貢半月刊》第6卷第8～9期合刊，1937年1月。

〔註28〕參見汪馥泉：《在南洋做報館編輯》，《青年界》第9卷第1期，1936年1月。

〔註29〕參見孔另境編：《現代作家書簡》，廣州：花城出版社，1982年，第110、156、215頁。

為數不少的南洋敘事，比如許地山的《綴網勞蛛》、《商人婦》，洪靈菲的《在木伐上》，《大海》，許傑的《椰子與榴蓮》，老舍的《小坡的生日》等。〔註30〕值得一提的是，1933年由田漢編劇、卜萬蒼導演、聯華公司攝製的《母性之光》在上海上映，並轟動一時。多年以後，田漢對這部南洋題材的電影的回憶或許能夠讓我們更為真切地感受到當時上海的「南洋氛圍」：「我雖至今沒有到過南洋，卻因種種緣故，對南洋興趣很高，特別是對印度尼西亞。我研究過各地的地理，歷史，風俗，人情，我非常憤慨於荷蘭殖民主義者對印度尼西亞人的壓迫和對我國僑民的屠殺。」〔註31〕

而正是在1930年代初上海濃鬱的「南洋氛圍」之中，讀者注意到了擅寫「椰子林」、「水手」、「黑妮子」等南洋風情的黑嬰，〔註32〕更有評論者猜度，「黑嬰」這一筆名緣自這位「生長於『赤道線』上」的作家特有的黝黑膚色。〔註33〕不過，黑嬰的文學志向遠不止於此。出於獨特的南僑生命經歷與體驗，黑嬰的文學寫作很快突破了那些在外界看來充滿異國情調的文化符號，將其處在祖國與南洋之間的複雜鄉愁深深地鐫刻進對「南洋」的重審與對「上海」觀照之中，並在此跨文化的雙向流動中講述著充滿歷史痛感的家國敘事。於是，黑嬰「作為一個初出茅廬的華僑青年以真誠之筆飽蘸情感」，〔註34〕在上海書寫了自己文學生涯的光輝歲月，並且在中國現代文學史上第一次留下了有關南僑作家的敘述。

二、「生活在大上海的懷抱中」

1932年12月，身在暨南大學的黑嬰用「張又君」的真名發表了近乎歸國感言的散文《歸國的途中》，借由敘述人之口，黑嬰頗為動情地講述了自己尋找「祖國」的歷程：童年時不知祖國為何物，長大後明白自己是「中國人」，決心「回到祖國去受一回洗禮」，如今終於「生活在大上海的懷抱中」，但卻也不無迷惘，不知這座國際大都市將帶給自己怎樣的未來。〔註35〕

通過那些帶有自傳性色彩的文本尋繹黑嬰的歸國之旅，可謂醞釀經年，

〔註30〕相關論析可參見王瑤：《中國現代作家筆下的東南亞》，《廈門大學學報》（哲社版）1987年第3期。

〔註31〕田漢：《影事追懷錄》，北京：中國電影出版社，1981年，第13頁。

〔註32〕鄭康伯：《「帝國的女兒」》，《現代出版界》，1934年第26、27、28期合刊。

〔註33〕前轍：《1933年文壇的新人》，《十日談》，1934年第17期。

〔註34〕素明：《理解父親》（代序），《黑嬰文選》，第1頁。

〔註35〕張又君：《歸國的途中》，《新時代》第4卷第2期，1933年3月。

飽含期待。在小說《爸爸上園口去》中，年僅13歲的主人公就已渴望回到中國讀中學，並堅信自己的「上海」之夢一定會實現。〔註36〕而在千萬南僑青年的心中，「上海」是「中國的文化中心點」，代表著「祖國的懷抱」，而回到上海也就意味著爲自己的國家認同和人生道路做出抉擇。於是，回國之旅讓黑嬰散文中的敘述人第一次走出棉蘭，觀察更爲廣闊的南洋。在新加坡街頭，他看到馬來半島像波浪一樣湧進來的經濟恐慌，深感有機會回國讀書是「大大的幸運」；同樣在新加坡，他還看到了中國政府僑務委員們難以想像的華僑痛苦：他們受到殖民統治者的經濟剝削與精神威迫，絲毫沒有思想自由；〔註37〕而面對檳城「一個中國字也不認識」的土生華僑——「峇峇」（男孩）和「娘惹」（女孩），〔註38〕他越發慶幸自己能有機會到上海接受現代的中文教育。

在黑嬰的小說《我的祖國》中，主人公懷著一顆「波濤那麼急激地跳」的心，來到上海這「偉大的都會」，感受到「祖國的懷抱比母親的更溫柔。」他在給父母的家信中幸福地寫道：這所大學「有不少生長在異國的人，而大家相逢了。我們是多麼熱烈地握手啦！……放心吧，祖國會好好保護這十七歲的少年的」。然而，主人公剛在祖國的懷抱中「醉了那麼地」生活不久，就接連遭遇「九一八」事變和「一二八」滬戰的國難，而英勇抗日的十九路軍最終被迫撤軍，這更是一個讓整個「馬來半島上的中國人」悲憤落淚的消息。最後，主人公帶著「一顆大了一年，有點異樣的心」重審上海，並決心將「悲哀的眼淚，創痛的靈魂，和這沒有死去的身子」獻給受難的祖國。〔註39〕

遺憾的是，黑嬰的救國熱忱尚未消退，上海的生活卻開始被「寂寞」包圍。黑嬰曾在自己第一部小說集的序言中如此解釋創作緣起：「我有一顆熱情的心，我又害怕寂寞！在大學裏本來是不應該喊寂寞的：那麼多的青年男女在一塊兒生活著。但是我是寂寞的。……我最怕寂寞的日子！就在寂寞的時候我寫作，寫著寫著便寫成了那麼許多東西。」〔註40〕的確，正如黑嬰所言，受教於心儀的大學，並與眾多年齡相仿、經歷相近的同學朝夕相處，是不應該有寂寞的，可「我」爲何還是寂寞的？

〔註36〕黑嬰：《爸爸上園口去》，《中學生》第38期，1933年10月。
〔註37〕黑嬰：《歸國雜記》，《十日談》，1933年第14期。
〔註38〕黑嬰：《過檳城》，《社會月報》第1卷第2期，1934年7月15日。
〔註39〕黑嬰：《我的祖國》，《中國文學》第1卷第1期，1934年2月1日。
〔註40〕黑嬰：《自序》，《帝國的兒女》，上海：開華書局，1934年，第3頁。

　　現在，我們或許需要對黑嬰就讀的暨南大學進行一番考察，進而詳細探尋黑嬰寂寞的緣由。這所大學的前身是光緒三十三年（1907 年）兩江總督端方創辦於南京的暨南學堂，其後經過停辦、復校和遷校上海等諸多變遷，1927 年由南京國民政府改組為國立暨南大學。〔註41〕這所大學「築基於南洋華僑的全體，是華僑的最高學府，也是華僑的領導機關」，〔註42〕學校以培養華僑海外發展能力為特質，〔註43〕學生以「溝通中南文化，發展海外事業」為使命。〔註44〕不過雖說是僑校，但內地學生還是佔了大多數，僑生與內地生數量之比大約 1：3。〔註45〕而兩者迥然不同的文化背景與精神氣質，自然使他們彼此倍感陌生。散文《我的祖國》中的敘述人在入校之初，就隱約感到一種外來者的疏離：「我不明白：怎麼生於祖國，讀於祖國的青年倒淡漠地，一絲也沒有情感地。」〔註46〕而在小說《初秋的風》中出現了一位「粗頭髮，赤色皮膚的強健的」洪姓僑生，相比之下他的章姓室友則顯得有些優柔寡斷，氣量狹小，而章的女友荷同學對於南洋的印象更是僅限於「咖啡」和「馬來半島的風光」而已。〔註47〕不僅如此，對於這些從海外回到祖國讀書的南洋僑生，上海當地人也覺得很是新鮮：「暨南大學在滬西真如鎮的北首，到上海約 12 里。……一群異國情調的青年，異樣的面相，異樣的服裝，異樣的狂歌和跳舞，把鄉村的農民怔住了。……那烏黑的臉，粗肥的腿，闐然的嘩笑，以及古怪的馬來語，使我們可以想見南國的風物。那磅礴淋漓的活躍氣象和迂腐沉滯的公子少爺比在一起，更顯得率真的可愛！」〔註48〕而也正是在與內地學子是非不明、模棱兩可的「鄉愿」文化的比較中，曾在暨南大學任教九年的曹聚仁為這些僑生總結出一種「暨南精神」：「他們天真，熱情，不計厲害得失，一股勁往前衝。黑是黑，白是白，他們會當面和你爭

〔註41〕　參見鄭洪年譔記、張鳳審書：《國立暨南大學創立及沿革記》，《暨南校刊》，1933 年第 85 期。
〔註42〕　南洋文化事業部：《為南洋問題敬告本校全體教職員與全體同學》，《暨南校刊》第 3 期，1929 年 9 月 16 日。
〔註43〕　陳剛父：《暨南大學的特質》，《南洋情報》第 2 卷第 3 期，1933 年 6 月 1 日。
〔註44〕　江應梁：《暨大學生的雙重使命》，《南洋情報》。
〔註45〕　1936 年的統計數字表明，文學院僑生 80 人，內地生 205 人，而整個學校僑生 149 人，內地生 435 人。《國立暨南大學二十五年度第一學期註冊學生人數統計表》，《暨南校刊》第 182 期。
〔註46〕　黑嬰：《我的祖國》，《中國文學》第 1 卷第 1 期。
〔註47〕　黑嬰：《初秋的風》，《新時代》第 5 卷第 3 期，1933 年。
〔註48〕　曹聚仁：《暨南大學》，《濤聲》第 2 卷 24 期，1933 年。

論，爭得面紅耳赤，又不會記在心裏：過後依然和你是非親熱的。」〔註49〕對此區別與隔閡，暨大當局亦深有體認：「生長異邦的華僑子弟，其秉性習尚，都不免和國內青年有多少的不同，他們的優點，在於英勇果敢，豪邁爽直，但他們的缺點也就在此種性質的過度發達而流於粗莽暴戾。同時來自國內各省的學生，便又不免有些『軟綿綿的』畏葸怯弱，誇誕浮華。合這些千差萬別的學生於一校，要使到各人都能培養其所長，捨棄其所短成為一個人格健全的人，實在是不容易的事。」〔註50〕

　　1934年7月，黑嬰在自己仰慕已久的《現代》雜誌上發表了小說《小夥伴》。〔註51〕在這篇「流浪漢」小說中，黑嬰在一些看似粗野蒙昧的小游民身上，發掘出常人所缺乏的純樸、堅強和勇敢，使得這些過去為人不齒或為人憐憫的底層人物獲得了人性的光輝。〔註52〕而這一系列人物的成功塑造，不僅體現了黑嬰對社會現實的敏銳觀察，〔註53〕更是折射出他本人作為南洋僑生的獨特氣質：「生長在南洋的孩子，總是活波可愛的，好動的，強勁的性格教他們每天都打一次架。」〔註54〕

　　如果說黑嬰筆下的南僑學生因獨特的南洋習俗而與內地同學產生了某種程度的疏離，那麼生硬刻板的學校教育則加深了他們對大學生活的失望。誠如時人所論，南僑子弟「對於富有革命性的熱心教員，非常尊敬。腐化、消極，及頭腦頑固者，非常討厭。思想趨向新奇，陳舊學說極難引起同情。」〔註55〕在黑嬰的小說《文憑》中，主人公姜仲海對那些「留聲機似地」講課的「死板板的教授」很是反感，〔註56〕更為關鍵的是，他的質疑並非僅限於

〔註49〕曹聚仁：《暨南前頁》，《我與我的世界》，北京：人民文學出版社，1983年，第256頁。

〔註50〕葉紹純：《暨大今後之訓育》，《南洋情報》第2卷第3期。

〔註51〕另按，這篇小說在1980年代深受現代文學研究界重視，曾被收入《新文學大系（1927～1937）》第四集小說集二，上海：上海文藝出版社，1984年。

〔註52〕黑嬰：《小夥伴》，《現代》第5卷第3期，1934年7月1日。

〔註53〕比如小說中描寫了小順子等人在四川路橋上以幫忙推黃包車的名義乞討，而這正是當時上海乞丐的乞討方式之一。「這種乞丐，大多數是十三、四、五歲的兒童，男孩居多數，……聚集在二白渡橋，自來水橋，盆湯弄橋，老閘橋等等橋塊，輪流的幫同人力車，將車子拉上橋頂，然後向安坐在車中的老爺小爺太太小姐們乞一文銅子。」參見蔣思一、吳元淑：《上海的乞丐》，《天籟》第22卷第2期，1933年6月。

〔註54〕黑嬰：《南洋之街》（一），《申報·自由談》，1934年10月30日。

〔註55〕堅峰：《南洋華僑教育之現狀》，《僑務月報》，1933年第3期。

〔註56〕黑嬰：《文憑》（續），《通俗文化》第2卷第9期，1935年。

暨南大學一隅，而是深入到中國大學教育本體。因此在入學三個月後，姜仲海「像扔掉一塊什麼廢物那樣扔棄了對於一張大學文憑的希望」，並通過四年努力成爲「上海商業界能幹的後輩」，而那些混文憑的同學卻沒能擺脫「畢業就是失業的命運」。〔註57〕

而頗爲耐人尋味的是，現實中的黑嬰似乎成爲自己小說主人公的模版。在《文憑》發表前一年，即 1934 年秋，已在滬上文壇小有名氣的南僑學生黑嬰做出了另一個重要的人生抉擇：輟學。目前學界有關黑嬰早期生平的考述均確認黑嬰於 1932 年進入暨南大學外文系，但卻都沒有黑嬰從這所學校畢業的信息。〔註58〕1932 年秋的一份《僑生資格審查委員會通告》中「張又君」這個名字，〔註59〕可證前述入學信息無誤。然而，在 1934 年秋暨南大學第一學期〔註60〕學生註冊名單中卻再沒有出現「張又君」或「張炳文」（原名）的名字。〔註61〕按照暨南大學學則，各學院學生修業年限均定爲四學年，共分八學期修完，在第四學年提出畢業論文經審查合格後予以畢業。〔註62〕據此推斷，黑嬰應於 1936 年畢業，至遲也不超過 1937 年，而在 1936 年和〔註63〕1937 年度的暨南大學畢業生名單中均沒有他的名字。〔註64〕因而，由此推斷，黑嬰很可能於 1934 年的時候就輟學了。除了上述來自官方文檔的證據，黑嬰的自述也支持這一論斷。1936 年 1 月黑嬰在《我還沒有職業》一文中寫道：「自幼就念書，一直念到去年，出了學校靠著寫作去換飯吃。」〔註65〕刊發此文的《青年界》雜誌是一份月刊，考慮到截稿時限，黑嬰寫作並提交此文的時間該在 1935 年。那麼文中的「去年」就應該是 1934 年。此外還有一

〔註57〕黑嬰：《文憑》（續），《通俗文化》第 2 卷第 10 期，1935 年。

〔註58〕有關黑嬰生平的考述參見巫小黎：《黑嬰傳略及創作年表》，《新文學史料》，2001 年第 4 期；《中國文學家辭典》現代第四分冊「黑嬰」詞條，成都：四川文藝出版社，1985 年，第 561 頁。

〔註59〕按暨大規章，凡新生入學後需查驗各項資格證明文件。張又君在檢驗無誤通知領回證件學生之列。參見《僑生資格審查委員會通告》，《暨南校刊》第 35 期，1932 年。

〔註60〕《國立暨南大學二十三年度校曆》，《暨南校刊》第 105 期，1934 年。

〔註61〕「第一學期」的起止時間爲 1934 年 9 月 2 日至 1935 年 1 月 31 日。參見《國立暨南大學二十三年度校曆》，《暨南校刊》第 110 期，1934 年。

〔註62〕參見《國立暨南大學學則》，《暨南校刊》第 160 期，1936 年。

〔註63〕《歷屆畢業生名錄》，《暨南校刊》第 213 期，1937 年。

〔註64〕參見《歷屆畢業生名錄》，《暨南校刊》第 213 期，1937 年；以及《本屆畢業生名錄》，《暨南校刊》第 213 期，1937 年。

〔註65〕黑嬰：《我還沒有職業》，《青年界》第 9 卷第 1 期，1936 年 1 月。

個旁證，1934 年 10 月 19 日一位自稱認識黑嬰的評論者指出：「他以前在暨南念書，這學期卻不繼續了」。〔註66〕

　　黑嬰或許從未想到，自己曾經滿懷期待、躊躇滿志的求學之路竟以如此方式戛然而止。雖然黑嬰自此成為職業作家，但是我們不難想見，這一告別昔日夢想的過程一定伴隨著深深的疏離與彷徨。因而，一直以來如影隨形的寂寞不僅激發了黑嬰的寫作，而且左右了書寫的情緒。於是，黑嬰小說中的主人公開始由寂寞激發逐漸患上了「懷鄉病」。在小說《懷鄉病》中，主人公在「做了一場鄉夢以後」在心底生發出蝕骨般的鄉愁。〔註67〕甚至每到春天──在這與南洋溫暖氣候相若的季節──小說《黃昏》中的主人公都會再度成為「懷鄉病者。」〔註68〕而在散文《過年》中，黑嬰更是深情抒發了每逢佳節倍思親的愁緒：「大爆竹的聲音帶著蒼茫的暮色透過玻璃窗子侵進來，……沒有家，沒有朋友，獨自留在這裡，抑鬱地，默默地懷念起遼遠的家鄉」。〔註69〕事實上，只有在此疏離於上海的鄉愁之中，我們才能真正理解黑嬰初期作品中那些炙熱的「南島懷戀」。〔註70〕而正如黑嬰 1932 年 9 月創作的小說《沒有爸爸》所暗示，溫暖的南島如同安寧和美的桃花源，而那些外來的闖入者則是桃花源的破壞者。〔註71〕

　　1934 年秋天的輟學徹底改寫了黑嬰的人生軌跡：他從此以職業作家的身份深入到「魔都」上海萬花筒般的繚亂生活。〔註72〕不過，黑嬰雖然離開了暨南僑校，但卻離不開那些纏繞在他身上的南洋關切與家國期待。而其此後的寫作證明，正是「魔都」的生活歷練和重塑了黑嬰觀照南洋的視野：一方面，黑嬰從現代文化的角度重新檢視南洋現實，祛除附著其上的異國情

〔註66〕錦楓：《記黑嬰》，《十日談》第 46 期，1934 年。

〔註67〕參見黑嬰：《懷鄉病》，《申報・自由談》，1934 年 1 月 28 日。

〔註68〕黑嬰：《黃昏》，《矛盾月刊》第 3 卷第 1 期，1934 年 3 月。

〔註69〕黑嬰：《過年》，《申報・自由談》，1934 年 2 月 19 日。

〔註70〕黑嬰：《南島懷戀曲》，《帝國的女兒》，第 34 頁。

〔註71〕《沒有爸爸》中的馬來鄉村姑娘維娜原本「生活過得分外的輕鬆」，但卻被一位路經南洋的白人水手拐騙到城市並始亂終棄，而懷孕後的妮娜受到父母的冷眼和周圍人的咒罵，不得不「在一個大清早抱著嬰兒永遠離開了家」。黑嬰：《沒有爸爸》，《帝國的女兒》，上海：開華書局，1934 年，第 176 頁。

〔註72〕「魔都」是日本作家村松梢風的「造語」，出自他 1924 年在日本出版的小說《魔都》。這部小說取材於作者一年前的上海之旅，「魔都」一詞表達了主人公交織著罪惡、墮落、時尚、夢想的獨特上海體驗。參見王向遠：《王向遠著作集中國題材日本文學史》，銀川：寧夏人民出版社，2007 年，第 108～109 頁。

調，理性思考南洋華僑的生存境遇；另一方面，黑嬰試圖從南洋華僑的角度重新理解上海和中國，南洋華僑與祖國同胞由此構成了密切互動的命運共同體。

三、「咖啡座的憂鬱」

　　1930 年代的上海，街頭星羅棋佈的咖啡館可謂這座國際大都市的亮麗風景，並因此成為「新感覺派」以及海派作家不停書寫的都市場域和文學主題。在海派作家張若谷看來，這些咖啡館不僅是文人雅集的絕佳去處，而且是「都會摩登生活的一種象徵」。〔註73〕咖啡館代表著追慕西洋都市文化，特別是法國文化的現代性想像：上海城隍廟的茶館與法租界咖啡店的差距幾乎就是從蒙昧到文明的距離。〔註74〕然而，對於當時同樣徜徉於十里洋場的南僑作家黑嬰而言，咖啡館卻有著別樣的意蘊。

　　黑嬰生長的荷屬印度是咖啡的重要產地之一。1696 年荷蘭殖民者將咖啡由阿拉伯半島引入爪哇試種，1711 年取得成功。1830 年荷印殖民政府總督范・登・波士在爪哇頒行「強制栽培制度」，咖啡由此成為「強制栽培」作物。該制度規定，土著種植者必須拿出五分之一的土地種植政府指定作物，收穫物則交給政府抵償稅收。然而，實際徵用土地的比率遠超五分之一，大部分是三分之一，有些地區甚至高達二分之一，由此關乎當地民生的基本糧食種植受到極大影響，引發饑荒，造成大量人口死亡。這樣一來，當地勞動力的嚴重短缺，這是當時荷印殖民政府引入華僑「契約工人」的主要原因之一。〔註75〕而經過兩百餘年的種植推廣，咖啡在整個荷印都有栽培，黑嬰的家鄉蘇門答臘東海岸（簡稱「蘇東」）正是咖啡種植最為旺盛的地區之一。1929 年整個荷印的咖啡產量高達 80,702 噸，占世界咖啡總產量的 5.9%，僅次於南美、中美，位居世界第三位。〔註76〕

〔註73〕張若谷：《飲食男女戰爭》，上海良友圖書印刷公司，1933 年，第 145 頁。

〔註74〕1932 年的一篇名曰《文藝茶話》的文章中，作者更是積極鼓吹在佳妃館〔咖啡館〕中舉行「文藝之高尚娛樂」──「茶話會」，並將其「拔高」到「文化救國」的層面。參見《文藝茶話》，《文藝茶話》第 1 卷第 1 期，1932 年 8 月 15 日。

〔註75〕朱傑勤：《十九世紀中期的印度尼西亞華僑契約工人》，《東南亞研究資料》，1961 年第 2 期。

〔註76〕周彙灝：《東印度之物產》（續），《南洋研究》第 5 卷第 5 期，1935 年 12 月 1 日。

正因爲海量的出產與長久的歷史，咖啡成爲南洋重要的日常飲品，而咖啡店亦是街頭巷尾的尋常店鋪。1933 年曾有觀察者指出，在那些有著「常年不夜城」之稱的南洋都市，人們大都「中午匿處室中，以避炎日，入夜則三五成群，以濱海大馬道咖啡館爲群眾娛樂場。」〔註77〕1928～1929 年間中國內地左翼作家許傑爲躲避國民黨追捕逃往南洋吉隆坡，擔任華僑日報《益群報》總編輯，他曾在晚年憶起當地平民而自然的咖啡文化：「電影院門口晚上也有咖啡賣，那是冷咖啡，而且加了牛奶，用大玻璃瓶裝好，有人來買一杯就倒出一杯來。」〔註78〕黑嬰的故鄉棉蘭是蘇門答臘島東海岸州的首府，這裡「規模宏偉，氣象堂皇，……允稱東方新都市」，〔註79〕而 1934 年 1 月的統計表明，這座「東方新都市」當時共有 1,064 家華僑商店，其中「咖啡茶室及旅館」就佔了 127 家。〔註80〕黑嬰在 1934 年的一篇文章中還曾寫到，在故鄉的「南洋之街」，每夜最遲關上店門的總是一家有著海南小夥計的咖啡店。〔註81〕

值得注意的是，比之於「個性」極強，外人難以入口的榴蓮，〔註82〕移植而來的咖啡可謂南洋社會文化雜交狀況最爲日常的表徵。具體到華僑而言，儘管受到西方殖民者重重宰制，但是憑藉勤儉耐勞堅忍奮鬥之精神，他們與當地文化深度融合，開始學會品味咖啡苦中之美，在遙遠的異國形成根深葉茂之勢。〔註83〕由此可見，咖啡和咖啡店不僅是南洋標誌性的風物，還體現了華僑獨特的生存樣態。因而，當生長於南洋的黑嬰在遙遠的上海與咖啡相遇，後者自然而然地成爲一個家鄉的印記。另外，上海咖啡館往往兼具舞廳功能，而黑嬰對跳舞也不無親切之感：在南洋，「跳舞是白種人家庭常見

〔註77〕參見陳枚安編著：《南洋生活》，上海：世界書局，1933 年，第 151 頁。
〔註78〕許傑：《坎坷道路上的足跡》（八），《新文學史料》，1984 年第 4 期。
〔註79〕鄭健廬：《南洋三月記》，上海：中華書局，1935 年，第 177 頁。
〔註80〕這一數字僅次於「糧米糧食雜貨商」的 207 家，在各類商鋪中排名第二。參見駐棉蘭領事館：《棉蘭華僑工商業統計》，《外交部公報》第 7 卷第 8 期，1934 年。
〔註81〕黑嬰：《南洋之街》（二），《申報·自由談》，1935 年 5 月 20 日。
〔註82〕許傑認爲榴蓮是整個南洋社會的象徵，「要做老南洋的人，是非學會吃榴蓮不可」，而這種以臭爲香的「學會」，正是華僑喪失立場出賣人格的表現。參見許傑：《榴蓮》，《椰子與榴蓮》，上海：現代書局，1931 年，第 54～55 頁。
〔註83〕曾有論者指出，華僑在南洋取得成功有三大原因：與土人婦女通婚，與土人友好，勤儉耐勞。參見陳枚安編著：《南洋生活》，第 159 頁。

的娛樂，僑生受其影響，故跳舞的經驗極爲豐富。」〔註84〕因而，常到咖啡館坐坐，喝杯咖啡品味家鄉味道，這既是黑嬰南僑生活習慣的自然延伸，也是其慰藉鄉愁的一種方式。然而所謂睹物思人，黑嬰小說中的主人公在寂寞時刻甚至不敢喝咖啡，「珈琲又是我的家鄉的出產呵，懷鄉病的微菌在流浪人的血管裏有九十度的生殖造率的。」〔註85〕不過在快樂時分，那來自故鄉的咖啡顏色又最適合表達幸福：在小說《Trail》中，美麗的少女李韻就「穿著咖啡色的春裝，戴了一個咖啡色的小塌帽兒」走到了主人公的心裏。〔註86〕

然而，黑嬰家鄉那些樸素的咖啡館遠不如上海的咖啡店時尚，後者最突出的特色就是舶自日本的「咖啡侍女」文化。1927年10月，張若谷撰文總結了咖啡館的三種「樂趣和好處」：「刺激」、「座談」以及「咖啡侍女」帶來的「異性方面的情感滿足」。〔註87〕而到了1930年代初，「咖啡侍女」之風已流佈滬上，以至於正規經營的「眞正咖啡座，營業較有輕佻女招待者遠遜，咖啡店老闆爲投客所好，不能不轉變其作風矣」。〔註88〕1935年《禮拜六》刊載的一篇文章甚至對這些「咖啡侍女」有著細緻地描述：「她給予你，一朵笑，一個嬌嗔，一回妬恨，一點溫馨，她可以爲你助興，⋯⋯她也可以爲你解憂，那種頑皮的，薄嗔的，愛嬌的深情，姿態，眉眼，話語，在在是使你忘記了你的疲憊，煩憂⋯⋯」。〔註89〕

1933年7月，黑嬰在茅盾主持的《文學》創刊號上發表了小說《五月的支那》的小說，其主要的「時空體」〔註90〕正是一家有著白俄侍女的咖啡館。然而，茅盾在本期雜誌的「社談」中對這篇小說提出了較爲嚴屬的批評：「黑嬰此篇在內容上非常貧弱。作者也許要借一個外國水兵的荒淫娛樂來表示『五月的支那』現在是怎樣的『平靜』罷？但是襯托得沒有力量了。」〔註91〕

〔註84〕參見堅峰：《南洋華僑教育之現狀》，《僑務月報》第3期，1933年。

〔註85〕黑嬰：《聖女》，《好文章》第8期，1937年5月。

〔註86〕黑嬰《Trail》，《西北風》第7期，1937年。

〔註87〕參見張若谷：《現代都會生活象徵》，《珈琲座談》，上海：眞善美書店，1929年，第4～9頁。

〔註88〕郭蘭馨：《蜃海樓隨筆》，《珊瑚》第3卷第9期，1933年。

〔註89〕惠若：《都市百態咖啡女》，《禮拜六》第608期，1935年。

〔註90〕「時空體」的概念來自巴赫金，他認爲融合了時間和空間的「時空體」具有重大的體裁意義。參見巴赫金：《小說理論》，白春仁、曉河譯，石家莊：河北教育出版社，1998年，第274～275頁。

〔註91〕茅盾：《新作家與「處女作」》，《茅盾全集》第19卷，北京：人民文學出版社，1991年，第451頁。首發於《文學》第1卷第1號，1933年7月1日。

今天看來，茅盾的批評的確切中要害。1930 年代初的中國，因爲關涉著「五一」國際勞動節、「五九」國恥日以及「五卅」紀念日，原本平常的「五月」具有了特殊的政治意涵。而黑嬰這篇小說，不僅以曾參與製造「五卅」慘案的英國水兵佐治爲主人公，而且第一人稱敘事難免使小說的視角相對封閉，這些都沒能有效地清理這位英國水兵飽含殖民色彩的「五卅」回憶和上海遊歷，而咖啡館這一故事發生的具體場域又不免使得敘述帶上了一絲頹靡氣息。這些應該就是茅盾所言「襯托得沒有力量」的主要原因。然而，如果我們將考察重點從英國水兵佐治轉到白俄咖啡侍女柏拉芙娜身上，或許會發現黑嬰獨特的問題意識。

小說中，自稱「地球流浪者」的英國水手佐治深情告別並馬上遺忘了一往情深的新加坡姑娘茜美娜，來到他獵豔之旅的下一站——上海。然而，這個一會叫「Tom」，一會叫「John」的「尋歡英國人」卻在一個白俄咖啡侍女柏拉芙娜那裡遭到了「毀滅性」的狙擊。這一天，滿肚子欲念的佐治光顧這家他常來的咖啡館，目的是勾引那個「哼著露西亞的歌曲，在她的眼珠裏有著憂鬱的光，在她的聲調裏蕩著哀怨」的柏拉芙娜。然而，這位白俄姑娘卻出人意料地拒絕了他的「俄國大餐」之邀，因爲她今晚必須回家看母親。「母親」——這是沉迷於欲望游牧的佐治久違的字眼，但卻擊發了佐治的鄉愁，使其突然發現自己是一個「失去母親的流浪者」和「懷鄉病」人。在黑嬰看來，鄉愁是迷亂都市生活中最爲安全的心靈錨地，並有著療救人性的巨大力量，而此時的白俄侍女柏拉芙娜既是鄉愁的激發者又是人性的療救者。

黑嬰 1933 年發表的小說《藍色的家鄉》同樣以白俄咖啡館侍女爲主要人物，只是主人公由英國水兵佐治換成了南洋華僑「我」。正因爲如此，這篇小說可謂《五月的支那》的姊妹篇。在小說中，「我」從白俄侍女娃麗娜藍色的眼睛裏看到了家鄉的海，炎荒島上的許多椰子樹和棕櫚葉，它們成爲「我」鄉愁的慰藉。不僅如此，這位「可憐的俄羅斯女兒」的悲慘的流亡命運更讓我對家鄉倍感珍惜，慶幸自己是個「幸福的孩子」。〔註92〕

《五月的支那》與《藍色的家鄉》，這兩篇思想內涵略顯單薄的小說開啓了黑嬰「風塵女子」——咖啡店侍女、舞女和妓女——題材小說的「鄉愁」主題，並且確定了她們作爲「鄉愁激發者」和「人性療救者」的敘事功能

〔註92〕黑嬰：《藍色的家鄉》，《婦人畫報》第 17 期，1934 年 4 月。

與形象內核。無獨有偶，白俄舞女也曾出現在黑嬰的「新感覺派」前輩穆時英的筆下。小說《夜總會中的五個人》一開篇，就是一場「斯拉夫公主們」末日狂歡般的瘋狂豔舞。〔註93〕而在《G No.VIII》中，主人公是有著白俄舞女身份的多重間諜康妮麗冷漠而悒鬱，漂流但又疏離於奢華而迷亂的都市生活。〔註94〕由此可見，在「新感覺派」前輩穆時英筆下，「白俄舞女」是一個「頹廢」的符碼，而在「後起之秀」黑嬰那裡，她們則是充滿鄉愁的流亡者。

在小說《咖啡座的憂鬱》中，黑嬰描寫了一間兼有舞廳功能的咖啡座（咖啡館的別稱），這裡充分展現了上海這座大都市的國際化：日本侍女千代子、白俄侍女凱的亞和她的同胞——店裏的常客白俄流浪者尼古拉、來自南洋的華僑青年「我」等等，不同國家各色人等彙聚於此，在杯酒舞池中消磨苦澀時光。而正是這種洋溢於上海咖啡館的異國情調，曾讓很多海派作家驚喜不已。張若谷的文友——作家黃震遐就認為，那些鑲嵌在法租界的白俄咖啡館突出體現了上海的「世界主義」氣質，而只有能夠擁有並暢享這一氣質者「才是上海真正的市民」。〔註95〕不過，對於黑嬰這樣一位生長在有著「人種博覽會之稱」的南洋，〔註96〕從小穿行在不同膚色、語言和文化的族群之間的華僑來說，〔註97〕那令許多國人駭怪與驚喜的異國情調，不過是讓他倍感親切與熟悉的文化符碼而已。小說中，「我」與日本侍女千代子頗為親近，她不僅撫慰了「我」鄉愁重壓下的苦悶與瘋狂，更是勸「我」遠離這種「流浪在舞場裏，咖啡座上」的迷醉生活。在此意義上，千代子更像是「我」的姐姐，用無私的愛心和苦難的經驗引領一個迷惘少年的成長。而如果放寬視野，我們將會發現此類「姐姐」形象在黑嬰的風塵題材小說中經常出現。例如《帝國的女兒》中的日本妓女勉子，這位流落在馬來半島的前咖

〔註93〕穆時英：《夜總會中的五個人》，《現代》第2卷第4期，1933年2月1日。

〔註94〕穆時英：G NO.VIII，《文藝月刊》第8卷第5期，1936年8月。

〔註95〕參見黃震遐：《我們底上海》，《申報・藝術界》，1928年12月30日。

〔註96〕「城市生活之複雜，當以南洋為最，凡居留市內之人民至少在四五種以上。最普通者為土著居民，華僑，歐洲人，日本人，阿拉伯人，印度人等」。參見陳枚安編著：《南洋生活》，世界書局，1933年，第149頁。

〔註97〕南洋華僑兒童語言能力驚人，他們「通常要學習好多種語言，如廣府話，客話，潮州話，海南話，福建話，以及國語，英語，馬來語，荷蘭話，暹羅話，安南語等」。參見堅峰：《南洋華僑教育之現狀》，《僑務月報》第3期，1933年12月。

啡店侍女在敘述功能上卻是一位拯救者和引領者：她用自己的溫柔情懷和悲慘經歷破除了「我」狹隘的民族主義界限。〔註 98〕而黑嬰此類題材小說中最具代表性的「姐姐」形象無疑是《春光曲》中的舞女茵子。這位旁人眼中的賣笑舞女，其實是一位「偉大的女性」，她十六歲時「和禮教鬧翻」，反抗包辦婚姻離家出走，後來成為國民革命中的女戰士，但隨著革命落潮，如今不得不在上海的「黑夜中討生活」。對照茵子的苦難經歷，「在黑夜裏摧殘著生命」的主人公小希羞愧難當，最終在茵子的規勸之下，回到南洋家鄉休養生息。〔註 99〕

而在這一時期為數不多的詩作中，黑嬰在日本咖啡女的黑眼珠裏「捉到一束深情的遼遠的懷戀」；〔註 100〕而另一位檀香山舞女則以拖著鄉愁的「亞美利加的狐步」，踏在詩人「幼年的心上」。〔註 101〕綜上可見，黑嬰對他筆下的風塵女子不僅懷揣深刻的同情，更抱有嚴肅的尊重，她們絕非情感消費乃至侮辱淫虐的對象，而是鄉愁的激發者、人性的療救者以及青春的領路人。

值得注意的是，黑嬰小說中還經常出現野獸般調戲咖啡侍女的外國水兵身影。《咖啡色的憂鬱》開篇就出現兩個調戲著侍女的外國水兵，「藍色的眼球要吞人似的放著光。」〔註 102〕而在《雪》中，青年方吉秋因莫須有的共黨嫌疑無端入獄，女友又嫁人而去，幾近發狂的他在一家咖啡店中看見兩個外國水兵肆意玩弄日本咖啡侍女，突然想起負情的女友，竟然猛地「抓了女招待復仇似的揶揄著。」然而，這種取法帝國主義者壓迫弱者的舉動不過是飲鴆止渴的自我異化而已，非但沒能讓方吉秋走出絕望，反而使其像「幽靈」般游蕩在青春的廢墟中。〔註 103〕而作為一種對抗性的力量，黑嬰筆下的某些男性主人公可謂中國新文學史上最具民族主義氣質的「咖啡館客人」。例如在小說《一○○○尺卡通》中，主人公「我」痛恨那些「兇狠得狼一樣，……粗臉子，黃的頭髮」的外國水兵，他們是「老遠地從歐洲到這兒來磨滅」咖啡侍女美美的「魔鬼」。而面對美美遭受的「厄難」，「我」想去「保衛」她，

〔註 98〕黑嬰：《帝國的女兒》，《申報月刊》第 2 卷第 3 期，1933 年 3 月。
〔註 99〕黑嬰：《春光曲》，《狂流》第 1 卷第 1 期，1932 年 7 月。
〔註 100〕黑嬰：《珈琲女》，《詩歌月報》第 1 卷第 1 期，1934 年 4 月 1 日。
〔註 101〕黑嬰：《舞女》，《詩歌月報》第 1 卷第 1 期。
〔註 102〕黑嬰：《咖啡色的憂鬱》，《青青電影》第 2 期，1934 年 5 月。
〔註 103〕黑嬰：《牢獄外》，《帝國的女兒》，上海：開華書局，1934 年，第 18 頁。按，1935 年該小說改題為《雪》，連載於《春色》雜誌。

但「摸摸自己的手膊：我低下了頭。」〔註104〕

的確，在某間普通的上海咖啡館，從別人看似平常的調笑玩弄之中，黑嬰不僅深深體會到了那些同爲「漂泊者」的咖啡侍女們的鄉愁，更敏銳地感受到了隱藏在那些「外國客人」身上的殖民主義氣息，進而刻畫了弱國子民飽含屈辱、憤怒、無奈乃至自我異化的複雜心緒。而追溯起來，黑嬰的這種敏感無疑離不開南洋華僑殖民地生活的獨特體驗。〔註105〕

四、「我的家在哪兒」

考究起來，黑嬰筆下的那些南僑青年之所以沉醉於上海咖啡侍女的溫柔鄉，很大程度緣於他們對於祖國積貧積弱社會現實的失望。而失望之深又正在於熱愛之切。的確，強烈的愛國精神一直是南洋僑生最重要的思想特徵之一，過去在南洋殖民政府治下，「凡有集會，不論何種性質，演說者插幾句愛國言論，聽眾都興奮而鼓掌。報告祖國時局，靜聽數小時無倦容」。〔註106〕如今回到夢想中的祖國，南僑青年發現在自己的國土上竟然仍舊難以樹立國家尊嚴。可以想見，在此強烈的愛國主義情緒激發下，他們的失望很容易導向幻滅。在1934年發表的小說《紀念碑》中，主人公的自述更是表明了「幻滅」與「沉醉」的關係：「我有一顆沉重的心，我有一滴流不下來的眼淚。我痛憤著祖國的糜爛，自己的沉迷；一面卻自棄地覺得人生除了盡力追求一些快樂之外，還有什麼呢？」〔註107〕然而，這些「快樂」卻在思想深處遭到了鄉愁的狙擊。

1933年，曹聚仁撰文指出：「眞的富裕的華僑子弟，他們早進屬地的學校裏念英文或荷蘭文去了。……在暨南讀書的僑生，大都是中產以下的子弟；很多是貧寒的子女，戚友彼此幫忙，勉強湊資回國的。」〔註108〕而黑嬰就曾是這樣一位貧寒的僑生。他曾向女兒自述身世：小時候跟著母親在廣東梅縣

〔註104〕黑嬰：《一〇〇〇尺卡通》，《新時代》第5卷第6期，1933年12月。

〔註105〕1928年一位來自新加坡的暨南大學僑生在文章中表達了與黑嬰類似的敏感：滿懷憧憬回到祖國，然而在國門之前「迎接」這位海外遊子的竟是布滿黃浦江的「帝國主義兵艦」，這種突如其來的失落和忿恨使其「心如刀割」。參見林金沙：《從南洋到暨南》，《南洋研究》第1卷第5期，1928年5月1日。

〔註106〕參見堅峰：《南洋華僑教育之現狀》。

〔註107〕黑嬰：《紀念碑》，《申報・自由談》，1934年2月1日。

〔註108〕曹聚仁：《暨南大學》，《濤聲》第2卷第24期，1933年。

老家艱苦度日，母親爲人縫補勉強養家，上小學了連校服都做不起，後來被人帶到印度尼西亞找父親，而做小職員的父親養不了他，多虧姑媽幫忙才度過難關。14 歲就在報館半工半讀，1930 年靠國民黨政府爲華僑青年提供的助學金才回到暨南大學讀書。〔註 109〕而就是在這一時期，隨著歐美經濟危機影響進一步深化，整個南洋遭遇了前所未有的經濟危機。「馬來亞事業之榮枯，關係膠錫兩物產，而尤以樹膠爲重要」，據陳嘉庚回憶，1929～1931 年間，南洋各物產均大降特降，作爲經濟命脈的橡膠更是由 1925 年的每擔二百元陡然降至七八元，以至「園主多停止採割，然不忍放棄不加管顧，只留一部分工人，採割之額只抵工人生活費，每日每人僅兩角餘，工人亦甚困苦，須加勤乃有此數。至於其它失業到處都有，政府津貼川資遣送華僑男女回國甚多。」〔註 110〕的確如此，絕大多數南洋華僑爲中小規模的中介商人、種植園主以及農園和錫礦工人，抵禦危機能力較弱，而殖民政府轉嫁危機，遣返華工更使得華僑狀況雪上加霜。於是，當此南洋經濟危機，華僑瀕於絕境之際，黑嬰這樣的回國求學華僑青年無疑成爲僑界希望之所繫，他們唯有「不忘救僑的責任，要時時刻刻努力學術之研究。否則，爲社會環境所誘惑，向墮落的道上跑去。以父兄汗血換來的金錢，消磨在繁華享樂當中，這是吾僑青年前途的死路。」〔註 111〕而中國僑界有識之士最爲擔憂的歸僑青年弊病就是「溺於享樂」，特別是「相率以跳舞電影爲日常之消遣」。〔註 112〕南洋僑領陳嘉庚更是指斥上海僑生「浪費最烈者即是跳舞」，「跳舞之禍害甚於毒蛇猛獸。」〔註 113〕

貧寒的家庭出身、艱難的求學經歷以及國內外的僑界輿論，這些都使黑嬰的鄉愁有了現實的重量。因而，鄉愁與欲望的纏鬥往往屬於黑嬰文本中最爲精彩的部分。在小說《新加坡之夜》中，來自中國海南的楊中是一艘英國輪船的水手，儘管在船上如「豬玀」般活著，但他覺得「還是海上好」，停靠

〔註 109〕素明：《我的父親節》，《黑嬰文選》，廣州：世界圖書出版廣東有限公司，2013年，第 26～27 頁。
〔註 110〕參見陳嘉庚：《南僑回憶錄》，新加坡：印刷社，1946 年，集美陳嘉庚研究會翻印，1993 年，第 30、551 頁。
〔註 111〕參見陳剛父：《南洋今日的苦況與吾僑青年將來之責任：敬獻歸國求學的僑生》，《南洋情報》第 1 卷第 2 期，1932 年 11 月。
〔註 112〕陳福璿：《南洋華僑學生目前應有之覺悟》，《南洋研究》第 4 卷第 1 期，1931年 9 月 1 日。
〔註 113〕參見陳嘉庚：《南僑回憶錄》，第 61 頁。

新加坡的時候他反而覺得「老是那麼孤獨地沒地方去」。而之所以無處可去，真正的原因是他害怕在這座充滿誘惑的城市裏無法控制自己的欲望。故此，當楊中受到一位妓女招徠時，他憤怒地扼住了這個「拉人入火坑的妖精」的喉嚨，而這一舉動驚心動魄之處正在於此乃欲望重壓之下的最後一搏。而在得知這位姑娘祖籍也是海南，並且與他同樣有著悲慘的生活境遇，楊中不僅心生憐憫，更是在姑娘那裡獲得了故鄉般的安慰：他「夢裏在母親的懷抱裏哭了」。由此楊中的欲望在鄉愁中得以紓解和昇華，而新加坡也由原來的欲望之城變成了和海南一樣有著「碧藍的海」和「高高的椰子」的另一個「家鄉」。〔註 114〕

　　除此之外，黑嬰筆下那些沉溺於紙醉金迷的南洋華僑每當憶起家鄉和母親，總是充滿負罪感，備受良心折磨。小說《過年》中的「我」痛恨自己在舞廳中假充少爺，「花著心血換來的錢」，裝起一副愉快的臉子跟女人調笑，然而又無法控制自己的欲望：「有什麼法子呢？不在這裡調劑一下我會死的。」〔註 115〕而《春光曲》的主人公小希即使在撕掉家信（信中有母親的告誡：上海是「危險的所在，盼你小心，年輕人還是努力讀點書好」），投身舞場以求麻醉的時候，仍然無法抹去內心深處的清醒：這是「媽輾轉反側，念著異鄉遊子的時刻。是爸躺在床上細想兒子什麼時候可以和他分擔家務的時刻」，也是自己「罪惡頂活躍的時刻。」〔註 116〕

　　如上所述，黑嬰筆下的鄉愁不再止於靜謐的「南島懷戀」，而是引領著艱難的人生選擇。在《咖啡座的憂鬱》一開篇，黑嬰就描寫了白俄侍女凱的亞與白俄流浪者尼古拉「熱情地談著他們的家鄉」，而尼古拉的流亡經歷也是凱的亞感同身受的苦難記憶，不僅如此，尼古拉現在的境遇更是昭示著凱的亞未來無法掙脫的沒落命運。但值得注意的是，對於這兩位「舊俄羅斯的良民」，小說中的「我」雖然同情他們的苦難，但卻並不認同他們的選擇：俄羅斯的雪景已經不同，凱的亞也應該到了摒棄舊日的貴族懷想、迎向蘇聯光明祖國的時候。的確，凱的亞的流亡勾起「我」的鄉愁，現在「輪到我懷戀起我的家來啦！」然而，懷戀家鄉並未遮蔽理性思考：「我的家在哪兒呢？」生長於斯的南洋固然是「我的家鄉」，但那裡卻是一片「沒有自由的國土：我的

〔註 114〕黑嬰：《新加坡之夜》，《帝國的女兒》，第 109 頁。
〔註 115〕黑嬰：《過年》，《申報・自由談》，1934 年 2 月 19 日。
〔註 116〕黑嬰：《春光曲》，《狂流》第 1 卷第 1 期。

家早已破碎得不成樣子了」，而內憂外患的祖國也是風雨飄搖。因而，凱的亞的故事不僅激起「我」遼遠的鄉愁，更是引發「我」對於身份認同的深入思考。〔註 117〕

而正是伴隨著如此的身份認同思考，黑嬰的南洋敘事告別了浪漫的懷鄉和幻滅的頹唐，轉而在廣闊而生動的社會現實中叩問華僑的歷史命運。在 1934 年 3 月的一篇文章中，黑嬰深刻反省了自己作爲以書寫南洋情調成名的南僑作家身份，他發現自己其實並不眞正瞭解南洋：與人談及馬來人的文化時只能深感慚愧，「常一句話回答不出來」；即使說起華僑，所知曉的也不過諸如經濟危機、殖民者壓迫、華工失業之類的「一般的現象」，而這些都是國內媒體的老生常談。〔註 118〕不難理解，黑嬰的這段表述並非全盤否定此前的南洋敘事，而是對自己書寫南洋的現實深度提出了更高要求。

值得注意的是，黃包車夫（人力車夫）是一組流動在黑嬰南洋與中國背景文本中的人物譜系。而通過分析這一譜系「家族相似」的核心特徵，我們將會發現上述文學追求獨特的運行軌跡。在散文《在星加坡》中，「這被祖國遺忘的黃色可憐蟲」──衣衫襤褸地奔跑在熱帶都市街頭的華人黃包車夫經常受到印度警察的毆打，「在人們的眼中像已經不是人了」。〔註 119〕而在上海，外國水手唱著歌「一腳踢到黃包車的屁股上」則是這座半殖民地都市常見的「街景」，〔註 120〕黑嬰的小說《午夜裏的悲劇》就描寫了上海街頭一位飽受外國水兵欺凌的黃包車夫。〔註 121〕如所周知，在《駱駝祥子》問世之前，中國現代文學中的黃包車夫形象因循乾癟，已成「雞肋」。然而，黑嬰筆下的黃包車夫卻有著與眾不同的關切。一方面，黃包車夫銘刻著黑嬰痛楚的南洋記憶。在黑嬰的故鄉棉蘭，黃包車雖爲數不多，但「車夫全屬華僑」，〔註 122〕而在英屬馬來半島，華僑人力車夫更爲普遍，這些「與豬仔俱稱不幸之人類者，……多屬福建興化福清，廣東潮州，南海等處人民。在熱帶烈日之下，作異族牛馬，稍不如意，拳足隨之，喪失國體，最爲痛心。」〔註 123〕另一方

〔註 117〕黑嬰：《咖啡座的憂鬱》，《文藝月刊》第 7 卷第 4 期，1935 年 4 月 1 日。
〔註 118〕黑嬰：《他們的文化》，《申報·自由談》，1934 年 3 月 3 日。
〔註 119〕黑嬰：《在星加坡》，《申報·自由談》，1934 年 2 月 9 日。
〔註 120〕黑嬰：《未完的故事》，《新時代月刊》第 6 卷第 1 期，1934 年。
〔註 121〕黑嬰：《午夜裏的悲劇》，《申報·自由談》，1933 年 10 月 22 日。
〔註 122〕鄭健盧：《南洋三月記》，上海：中華書局，1935 年，第 181 頁。
〔註 123〕陳枚安編著：《南洋生活》，世界書局，1933 年，第 172 頁。

面，也是更為重要的，在黑嬰看來，無論在異國南洋還是在祖國上海，黃包車夫都深受帝國主義者壓迫，因而有著一個共同的名字：「受苦的中國人」。由此可見，正是南洋與祖國的深層互動顯著增加了黑嬰文本的現實深度，並由此形塑了跨越畛域、告別悲情的中華民族整體視域：只有在深入思考祖國母體的基礎上，才能真正辨識南洋華僑社會的困境與出路；雖然具體處境不同，但是祖國同胞對於南洋華僑的苦難仍是感同身受。進而言之，隨著中國同胞與南洋華僑命運共同體的建立，黑嬰筆下的鄉愁逐漸脫離梅縣或者棉蘭的地方性限制，開始昇華為表徵整個中華民族苦難命運與堅韌尋求的「文化鄉愁」。

五、「赤道線」

晚年的黑嬰曾告訴女兒素明，早在1920年代末他就在南洋接觸到中共黨組織，在回國讀書時曾冒著生命危險為之傳送秘密文件，並經南洋中共黨組織介紹計劃到上海入黨，不料恰逢上海黨組織接洽人姚篷子被捕，入黨計劃被迫擱淺。儘管如此，「他後來做的工作都是在中共領導下。」〔註124〕綜觀黑嬰上海時期的文學創作，左翼傾向的作品的確佔據了半壁江山。然而更為深入的問題在於，在這些左翼革命話語深處，隱藏著作為新一代南僑知識精英的黑嬰哪些獨特的問題意識？

1932年11月，著名的「新感覺派」作家劉吶鷗在《現代》雜誌發表了一篇以熱帶太平洋荒島為背景的小說《赤道下》，由此完成了「一次明顯的追求異國情調的嘗試。」〔註125〕而黑嬰1934年發表的小說《赤道線》雖然以同屬熱帶的英屬馬來半島為背景，但卻與劉吶鷗的《赤道下》大異其趣。黑嬰以發生在某座南洋城市的華僑罷工為主題，完成了一次立場鮮明的階級敘事。然而，在這部必須被置於左翼文學脈絡來理解的小說中，〔註126〕有兩個細節

〔註124〕參見素明：《我的父親》，《黑嬰文選》，第27頁。
〔註125〕參見張勇：《摩登主義：1927～1937上海文化與文學研究》，第217～218頁。
〔註126〕按，1933年3月23日，左翼作家葉紫曾在《「無名文藝」月刊創刊號編輯日記》中寫到，「讀完黑嬰的長篇創作《赤道上》，我覺得這是一篇很有意思的作品，作者是部分的抓住了時代的核心。內容完全是敘述『赤道上』的故事，決計從第二期起先行陸續在本刊發表，然後再出單行本。編入叢書。」而從篇幅、主題、故事背景等方面來看，葉紫所言的《赤道上》很可能就是後來的《赤道線上》。參見葉紫：《「無名文藝」月刊創刊號編輯日記》，《葉紫文選》（下卷），長沙：湖南文藝出版社，1983年，第517頁。

值得重新思考。首先是華僑大工廠主何伯堂家的大花園。這所花園是何伯堂爲愛女所建，大興土木，極盡奢華，它不僅是小說重要的「時空體」，更是何家驕奢淫逸之享樂生活的表徵。這座耗資鉅萬的花園，不僅對於那些在赤道線的毒日頭下揮汗如雨，每天只有三角工錢的建築工人來說是個羞辱，即使對於十七歲就「下南洋」，從「赤貧的商店小夥計」做起，一步步成爲大工廠主的何伯堂而言也是個反諷。1933 年一位南洋旅行者寫到，所到之處最爲醒目者多爲華僑之別墅花園：「華僑百萬千萬豪富，隨地皆有，生活之奢侈，上擬王侯，有壯大華麗之邸第，雖歐人住宅有所不逮，復有中西合璧之別墅，迭石爲山，鑿地爲池，亦仿國內各園。益以熱帶四時不斷之花木，人工天然，俱臻極境……」〔註127〕而黑嬰之所以設置大花園這一「時空體」，正是爲了批判南洋華僑的豪奢之風。

再者是主人公白英的婢女身份。白英「下南洋」後爲生計所迫，以三百元價格自賣自身，成爲何伯堂家的婢女。所謂「婢女」，小說中有過介紹：「這不是做工人一樣按月領工錢，」而是賣給主人做「服侍的人」，從此沒有人身自由，直到出嫁年紀方准離開。正如飽受鞭撻侮辱之苦的白英所控訴：「人類中有婢女，這是人類極不平等的一回事」。〔註128〕「蓄婢」是奴隸制的變形，有著比依靠雇傭勞動而存在的了勞資關係更爲久遠和骯髒的歷史，而且在古老中國世襲罔替，成爲頑固的前現代社會遺毒。更爲重要的是，在 1930 年代初，「蓄婢」正是中國僑界有識之士猛烈抨擊的華僑惡習。曾有論者指出，南洋華僑社會存在的蓄婢問題遠比中國嚴重，「有錢之人十個八個不論，中產之家以至無產階級，亦所必需。殘羹冷炙之食，即可以供奴役，暗中摸索，亦足以恣淫欲。故常常引妻妾之吃醋，至苛責其婢，喪身殞命者有之，致令居留政府特加注意，可恥孰甚。」〔註129〕因而，黑嬰出於對南洋社會問題的關切，通過主人公婢女身份的設置，在階級鬥爭的左翼敘事之中引入了現代性的啓蒙話語。

曾有時人指出，「華僑把國內傳統的東西帶到海外去，其中有好的，亦有壞的，所以雖是一度造就了華僑的雄厚勢力，卻又有今日無法支撐的惡運，封建社會裏稱得上美德的，在現今的社會，再也不中用了！」而與之相對應

〔註127〕參見陳枚安編著：《南洋生活》，第 168 頁。
〔註128〕黑嬰：《赤道線》（續），《中國文學》第 3～4 期合刊，1934 年 4 月。
〔註129〕一光：《留南印象》（續），《暨南校刊》第 3 期，1929 年 9 月 16 日。

的一個非常有趣的現象是，在黑嬰以南洋或中國為敘事背景的小說中都曾出現「老祖母」這一人物，如果說老祖母在《懷鄉病》、《春光曲》中是鄉愁的印記，那麼在《第三代》和《神燈》中則成為傳統的表徵，黑嬰正是通過後兩位老祖母的形象，重新檢視了南洋華僑社會的「國內傳統」。《第三代》的主人公黃包車夫金亞龍三代單傳，如今與唯一的親人——老祖母相依為命。由此他不僅承受了這個家族的經濟破產，還承領了老祖母諄諄教導的祖訓：「吃得苦中苦，方為人上人」。而老祖母最終在貧病交迫中過世，留下了每天「拉著車子在夜的馬路上流蕩」的亞龍。然而在認真思考了祖孫三代人的命運後，亞龍卻對這流傳了三代的祖訓「起了懷疑」：祖父買了一點田地但因為疾病和兵災而破產；父親也「吃苦到死了」，而自己拉一輩子車「也給人當狗看待」。因而，雖然亞龍依舊對這個「離奇的世界」依舊困惑不解，但至少已經擺脫祖訓的束縛，邁出了思想解放的初步。〔註130〕而在《神燈》中，「老祖母」是南洋的老一代華僑，她虔誠信神，每天風雨無阻為神燈添油，諸事都以神示為準。而在她以清水加紙灰的「神方」為三歲的孫子治病並耽誤致死後，原本孝順的兒子在她面前總是好像心中藏了「敵愾」。雖然當地「敬神的人，一天天少」，但「老祖母」卻依然故我，臨死之前還跟蹌著點亮神燈。〔註131〕

　　不難看出，上述兩位「老祖母」的死亡隱喻著某種古老傳統的逝去。進而言之，不管是表徵「祖國之根」的祖訓，還是頗具南洋特色的「神燈」；無論是勤儉堅忍的美德，還是蒙昧愚執的迷信，都需要迎接現代大潮的無情淘洗，而所謂「無情」的真正考驗在於：包裹著「同一性」力量的現代性話語，通過對他者的宰制和對差異的排斥形塑了以西方為核心的世界秩序以及隱藏其後的文化標準，這一政治與文化的強權在南洋殖民地無疑表現得尤為突出，而在此雙重宰制之下，對於黑嬰這樣的新一代華僑知識精英而言，如何拿來「現代」，清理「殖民」，並在遙遠的異國建構華僑族群堅實開放的中國認同，這些都是遠比中國國內更為複雜和艱難的挑戰。

　　在 1930 年前後，很多南洋研究者都關注過「土生」問題。所謂「土生」又稱「僑生」，乃是「華僑在南洋所生子弟」的通稱。〔註132〕曾有論者認為，

〔註130〕黑嬰：《第三代》，《社會月報》第 1 卷第 1 期，1934 年 6 月 15 日。
〔註131〕黑嬰：《神燈》，《國論》第 1 卷第 1 期，1935 年 7 月 20 日。
〔註132〕參見陳嘉庚：《南僑回憶錄》，第 65 頁。

「土生」大多對祖國文化缺乏瞭解，中國認同較弱，普遍存在對「新客」——非南洋出生而後來此地的華僑的輕視，且「此風以荷屬為最甚，荷屬土人與僑生，每以新客（sinka）兩字為罵人之語。」〔註 133〕更有甚者，南洋殖民政府經常「向土生華人，宣傳中華民族之劣弱，以增加其侮辱與排斥之惡意。菲律賓與荷領東印度受歐化之僑生，多數不承認其為中華民族之血統，其輕視同種，侮辱祖國之程度反較土人為甚，此即歐人分化華僑團結，與以虛榮牢籠僑生之計策發生效力也。」〔註 134〕

在中國流亡作家許傑看來，「南洋是中國的化外」，〔註 135〕而在取材於這段「外化」經歷的小說《我的房東》中，他曾如此描述「土生」：這位房東只能講廣東話，和「我」這位「異國人」只能用手勢交流；他的小孩讀英文學校，英文課本中有一首題為《豬尾巴》的辱華詩，配圖為一位中國人拖著辮子打轉，而地理課本中僅有半課論及中國，且充斥著長袍馬褂、獨輪小車等古舊中國符號；如此教育之下，土生的中國認同自然無從談起。〔註 136〕

綜上所述，當時國人敘述中的「土生」形象大致可歸為兩類，即「化外之民」和「漢奸」。不過我們卻從未見到「土生」由「化外之民」淪為「漢奸」的思想軌跡，直到黑嬰 1936 年發表的小說《驅逐出境》，對此問題進行了深入思考。在這部以「反帝」為主題的小說中，「土生」石亦堅是荷屬印度蘇門答臘某地殖民政府——「關都」的一位盡職盡責、謹小慎微的書記員，並且也是一位房東，而中國來的僑校教員——「新客」陳亮則是其房客。值得注意的是，小說中的石亦堅基本不具備中文閱讀能力，算是「化外之民」，但對知識分子陳亮頗為尊重，並曾嘗試著向陳亮學習新思想，又因同鄉之誼，他對陳亮頗為親近。總之，小說中的「土生」對待「新客」相當友善。然而，石亦堅最後卻昧心羅織罪狀，向殖民政府「華民漢務司」檢舉胡亮有「過激」思想，以此換得華民漢務司的職位。但他卻也由此陷入沉重的負罪感：「一生似乎已經有過洗不去的污點，只要想到那良善的年青人，就有一種內心的苛責」，而胡亮則被殖民政府以觸犯「居留政府條例」的罪名驅逐出境。

〔註 133〕參見陳枚安編著：《南洋生活》，第 160 頁。
〔註 134〕同上，第 161 頁。
〔註 135〕許傑：《椰子與榴蓮》，「自序」，第 2 頁。
〔註 136〕參見許傑：《我的房東》，《椰子與榴蓮》，上海：現代書局，1931 年，第 104 ～110 頁。

　　那麼這位老實的「化外之民」是怎樣變爲「漢奸」的呢？

　　總結起來，石亦堅舉報陳亮的原因有三：(1)生計——因被關都裁汰瀕臨破產；(2)誘惑——昔日同學華民漢務司副手孫國唐以幫其獲得漢務司職位爲誘餌；(3)奴性——忠於殖民地政府。而深究起來，奴性才是其淪成漢奸的根本原因。我們可以通過兩個問題揭示奴性的內在結構：首先，石亦堅爲何對於自己的檢舉行爲深感愧疚？根源於石亦堅確信陳亮是個「良善」的無辜者。相反，如果陳亮眞的「有罪」——在華僑中宣傳民族乃至革命思想，那麼石亦堅可能會惋惜，但絕不會同情。因爲他不僅信賴殖民地政府的有法可依——「什麼地方沒有法律呢」——在與陳亮初次交談中，就對於殖民政府「依法」將某位華僑新聞記者驅逐出境的做法予以支持；而且擁護殖民地政府的執法必嚴——「孫國唐是吃了這碗飯，沒有法子不這麼說話」——他對漢奸孫國唐助紂爲虐迫害華僑的「執法」深表理解。進而言之，石亦堅擁護並遵守殖民地政府的任何法律，而從不追問法律正當與否，當然更不會質疑殖民政府迫害華僑的「合法」行爲。

　　而正如時人所指認，荷印殖民政府「苛虐吾僑胞之法，世界各國所無」。〔註137〕根據當時僑界文獻記載，這些苛虐之法不僅施行於政治經濟領域，在華民漢務司管轄的華僑教育文化方面，其「愚昧與狂悖」尤其令人髮指。1932年的一份「荷印政府頒佈之視作違禁品之華文書報表」顯示，此次共有五百七十二種書報被查禁，可笑的是，不僅「凡書名之冠以『三民』『中央』『中國』『中山』等字樣者，靡不在被禁之列」，就連「中」字開頭的「中學生日記及中學作文指導，亦列爲違禁書報。」〔註138〕而按照荷印政府之規定，「華僑學校每周教授華文只限一小時授課時刻，每十小時中，七時荷文，三時英文，中國歷史及三民主義均受限制不得教授，華僑子弟不得穿中山裝，及佩戴黨徽，肄業上海暨南大學之華僑學生，政府當局已通知其家長，限於三年內，著令子弟返埠，逾期不准返埠。」〔註139〕至於小說有關華民漢務司視察僑校情況的敘述也類乎「實錄」：「荷印方面，漢務司差不多每年親巡各地一

〔註137〕見郭韶九：《南洋華僑血淚史》，1929 年，出版地不詳，第 77 頁。另外，有
　　　　　關荷蘭殖民政府虐待華僑之論述，可參見該書之第三章「荷蘭虐待華僑之苛
　　　　　政確據」。
〔註138〕《荷印政府禁運我國書籍》，《海外月刊》第 1 卷第 3 期，1932 年 11 月。
〔註139〕《荷印政府驅逐華僑迫令出境》，《海外月刊》第 1 卷第 32 期，1935 年 5
　　　　　月。

次，很鄭重其事的親到各校和各團體機關檢查書報。當地政治部又時常派員到各校嚴密調查，調查的時候，都有華人隨員以供翻譯，備有樣本書目，以憑對照，課本之外，還要將學生課卷一一翻閱，課本則凡有涉及國家政治或主義問題的，即在被禁之列；課卷則認為某生文字有思想危險的傾向者，立刻追究主任教員，倘若在圖書館查出違禁書報，便由校長負責。因此各校校長教員稍一不愼，便有被逐出境的機會。」〔註140〕由此可見，荷印政府對於華僑教育與文化事業的摧殘，正是導致華僑社會渙散衰落「重大的原因」之一。〔註141〕

其次，石亦堅怎樣被孫國唐說服？即使孫國唐許以重利後，石亦堅還是猶豫不決，此乃一個「老實」人的道德律令使然。然而孫國唐最終卻用一個追問徹底說服了石亦堅：「你有好處給政府沒有？」孫國唐的如此解讀為一直忠順政府的石亦堅解決了告密的道義問題：這一行動不過是將自己從前對於殖民政府被動的勤懇盡職發揚為主動的奉獻立功而已，因而石亦堅終於「殉教徒似地」接受了告密的重任。而這一奴性的養成，正是緣於殖民地的教育與文化均以排除主見為目標，這也正是殖民政府驅逐陳亮的眞因。

另據小說提供的信息，陳亮乘船自「海口」登陸，然後乘火車來到故事發生地，就地理位置推斷，此處很可能就是黑嬰的故鄉棉蘭日裏。而對於「驅逐出境」，黑嬰自來印象極深。1930 年前後，他在棉蘭的一家華僑報紙《新中華報》半工半讀，每天下午在編輯部工作。據其回憶，當時荷蘭的殖民地政府對中文報紙管制非常嚴厲，棉蘭的中文報紙編輯幾乎曾被驅逐出境，而 1931 年 5 月，《新中華報》總編輯洪絲絲就因寫了紀念「濟南慘案」的社論被日本領館提告，從而遭到荷印殖民政府驅逐，並由警察押送到棉蘭的海口勿老灣登船回國。而正是這次事件，讓黑嬰「對日本軍國主義的蠻橫、荷蘭殖民地政府的怯懦，又增加了認識。」〔註142〕由此看來，這篇小說可謂黑嬰經由鄉愁激發的回憶之作，其中凝結著他對荷印殖民政府統治下華僑社會的深切思考。〔註143〕不過黑嬰並未追隨當時國內媒體的報導將「土生」污名化，也沒

〔註140〕參見孔繁禮：《南遊回憶錄》（續），《南洋情報》第 2 卷第 2 期，1933 年 5 月 16 日。
〔註141〕參見周彙瀟：《華人移殖荷印之概況》，《南洋研究》第 5 卷第 6 期，1936 年 2 月 1 日。
〔註142〕參見黑嬰：《洪絲絲在南洋》，《黑嬰文選》，第 242～244 頁。
〔註143〕另按，早在 1934 年秋，黑嬰就在小說《放逐者》中揭露了荷印政府的「驅逐」

有將石亦堅寫成一個道德意義上的壞人。事實上，黑嬰本人就是「出生在殖民地的僑生」，〔註144〕也是打破時人「刻板印象」的生動例證。特別值得注意的是，小說中陳亮面對荷印殖民政府統治的心理態勢，從初來乍到的勇敢和「好奇」翻轉爲最後被捕時的驚恐與畏懼：

　　〔他〕立刻全身軟了下來，兩支腳抖得很厲害，差點沒跌到樓板上去。……

　　　　他的心開始跳起來：他想這突如其來的大禍眞夠他受，頓然他的腦筋漲起來，一支向上昇所謂汽球似地浮了空，而且快要炸裂似地疼痛著。……他被挾在那個中國偵探和荷蘭人的中間，彷彿擠在兩座高山之間的澗流似地，他再也看不到別的什麼。〔註145〕

黑嬰的這段描述並非旨在暗示陳亮的軟弱，而是通過難以抗拒的驚恐揭示荷印殖民統治的嚴酷。勇敢、愛國的內地知識分子陳亮者尚且如此，老實、平庸的前關都書記員石亦堅又何以堪？因而，黑嬰超越內地作家的深刻之處在於：不僅以現代性視域批判了某些華僑身上的奴性，更是設身處地深入奴性生長的現實情境，從而令人信服地寫出了荷印殖民政府的權力如何內化爲千萬華僑心頭的恐懼，進而轉化爲「自然」的順從。而在黑嬰看來，在殖民地嚴酷複雜的權力宰制之下，華僑社會眞正的挑戰或在於：生活中總有無數善良而勤勉的石亦堅存在。

結語、一位偏向左翼的南僑作家

　　據說早在黑嬰作爲「新感覺派」後起之秀成名之初，作家杜衡就曾寫信「讓他不要模仿穆時英」。〔註146〕或許可以這樣理解，此處的「不要模仿」未必是否定穆時英的文學選擇，而是因爲杜衡發現南洋青年黑嬰有著難得的文學潛質，任何簡單的模仿都可能遮蔽其獨特的思想視野。而黑嬰對於穆時英的模仿之所以迅速取得成功，除了用心學習穆氏「新感覺派」的文學技法之外，另一個重要原因在於，黑嬰歸根到底「究竟是都市人」，〔註147〕其所具有的南洋殖民地都市感受與上海半殖民地城市氣息較爲接近，比如異國情調、

暴行。參見黑嬰：《放逐者》，《申報・自由談》，1934年9月27日。
〔註144〕黑嬰：《印度洋上》，《申報・自由談》，1934年10月15日。
〔註145〕黑嬰：《驅逐出境》，《文藝月刊》第8卷第1期，1936年1月。
〔註146〕參見前誰：《一九三三年的文壇新人》，《十日談》，1934年第17期。
〔註147〕黑嬰：《半淞園的一瞥》，《申報・自由談》，1934年5月4日。

咖啡館和舞場文化以及「長年不夜之城」的夜生活等，而進一步提煉和改寫
這些都市感受，就可以較爲自然順暢地完成頗具現代感的都市書寫。不過，
黑嬰的都市感受出自新一代華僑青年特有的南洋經驗，並且「越界」至祖國
上海，汲取了包括「新感覺派」和左翼文學在內的多重思想資源。也正因爲
如此，黑嬰的南洋經驗在上海獲得了現代性與革命性的重塑，從而突破了
「新感覺派」乃至海派文學常見的摩登外殼和頹廢氣息，並爲左翼文學帶來
了靈動的都市書寫以及獨特的南僑視角。因而「黑嬰」的筆名不僅如時人所
論——意指南僑青年黝黑的膚色，其深層的含義更在於「嬰」：這是新一代南
僑青年「用一對孩子的心去體驗人生」，〔註148〕去書寫「民國時態」的「成長
小說」。

1936 年，黑嬰發表了一篇名爲《南島之春》的小說，主人公南洋富家小
姐「蕙小姐」曾在上海過了「兩年的放情生活」，如今卻從那些「視祖國於無
有，看人生如空虛，因之盡情享樂的」南洋「高等華人」身上發現了行屍走
肉般的恐怖，但又無法爲自己找到一條新的人生之路。〔註149〕這個文本或許
稱不上黑嬰的代表作，但對於南僑青年命運不乏自傳色彩的深入思考卻使其
有著不可替代的意義：一個經歷「魔都」上海歷練的南洋青年失去了很多單
純的美好，並且生發出更多的人生迷惘，但卻由此獲得了省察南洋的「中國
視野」，從而讓自己的鄉愁有了穩固的祖國錨地。值得注意的是，在 1930 年
代初民族生存危機加劇的歷史語境中，黑嬰難以通過現代民族國家意義上的
公民與國家關係建構自己的國家認同，但他卻在一種筆者稱之爲「亡國的恐
懼」的防禦性意識中獲得了堅定的國家認信——失去什麼也不能失去祖國。
〔註150〕而正是因爲有了祖國錨地，黑嬰的鄉愁緊緊咬住了源自中國古典詩學
的文化根脈，即「因思念故鄉而引起的愁緒」，〔註151〕而沒有進入「nostalgia」

〔註148〕黑嬰：《自序》，《帝國的兒女》，上海：開華書局，1934 年，第 3 頁。
〔註149〕黑嬰：《南島之春》，《內外雜誌》第 1 卷第 1 期，1936 年 8 月。
〔註150〕這種「亡國的恐懼」幾乎是那一代中國知識分子民族意識的共同源頭之一。
1949 年初的蕭乾處在人生的「大十字路口」：是去英國劍橋大學擔任高級講
師的終身教職還是回到共產黨執政的新中國面對未知的命運，而此時童年記
憶中那位凍死北京街頭的白俄乞丐對於蕭乾的回國選擇起了「決定性的影
響」。因爲他最怕自己「當一個無國籍的流浪漢」，像白俄那樣成爲「無家可
歸的白華」。參見蕭乾：《未帶地圖的旅人——蕭乾回憶錄》，臺北：時報文化
出版企業有限公司，1994 年，第 22～23、296 頁。
〔註151〕參見教育部重編國語辭典編輯委員會編：《重編國語辭典》第 4 冊，臺北：臺

的思想層面，〔註 152〕更沒有演變爲西方現代主義文學（例如喬伊斯的《尤利西斯》）意義上的無根生命飄泊。

不可否認的是，年甫弱冠的黑嬰缺少生活歷練，文學素養和思想認識也尙顯單薄稚嫩，而職業化和商業化的文學生產方式更是導致其作品質量參差不齊，這些因素都拉低了黑嬰的文學水準。儘管如此，黑嬰在中國現代文學史上仍有著不可磨滅的貢獻：他在「民國時態」跨文化的激烈碰撞與深度融合中，經由「鄉愁」的激發與引領，書寫了帶有自己生命印記的家國敘事，講述了新一代南洋華僑青年的苦難、迷惘以及艱難的蛻變。事實上，那些包含著獨特生命體驗和豐富歷史痛感的文化鄉愁，正是南僑作家黑嬰帶給中國現代文學眞正而獨特的「新感覺」。

1937 年抗戰爆發後，黑嬰回到故鄉棉蘭成爲《新中華報》總編輯，1941年赴巴達維亞（雅加達）《晨報》工作，印度尼西亞淪陷後，黑嬰被日軍憲兵逮捕，度過了四年苦難的集中營生活，二戰重光後，參與創辦華僑報紙《新生活報》，任總編輯，直到 1951 年回國，在北京《光明日報》工作直到離休，1992 年 10 月逝世。〔註 153〕黑嬰曾告訴女兒素明：「如果塡表要寫家長做什麼工作，你就這樣寫：我爸爸過去是新聞記者，現在是新聞記者，將來還是新聞記者。」〔註 154〕而黑嬰之所以如此高度認同自己的記者身份，深層的原因在於「記者」是個隱喻，講述著黑嬰對於南洋與祖國終其一生的關注與熱愛，以及對於那些以異國爲家鄉的南洋華僑深切的理解與同情。

在走出「文革」鉗制的 1980 年代，黑嬰重新執筆的第一部作品即是講述20 世紀三四十年代南洋華僑命運的中篇小說《異國漂流的女性》。回到最爲熟悉的南洋題材，黑嬰以充滿鄉愁的筆觸描繪了故鄉棉蘭，以及那些投身於南洋華僑文教事業的內地青年留在「大時代的一個側影」。〔註 155〕然而讓人

灣商務印書館，1981 年，第 3261 頁。另，講述離人之苦的「鄉愁」構成了中國古典詩歌的重要主題，如「歲時銷旅貌，風景觸鄉愁」（白居易：《庾樓新歲》），「孤燈然客夢，寒杵搗鄉愁」（岑參：《宿關西客舍寄東山嚴、許二山人詩》）等。

〔註 152〕「nostalgia」一詞中文譯作「鄉愁」或「懷舊」，「這一英文詞彙來自兩個希臘語詞，nostos（返鄉）和 algia（懷想），是對於某個不再存在或者從來就沒有過的家園的嚮往。」參見〔美〕斯維特蘭娜·博伊姆：《懷舊的未來》，楊德友譯，南京：譯林出版社，2010 年，第 2 頁。

〔註 153〕參見千仞：《黑嬰生平簡介》，《生活報的回憶》，第 196～197 頁。

〔註 154〕素明：《理解父親》（代序），《黑嬰文選》，第 1 頁。

〔註 155〕黑嬰：《自序》，《漂流異國的女性》，黑龍江人民出版社，1983 年，第 2 頁。

頗感遺憾的是，小說發表後「沒有引起國內任何反響」。〔註156〕考究起來，國內讀者和研究者之所以如此沉默，深層原因可能在於：就像「東南亞」取代「南洋」的命名一樣，銘刻著獨特歷史記憶和現實情境的「民國時態」已經過去，後來者難以理解纏繞在「華僑」、「華人」、「華裔」、「祖國」、「中國」等等命名與概念之上的紛亂意指。在此意義上，黑嬰作為南洋華僑作家帶給 1930 年代中國文壇的「文化鄉愁」，可謂「前無古人，後無來者」的獨特貢獻。

在晚年回憶中，黑嬰承認自己受穆時英《公墓》的影響「寫過《五月的支那》那樣的作品，系列新感覺派的驥尾」，但他同時強調，自己當時「不斷在探索，作品風格也不盡相同」，比如《小夥伴》那樣的作品就不是「新感覺派」。〔註157〕的確如此，隱藏在「新感覺派」文學史命名之下的黑嬰，其文學創作實則突破了「新感覺派」的思想限域，展現了當時左翼文學所具有的批判鋒芒與社會擔當，而因其獨特的南僑身份與生命體驗，黑嬰在那些浸透著文化鄉愁的家國敘事中，將南洋華僑的歷史命運與整個中國曲折堅韌的現代性尋求緊密地接連在一起。

〔註156〕參見素明：《生的詠歎死的祝福——父親黑嬰（張又君）的最後時日》，《黑嬰文選》，第 23 頁。
〔註157〕黑嬰：《我見到的穆時英》，《新文學史料》，1989 年第 3 期。

論左翼作家對《隴海線上》的評價

張玫*（四川大學）

作爲 20 世紀 30 年代民族主義文藝的一位重要作家，黃震遐在中國文學史上是作爲南京國民政府豢養的「寵犬」（見魯迅《「民族主義文學」的任務和運命》）、「鷹犬」（見石萌：《黃人之血及其他》）的形象而出現，他的作品《隴海線上》等也因被視爲「民族主義文學」的代表作品而遭到魯迅、茅盾、瞿秋白、錢杏邨等左翼作家的猛烈抨擊而聲名狼藉。左翼作家們認爲，在「階級鬥爭日益尖銳化的今日」，中國面對的最緊迫問題是「封建軍閥，豪紳地主，官僚買辦階級，資產階級聯立的統治階級早已勾結帝國主義加緊向工農剝削」，倡導民族主義文藝，實際上是「用『民族』的大帽子來欺騙群眾以圖達到反對普羅文學」的目的、實際充當的是統治階級「麻醉欺騙民眾」的工具，露出的是「法西斯帝的本相」，因此是「完全反動的口號」〔註1〕。而黃震遐的作品，更是「仰承帝國主義進攻蘇聯的意旨而作的巧妙文章」，體現的是徹底的「奴族主義」〔註2〕，遭到批判似乎也在意料之中。但是，與「民族主義文藝」旗下的其他作品相比，《隴海線上》到底有何獨特之處、而被認爲是「民族主義文藝」的代表之作的，左翼文藝界卻語焉不詳。那麼，左翼作家是出於何種考慮，將《隴海線上》視爲民族主義文藝的代表之作

* 張玫（1982～），女，四川自貢人。四川大學文學與新聞學院中國現當代文學專業 2012 級博士研究生，長江師範學院文學院講師，研究方向爲中國現當代文學與現代思想文化。
〔註1〕 石萌：《「民族主義文藝」的現行》，《文學導報》第 1 卷第 4 期，1931 年，第 5 頁。
〔註2〕 石萌：《〈黃人之血〉及其他》，《文學導報》第 1 卷第 5 期，1931 年，第 16 頁。

的，就成爲本文思考的起點。

一

在 1930 年 6 月「前鋒社」（也稱「六一社」）發表《民族主義文藝運動宣言》之前幾年，黃震遐已經在《藝術界周刊》、《申報‧本埠增刊》、《眞美善》、《雅典》等刊物上嶄露頭角。不過，他眞正引起文壇注意還是以他從軍經歷爲原型〔註3〕的小說《隴海線上》的發表。1930 年 5 月，黃震遐作應徵入伍，並作爲中央軍校教導團的一員參加了中原大戰。趁著戰爭的間隙，黃震遐「在營中滅燈以後，燃燭光伏在地上」寫下了戰爭中「戴月披星緊張而恐怖的經過」〔註4〕，發表在 1931 年 2 月出版的《前鋒月刊》第 1 卷第 5 號上。在「前鋒社」

看來，這是「價值在《西線無戰事》以上」，「使該月刊銷路驟增」的「成功作品」，卻被讀者譏笑爲是沒有結構、找不到中心意義、「幾乎把黃浦軍校的軍歌錄全了」、「欺外行又使人不懂的流水賬單」〔註5〕。魯迅、瞿秋白等左翼作家更是抓住《隴海線上》的一段話大做文章：

> 每天晚上站在那閃爍的群星之下，手裏執著馬槍，耳中聽著蟲鳴，四周飛動著無數的蚊子，那樣都使人想到法國「客軍」在非洲沙漠裏與阿刺伯人爭鬥留血的生活。〔註6〕

魯迅認爲，「原來中國軍閥的混戰」，「並非趨同國人民互相殘殺，卻是外國人在打別一外國人」，「看得周圍的老百姓都是敵人，要一個一個的打死」，是「做了帝國主義的爪牙，來毒害屠殺中國的人民」，黃震遐等「『民族主義文學家』根本上只同外國主子休戚相關」〔註7〕。瞿秋白也持相同的觀點，認爲「中國『中央』政府的軍隊駐紮在隴海線上，居然和法國殖民家的『客軍』駐紮在非洲有如此之相同的情調」，正是代表蔣介石政府的中央軍把百姓當作野蠻異族、與民眾爲敵的明證。所以，「民族主義戰爭小說的正面題材」，表

〔註3〕 林白：《〈隴海線上〉作者詩人——黃震遐先生之談話》，上海《星期文藝》，1931 年 8 月 1 日第三版。

〔註4〕 《編輯的話》，《前鋒月刊》第 1 卷第 5 期，1931 年。

〔註5〕 黃渡：《評所謂的戰爭文學的最成功一篇——〈隴海線上〉》，《濤聲》第 4 期，1931 年 9 月 5 日。

〔註6〕 黃震遐：《隴海線上》，《前鋒月刊》第 1 卷第 5 期，第 69 頁。

〔註7〕 魯迅：《「民族主義文學」的任務和運命》，《魯迅全集》第 4 卷，2005 年，第 321 頁。

面上提倡的是「爲民族而戰的尚武精神」，實際上是鼓吹「搶奪民眾膏血的劇烈的鬥爭」、「紳商地主高利貸資產階級的殺人的號筒」，妄圖達到「號召民眾來幫助軍閥混戰」的險惡目的〔註8〕。其實，縱觀整部《隴海線上》，被左翼作家抨擊的這段文字出現於小說中交戰雙方結束了僵持狀態、中央軍佔了上風並乘勝追擊的背景之下。雖然中央軍佔據上風，但是戰線過長導致兵力分散，在河南腹地的野雞崗車站這一要塞時，只剩下包括「我」在內的 12 個人。這 12 人的小隊無後援、無補給，只能忍饑挨餓，「吃著從老百姓田裏偷來的疏菜，老鴉」，還身陷「一望見穿上制服的人就發生同仇敵愾之心」的河南民眾包圍之中，隨時有丟掉性命的危險。河南百姓對「穿上制服」的軍人如此仇恨，固然是因爲他們缺乏現代民族國家觀念，「連自己是河南人都不曉得，更何況國家」，更是由於各派軍閥勢力在這片土地上長期打仗，造成了兵燹不斷、民不聊生、赤地千里的慘狀。因此，無論是對於何派何系的軍隊，河南百姓都是極度痛恨，「馬上想動手收拾掉他」。在這個意義上，就民眾對於軍隊的情感、認同而言，河南民眾與「阿剌伯」人並無大的差別，中央軍和「法國客軍」的處境也非常相似，仰慕西洋文化的黃震遐將二者進行類比似乎也並無大的不妥，更何況，這一情節對整部小說而言純屬細枝末節。但是，魯迅、瞿秋白等左翼作家抓住這一點不放，將這一細節引申爲政府屠殺民眾的證據，似乎有借題發揮之嫌。

　　《隴海線上》與其說是一部小說，不如說是黃震遐的從軍日記。黃震遐在接受《星期文藝》記者採訪時就明確表示，《隴海線上》是完全根據親身經歷而作的，「不是一篇什麼文學的作品，只是一個小兵的日記而已」，「全篇上，根本就沒有什麼文藝的修辭的構思」〔註9〕。從整體上看，這部作品是比較粗糙的。小說主人公「黃宗漢」作爲中央軍的一員參戰，從民族主義的立場來看，他就應該是站在中央政府的角度來看待這場戰爭——代表正統的中央政府是如何嚴厲打擊作爲分裂割據勢力的地方武裝力量，通過國家和民族的統一，彰顯中央政府的合法性。「民族（國家）認同的形成，通常既是人們爲在一個新的政治共同體內獲得成員地位而進行的鬥爭的結果；同時也是政治精英和政府爲創造新的認同感而進行的鬥爭的結果，這種認同感能夠使現

〔註8〕史鐵兒：《屠夫文學》，《文學導報》第 1 卷第 3 期，1931 年，第 3 頁。
〔註9〕林白：《〈隴海線上〉作者詩人——黃震遐先生之談話》，上海：《星期文藝》，1920 年 8 月 1 日。

代國家自身合法化。」〔註10〕但是，作品實際是以黃震遐的從軍日記爲藍本，敘事是以主人公「黃宗漢」從軍經歷平鋪直敘地展開，小說的人物主要也是輕甲車連隊的普通士兵、下級軍官，敘述角度基本也以主人公當天的所見所聞爲限，對這場戰爭的原因、價值和意義的觸及就比較少。特別是在小說的後半部分，隨著戰況的不斷發展，雙方死傷人員都在持續增加，距離戰爭結束似乎還是遙遙無期，加上駐地民眾的強烈敵對情緒，「黃宗漢」最初對戰爭的新鮮感消失了，剩下的只有對死亡的恐懼、對戰爭的厭倦和詛咒。在平安返回南京時，回憶起剛剛結束戰爭，認爲不過是「兇惡而滑稽的夢」，「結果卻只有百般的無聊和空虛而已」。個人對戰爭環境下極端的生命體驗也讓他對戰爭的結果產生了懷疑：中央軍的勝利難道眞的是「凱旋麼」？這實際上就與民族主義強調的通過消滅分裂割據勢力、達到對統一的民族國家的高度認同存在著不小的差距，稱之爲「民族主義文學」實屬勉強。黃震遐似乎也意識到這種差距，但是卻不知道如何彌補二者之間的裂痕，只能在文中大段抄錄《輕甲車歌》、《黃埔軍校歌》、《三民主義歌》來鼓舞自己，避免纖弱得「帶些淚痕和顫慄」的情緒過於濃厚。小說的最後，在總結戰爭的意義時，黃震遐將之與美國南北戰爭並論，認爲二者都是因爲「堅決」地「信仰主義」，才能「人道戰勝強權」，掃除了各自實現「世界大同的障礙」。且不論這兩次戰爭是否都具有「人道戰勝強權」的意義，將這場戰爭的意義歸結於是爲實現「世界大同」，則是從根本上顛覆民族主義存在的意義。因此，《隴海線上》被人譏諷爲完全沒有結構、更找不到中心意義、充其量算得上軍歌大全的失敗之作也並非全無道理。

二

就是這樣一部並不十分成功的民族主義文學作品，竟然引起了包括魯迅、茅盾、瞿秋白在內左翼重要作家的注意，並紛紛撰文予以抨擊。雖然「前鋒社」具有的深厚官方背景，初登文壇就對左翼文藝表現出強烈的敵意，甚至攻擊「左聯」是「甘心出賣民族，秉承著蘇俄的文化委員會的指揮，懷著陰謀想攫取文藝委蘇俄犧牲中國的工具，致使偉大作品之無從產生，正確理論被抹殺；作家之被包圍，被排斥；青年之受迷蒙，受欺騙；一切都失了正

〔註10〕〔英〕戴維・赫爾德：《民主與全球秩序——從現代國家到世界主義治理》，胡偉等譯，上海：上海人民出版社，2003年，第128頁。

確的出路：在蘇俄陰謀的圈套下亂轉」〔註11〕，但是這一派別在成立一年左右的時間裏都沒有引起左翼作家們的足夠重視。在左聯通過的《無產階級文學運動新的情勢及我們的任務》裏，民族主義文學派就被稱為是「文學上的法西斯蒂組織」，「在蓬勃的革命鬥爭事實之前，只暴露自己的反動的眞相，在群眾中不會有多大的影響」〔註12〕。魯迅對這一派別則更是輕蔑。他在1930年9月20日致曹靖華的信中就說，「意太利式」的民族主義文學派空有招牌卻「毫無創作」。1931年1月23日給李小峰的信中也說，（民族主義文學派）「有運動而無文學」。在同年3、4月間所作的《黑暗中國的文藝界的現狀——爲美國〈新群眾〉作》一文裏認爲，「無產階級的革命的文藝運動」，「是惟一的文藝運動」，「是荒野中的萌芽，除此以外，中國已經毫無其他文藝」，因爲「屬於統治階級的所謂『文藝家』，早已腐爛」。7月20日在爲上海社會科學研究會所作的《上海文藝之一瞥》裏講到，「上海所出的文藝雜誌都等於空虛」，「壓迫者所辦的文藝雜誌上也沒有什麼文藝可見」。可見，雖然《隴海線上》已於1931年2月在《前鋒月刊》上發表，但是在1931年8月之前，魯迅及左翼文藝界對民族主義文學都是輕蔑的，認爲這一派別徒有口號而無創作，實在不值一提，《隴海線上》也沒有進入他們的批評視野。

但是，到了8月之後，左翼文藝界對民族主義文藝的態度就起了變化，由輕蔑、不屑一顧變爲引起重視，專門寫文章予以痛擊，其中就包括魯迅的《「民族主義文學」的任務和運命》。在這篇文章裏，魯迅痛斥民族主義文藝是「上海灘上久已沉浮的流屍」，散發出「濃厚的惡臭」，「於帝國主義是有益的」，「與流氓政治同在」，並重點對黃震遐分別發表於2月和5月的《隴海線上》、《黃人之血》進行抨擊。幾乎與此同時，左翼文壇的其他重要作家也集中對以《隴海線上》爲代表的「民族主義文藝」發起了猛烈的攻擊。《青年的九月》（史鐵兒）、《「民族主義文藝」的現行》（石萌）、《南京通訊》（思揚）、《「黃人之血」及其他》（石萌）等文章也相繼在《文學導報》第3至8期上發表發表。魯迅在《「民族主義文藝」的任務和運命》一文裏就一針見血地指出，民族主義文藝「雖然是雜碎的流屍，那目標卻是同一的：和主人一樣，用一切手段，來壓迫無產階級，以苟延殘喘。」瞿秋白在《青年的九月》中

〔註11〕 《編輯室談話》，《前鋒周報》第10期，1930年，第79頁。
〔註12〕 《無產階級文學運動新的情勢及我們的任務》，《文化鬥爭》第1卷第1期，1930年。

尖銳地指出，民族主義文藝具有相當的欺騙性，表面上是提倡民族至上、爲民族利益而鬥爭，實際上「鼓勵起自相殘殺，消弭得階級鬥爭的勇敢，在血汗榨盡的乾涸的心靈上建築起『民族的神明』」〔註13〕！茅盾在《「民族主義文藝」的現行》中也敏銳地看到，「一般地說來，在被壓迫民族的革命運動中，以民族革命爲中心的民族主義文學，也還有相當的革命的作用；然而世界上沒有單純的社會組織，所以被壓迫民族本身內也一定包含著至少兩個在鬥爭的階級，——統治階級與被壓迫的工農大眾。在這種狀況上，民族主義文學就往往變成了統治階級欺騙工農的手段，什麼革命意義都沒有了。這是一般的說法。至於在中國，廢封建軍閥，豪紳地主，官僚買辦階級，資產階級聯立的統治階級早已勾結帝國主義加緊向工農剝削，所以民族文學的口號完完全全是反動的口號。」〔註14〕這些文章雖然批判的側重點有所不同，但是都認爲，在當時的中國，階級性比民族性更具緊迫性和現實性。民族主義文藝具有相當強烈的官方意識形態色彩，其實質是通過民族主義來消弭階級鬥爭、掩蓋國內日益嚴重的階級矛盾，是維護現實統治的工具。這與主張通過階級鬥爭反對現存政權、實現無產階級解放的左翼文藝之間的衝突就不僅僅限於文學層面，更具有深層次的指向性。也正是因爲如此，文學上的優劣並不成爲左翼作家批判民族主義文藝的重要考量因素，黃震遐並不十分成功的作品《隴海線上》遭到魯迅、瞿秋白、茅盾等著名左翼作家的猛烈抨擊也並非偶然。

三

　　在民族主義文藝初登文壇之時，左翼文藝界表現出比較輕蔑，認爲這一派別空有招牌而無創作，「在群眾中不會有多大的影響」，這種估計與民族主義文藝在文壇上產生的實際影響存在著較大差距。

　　雖然提倡民族主義文藝的「前鋒社」以《前鋒周報》、《前鋒月刊》爲自己的主要陣地，但是這一時期民族主義文藝的實際陣營並不以這兩種刊物爲限。上海《申報・本埠增刊》的「藝術界」、「青年園地」、「書報介紹」專欄、草野社的《草野》周刊、血鐘社的《血鐘》周刊、上海《民國日報》社的副

〔註13〕史鐵兒：《青年的九月》，《文學導報》第 1 卷第 4 期，1931 年，第 4 頁。
〔註14〕石萌：《「民族主義文藝」的現行》，《文學導報》第 1 卷第 4 期，1931 年，第 8 頁。

刊《星期評論》、時代青年社的《時代青年》、李贊華編輯的《現代文學評論》、曾虛白主編的《眞美善》、神州國光社主辦的《當代文藝》、南京開展文藝社的《開展》月刊、長風社的《長風》、流露文藝社的《流露月刊》、線路社的《橄欖月刊》、王平陵主編的《中央日報》副刊《青白》，汕頭的中學校刊《同光》，或大力宣揚民族主義文藝、或與民族主義文藝遙相呼應、或對民族主義文藝讚譽有加，其影響地域也不僅僅限於滬寧兩地、還輻射到南海一隅，參與人員除了部分國民黨官員、還有高級知識分子、文壇名士、青年學生，足見其影響之大。《開展》月刊在其發刊詞《開端》上宣稱「民族主義文學，以水到渠成之勢，無疑的成爲支配中國文壇的一種新的勢力了」〔註15〕，雖然有所誇張，但並非毫無根據。對於民族主義文藝產生的影響，左翼作家顯然是估計不足。

同時也要看到另外一方面。雖然民族主義文藝在文壇上造成的影響不小，但是多限於對其進行理論上的探討或是口號上的呼應，實際的創作成績確實比較薄弱，多數創作篇幅短小、創作手法幼稚、主題雜駁、對民族主義文藝的理解多流於煽情的口號，缺乏較有分量的中長篇作品，被魯迅諷刺是空有招牌卻「毫無創作」。在這個意義上說，與同期的民族主義文藝的創作實際相比，黃震遐的《隴海線上》不僅僅是民族主義文藝的第一部長篇小說，而且其創作水平也超過了大多數以民族主義文藝爲宗旨的作品，視其爲民族主義文藝的代表作之一也並無不妥。而且，《隴海線上》在《前鋒月刊》第 1 卷第 5 期發表之後，《前鋒月刊》緊接著在第 6、7 期分別發表了萬國安的《國門之戰》和黃震遐的《黃人之血》，這些長篇巨製透露出創作者的文學功底，要大大超出左翼作家們的估計。

與此同時，國內的民族認同也在悄然增強。1928 年 10 月，南京國民政府發佈《訓政宣言》，宣佈進入到以黨治國的訓政時期，同時在內政、外交上進行了一系列的改革，並取得了不小的成就。內政上採取多種措施的進行財政、金融改革，在經濟、國防工業和交通運輸等方面取得了較大的發展；在外交上，1929 年 12 月 28 日南京國民政府宣佈廢除領事裁判權，1930 年先後無條件收回威海衛、天津比租界、廈門租界等，著手收回被日本佔據的南滿郵政，先後同美國、意大利等 12 國簽訂「友好通商條約」，從原則上實現了關稅自主。以上種種措施，在一定程度上改變了中國自鴉片戰爭以來外交上的被動

〔註15〕 《開展》月刊同人：《開端》，《開展》第 1 號，1930 年，第 1 頁。

挨打局面、也增強了民眾對南京國民政府的認同感。

上述種種變化，勢必影響到左翼作家們對民族主義文藝的判斷：以「民族意識」爲旗幟的民族主義文藝並非可以輕視的對手，如果不與之發生正面交鋒，受其影響的知識青年、文壇名士將越來越多，最終將動搖左翼文藝的陣營。

除此之外，深受共產國際影響的「左聯」對世界局勢的判斷也是影響左翼作家集中抨擊以《隴海線上》等爲代表的民族主義文藝的重要因素。共產國際認爲，世界革命形勢不是法西斯和反法西斯的對峙，而是資產階級和無產階級的鬥爭。在中東路事件發生後，共產國際執委會遠東局很快就對中共作出指示，指出中國革命的任務是推翻「在帝國主義領導下對蘇維埃俄國進行挑釁」〔註16〕的國民黨政權，「竭盡全力動員群眾」，實現「中國勞苦群眾保衛蘇聯」〔註17〕。「左聯」也深受這種觀點影響。特別是1930年11月，世界革命文學大會在烏克蘭召開，蕭三代表中國出席大會並彙報了「左聯」的組織和活動情況。由此，「左聯」受到國際革命文學總局的關注，並被吸收爲國際無產革命作家總會的一個支部。「左聯」由中國左翼作家的聯盟變爲世界無產階級革命作家總會的一個分支機構，這就將中國的左翼文學納入到世界無產階級革命文學之中，要爲完成世界無產階級革命文學任務而搖旗吶喊。大會明確提出，無產階級革命文藝的任務是「應用藝術的形式說明戰爭和資本主義的實質之分不開來」，使廣大群眾感覺到蘇聯是世界無產階級的母國，紅軍是世界無產階級。由於種種原因，蕭三的報告遲至1931年8月20日才在《文學導報》第1卷第3期上刊出，這次會議的議題也應該是在這個時間之後才被左翼作家知曉。

魯迅在《答文藝新聞社問——日本佔領東三省的意義》一文裏，認爲「九一八」事變，「在另一方面，是進攻蘇聯的開頭，是要使世界的勞苦群眾，永受奴隸的苦楚的方針的第一步」。在《中國文壇上的鬼魅》裏，認爲「九一八」事變是「中國人將要跟著別人去毀壞蘇聯的序曲」，「一般的民眾卻以爲目前的失去東三省，比將來的毀壞蘇聯還緊要」。茅盾也化名施華洛，在《中

〔註16〕《共產國際執行委員會遠東局關於中國開展八一國際紅色日情況的決議》，《聯共（布）、共產國際與中國蘇維埃運動（1927～1933）》第8卷，北京：中央文獻出版社，第150頁。

〔註17〕蕭三：《出席哈爾可夫世界革命文學大會中國代表的報告》，《文學導報》第1卷第3期，第10頁。

國蘇維埃革命與普羅文學之建設》裏號召左翼作家：「我們數十萬革命工農及其先鋒紅軍曾經怎樣用他們的人血衝散了國民黨白色軍隊的槍林彈雨，在贛南，在鄂北，在豫皖鄂交界，在敵人的屍骸上這高舉起我們蘇維埃的大旗來！這一切，這一切，都是我們對於全世界無產階級——快要到來的全世界無產階級革命的有價值的貢獻！這一切，這一切，都一定要在我們作家的筆下表現出來。」〔註18〕也正是在世界無產階級革命的思想影響下，作品的階級立場、鬥爭性、對蘇聯的態度就成爲左翼作家抨擊民族主義文藝作品的著力點。這也可以解釋爲什麼魯迅、瞿秋白等人對《隴海線上》的批判要抓住「使人想到法國『客軍』在非洲沙漠裏與阿剌伯人爭鬥留血的生活」這一細節大做文章。

由此可見，黃震遐的小說《隴海線上》文學成就不高，其主題與民族主義之間也存在著一定的裂痕，因此並不是一部成功的民族主義文藝作品。左翼作家將之視爲民族主義文藝的代表作並進行集中抨擊，是一個複雜的動態過程，既有偶然因素的作用，更是左翼與民族主義文藝派爭奪話語權的結果。既是由於民族主義文藝創作實際薄弱，相比之下《隴海線上》的成就還顯得相對較高，將之作爲民族主義文藝的代表也是權宜之計；更是因爲民族主義文藝的實際影響在不斷擴大，超出了左翼文藝界最初的估計，對左翼文壇造成一定的威脅，左翼不得不奮起反擊。恰逢此時，受共產國際無產階級革命思想的影響，作品的階級立場、鬥爭性、對蘇聯的態度就成爲左翼作家抨擊民族主義文藝作品的著力點。因此，左翼作家將《隴海線上》爲代表的民族主義文藝的批評，也並非出於文學上的考量，而具有更深層次的指向性。

〔註18〕施華洛：《中國蘇維埃革命與普羅文學之建設》，《文學導報》第 1 卷第 8 期，1931 年，第 14 頁。